DÉFENSEURS DES DROITS FONCIERS ET ENVIRONNEMENTAUX ET INSÉCURITÉ DANS LE PAYSAGE VIRUNGA AU NORD KIVU EN RD CONGO

Nécessité d'écoute et de protection

Olivier Bahemuke Ndoole

DÉFENSEURS DES DROITS FONCIERS ET ENVIRONNEMENTAUX ET INSÉCURITÉ DANS LE PAYSAGE VIRUNGA AU NORD KIVU EN RD CONGO

Nécessité d'écoute et de protection

Préface de Lori Maddox

Note de l'organisation IUCN Pays-Bas

Postface de Balingene Kahombo

L'Harmattan

5-7, rue de l'École polytechnique, 75005 Paris

http://www.harmattan.fr
diffusion.harmattan@wanadoo.fr

ISBN : 978-2-336-46549-4
EAN : 9782336465494

Sigles et abréviations

ACEDH : Alerte congolaise pour l'environnement et les droits de l'homme
Art : article
ALLIED Alliance for land, indigenous and environmental defenders (alliance pour les défenseurs fonciers, Indigènes et défenseurs environnementaux
Asbl : Association sans but lucratif
RDC : République démocratique du Congo
USA : Unites Stat of America (Etats-Unis d'Amérique)
TV5 : Télévision 5
IDPE : Innivation de developpement pour la protection de l'environnement
BCUNDH : Bureau conjoint des Nations unies aux droits de l'homme ;
MONUSCO : Mission de l'Organisation des Nations unies pour la stabilisation en République démocratique du Congo
AAP : Aide , action pour la paix
Prof : Professeur
R const : Réquête consitutionelle
JO : journal Officiel
RDC : République Démocratique du Congo
TMG : Tribunal Militaire de Garnison
RMP : Rôle du Ministère Public
NK : Nord Kivu
PI : Protection internationale
FAT : Forum des amis de la terre
CREDDHO : Centre de recherche pour l'environnement, la démocratie et les droits de l'Homme
FECOPEIL : Federation des comites des pecheurs Individuels du Lac Edouard
CEPED : Centre d'éducation pour la protection de l'environnement et le développement durable
IFDP : Innovation , formation pour le développement et la paix

ELAW : Environnemental Law Alliance Worldwide (Coalition mondiale pour le droit environnemental)
DDF : Defenseurs des droits fonciers
DDE : Défenseurs des droits environnementaux
OBC : Organisation de base communautaire
ONG : Organisation non gouvernementale
OIT : Organisation internatinal du travail
FAO : Food Agruculture Organization (Organisation pour l'agriculture et l'alimentation)
UA : Union africaine
BCNUDH : Bureau Conjoint des nations unies aux droits de l'Homme
MONUSCO : mission des nations unies pour la stabilisation de la République Démocratique du Congo ;
PNUE : Programme de Nations unies pour l'environnement
ICCN : Institut congolais pour la conservation de la nature
IUCN NL : Union internationale pour la conservation de la nature
AFDL : Alliance des forces démocratiques pour la libération
CNDP : Congrès national pour la défense du peuple
M23 : Mouvement du 23 Mars
DDH : Défenseurs des droits de l'homme
OSC : Organisations de la société civile
GLA : Green livelihoods alliance (Alliance pour les moyens d'existence verts)
CACO : Cadre de concertation des acteurs de la société civile sur la réforme foncière
ILC : International Land Coalition (Coalition internationale pour la terre)
ONU : Organisation de Nations unies
SPED : Synergie des écologistes pour la paix, environnement et le développement
R. CREF : Réseau des organisations pour la conservation et réhabilitation des écosystèmes forestiers
POLE : Politique énergétique
CAFD : Collectif des associations féminines pour le développement
GGF : Global Green Fund (Fonds vert mondial)
FOCODER : Forêt communautaire de développement rural
DFJ : Dynamique des femmes juristes
RTGA : Radiotélévision Groupe l'avenir
RTCT : Radiotélévision communautaire Tayna

RTNC : Radio - Télévision Nationale Congolaise
PNVi : Parc national des Virunga
UNESCO : Organisation des Nations unies pour l'Education, science et culture
RMP : Rôle du Ministère public
ESU : Enseignement supérieur et universitaire
FDLR : Force démocratique pour la libération du Rwanda
FARDC : Forces armées de la République démocratique du Congo
RCD : Rassemblement congolais pour la démocratie
TRIPAIX : Tribunal de paix
AGRIPEL : Agriculture, pêche et élevage
RP : Rôle pénal
OMP : officier du Ministère Public
N° : numéro
SICIA : Société internationale pour le commerce
CNDH : Commission nationale des droits de l'homme
CLPD : Commité local de paix et de développement
OMP : Officier du Minisère public

Dédicace

Aux défenseurs environnementaux et défenseurs des droits fonciers actifs dans la protéction des plus faibles parmi lesquels la nature, au péril de leur vie,

Au rapporteur spécial du secretaire Général des Nations Unies sur les questions des défeneurs de l'environnement et ancien de Front line defender, son excellence Michel Forst pour ses efforts dans la sauvegarde des droits des défeseurs locaux ;

Aux très chers amis et partenaires qui appuient mon travail ; Kate Holcombe, Directrice programme Defender defenders Elaw, Lori Maddox Directrice Associé de Elaw, Bern Johnson , directeur de Elaw

Aux cinq défenseurs des droits fonciers condamnés injustement à 20 ans de servitude pénale principale, par le Tribunal militaire de garnision de Goma dans son jugement unique du 25 novembre 2022, à savoir, BIHOYIKI GAHAKWA, SIBO KANYANZIRA, GATO MIJORANO, TUYENABO HABIMANA John et NDESHO KABWENE. Je pense ici aux survivants des attaques armés du fait de leur engagement en faveur de la protection de la biodiversité et l'avenir climatique dans le Paysage Virunga , notamment messieurs Emmanuel Démerode , Directeur du Parc des Virunga, Emmanuel Keita Lukoo et bien d'autres qui ont payé un coût dur lors de leur service en faveur de protection du Parc des Virunga, le plus ancien parc d'Afrique , éco système aujourd'hui source de production des droits économiques , sociaux et culturels en faveur des milliers des communautés et couvercles forestiers en faveur de l'avenir climatique ;

A tous les membres de l'équipe légale, équipe scientifique, l'équipe de protection de l'Organisation Elaw et ses partenaires ; Elaw est une alliance efficace pour les avocats environnementalistes du monde ;

A l'équipe du programme de l'Organisation Union Internationale pour la Conservation de la nature section Pays Bas et aux membres de l'équipe de l'ambassade du Pays Bas, office de Goma pour leurs efforts remarquables en faveur de la protection des défenseurs locaux ;

Je n'ai pas oublié ici Maître Maria Koulouris, Directrice programme 11hourt Project, Rebeka Ramangamihanta assistante programme droits humains, leur appui en faveur de mon travail comme Avocat mettant mon savoir sur la cause environnementale a été très important et riche et m'a permis de comprendre les défis et les enjeux de protection et sécurité des défenseurs environnementaux de manière intégrée.

A tous les Avocats-Verts de l' Alerte congolaise pour l'environnement et les droits de l'homme(ACEDH) et défenseurs de la nature du Nord-Kivu. Aux collègues acteurs au centre du combat en faveur d'une justice cliamtique, la sauvegarde sociale , protection de la faune et flore sauvage , protection des droits fonciers locaux au Nord Kivu ;

A tous ceux qui sont persececutés du fait de leur engagement dans la brousse, dans les forêts, sur les lacs, dans les champs, en défendant l'environnement, les droits locaux des paysans et leur protection,

A tous les militants qui se battent pour la cause de la nature et des droits des paysans,

In memoriam

A la mémoire de tous les défenseurs des droits fonciers et de l'environnement ruraux , tués, massacrés, victimes d'exécution extra judiciaire , assassinat à cause de leur engagement en faveur d'une gouvernance foncière juste, équitable , transparente , responsable et sensible aux urgences climatique , je pense qu'ils et elles ont fait un travail en faveur de l'humanité important à sauvegarder et à reconnaitre et c'est au prix de leur vie , ces sont des héros qui se sont battus jusqu'au sacrifice suprême en faveur de l'intérêt de tous y compris de leur Bourreaux ; rendons hommage à tous et à toutes ;

A Monsieur OBEDI KARAFULU, père de 11enfants , marié à 2 femmes , président des anciens ouvriers des plantations de l'Ex SICIA , assassiné dans la nuit du 18 au 19 juillet 2023, à Bukombo par des hommes armés . Il a donné son temps, intelligence en faveur de la défense de la cause de plus de 36000 personnes chassées des plantations et il a été assassiné dans des circonstances non encore élucidées. Avant sa mort, il a fait face à plusieurs épreuves dont arrestations, tortures, détentions illégales, menaces de mort, procès iniques et après il a été assassiné,

A titre particulier, je rends hommages à tous les Eco-gardes tués dans le Parc national des Virunga –PNVi) pendant qu'ils étaient engagés avec ferme volonté loi à la main pour défendre la biodiversité , depuis plus les années de guerre , plus de 200 écogardes sont morts. Je pense ici aux défunts filles et hommes personnels du Parc des Virunga , victimes lors des embuscades dans les Secteurs du Parc dont le tord est le fait de s'être engagé en faveur de la conservation de la biodiversité ;

Aux héros dans l'ombre qui se sont battus jour et nuit en faveur d'une justice foncière et environnementale et que la mort leur a rattrapé , je rends hommage à toutes ces victimes de l'injustice humaine.

Remerciements

Ce travail est le résultat de coopération, de consultation et d'échange avec des confrères et collègues avec qui je travaille dans la sauvegarde sociale et environnementale dans le Paysage Virunga. Ce sont tous des avocats verts et des collaborateurs qui mettent leur savoir juridique et judiciaire au service de la nature et de la défense des droits des personnes les plus vulnérables et des pauvres. Ils plaindent au péril de leur vie, exposés au risque du métier, contre les plus forts aux fins de protéger les droits et les libertés des défenseurs des droits fonciers et des droits de l'environnements. Qu'ils trouvent ici l'expression de ma profonde gratitude.

Des personnes spéciales m'ont accompagné de plusieurs manières et ont accompagné la lutte des défenseurs , je fais allusion à Kate Holcombe, directrice programme protection des Avocats et défenseurs chez ELAW, qui a donné un accompagnement très significatif dans les moments les plus difficiles de mon travail ; la même reconnaissance aux couples Host Famillies Madame Rosie et Magnus Lauren et Kenny pour leur soutien exceptionnel lors de mes études à l'université d'Oregon et dont la collaboration est devenue plus qu'une famille

Je remerçie également Madame Lori Maddox directrice associée et acteur clé de l' unité Protection Elaw , et membre du comité exécutif de l'Alliance mondiale pour les défenseurs de l'environnement, indigènes et fonciers , Maitre Jeniffer GLEASON Avocat chargé du département légal de Elaw aux USA et le Professeur John Bonai de l'Université d'Oregon pour leurs encouragements afin d'écrire cet ouvrage, leurs orientations et conseils lors de son élaboration ;

Je reconnais ici le grand appui et merite de l'aquipe l'Union Internationale pour la Protection de la nature , IUCN pays Bas avec ses staffes Paul villaespesa , Tina Laine et consorts qui ont accompagné le travail de l'ACEDH , le quel travail a fort inspiré la production de cet ouvrage ;

En outre, mes remerçiements s'adressent aux confrères qui ont lu et corrigé le premier manuscrit de cet ouvrage, à savoir, Maîtres Eric Kambale Kihatiria, Jovial Bakulu Ngabo, Bruno Wasakundi Muhindo, Balisi Kapfumba Martin.

J'exprime également ma reconnaissance aux organisations sœurs qui ont mis à ma disposition des données et collaboré avec l'ACEDH pour promouvoir et renforcer les droits et libertés des défenseurs environnementaux et des droits fonciers au Nord Kivu. Il s'agit notamment des organisations ci-après : *Environmental Law Alliance Worldwide*, Natural Justice ,Protected Defenders EU, McCain Institute , Free dom House, Ambassade des Pays Bas, African Human Rigth Defenders Net Work, Defenders , Fond Global vert (Global Green Fund) Front line defenders, Defenrer ; Amnesty International , Radio Okapi, Flambeau de l'Est, France 24, TV5, Actualité.CD, 7 /7.CD, Les volcans.net, innovation pour le Développement et la Protection de l'Environnement , Bureau Conjoint des nationa unies aux droits de l'Homme , Aide Action pour la Paix , Proction internationale ,Forum des Amis de la Terre , Centre de Recherche pour Environnement Démocratie Droit de Hommes, Fédération des copératives des pêcheurs individuels du Lac Edouard,Centre Education et Protection de l'environnement Durable, Synergie Ukingo Wetu , ,d'autres j'ai oublié de citer car sont nombreux

C'est une fierté d'avoir rencontré et échangé avec les avocats et experts de l'organisation *Environmental Law Alliance Worldwide* (ELAW) sur des questions d'intérêts publics. Qu'ils trouvent dans cet ouvrage l'expression de ma gratitude

En définitive, je remerçie le Professeur Balingene Kahombo pour avoir accepté de relire mon manuscrit et de préfacer le présent ouvrage.

Préface

Préface de l'Environnemental Law Alliance Worldwide (Coalition mondiale pour le droit environnemental)

Cet ouvrage est une contribution essentielle pour comprendre les dangers que courent les défenseurs de l'environnement dans le contexte difficile de la région du Nord-Kivu en République démocratique du Congo, et offre une feuille de route pratique pour améliorer la capacité des défenseurs à travailler de façon sécuritaire et sans crainte de représailles. Défenseurs des droits fonciers et environnementaux et insécurité au parc de Virunga au Nord Kivu en R.D.Congo : nécessité d'écoute et de protection présente de manière convaincante les histoires, réflexions et expériences des défenseurs de la terre qui travaillent pour protéger et défendre les droits de la nature et des communautés locales malgré d'incroyables risques - et pertes - personnels dans l'une des régions du monde les plus riches en biodiversité et les plus touchées par les conflits. Ce livre donne une voix aux héros des Virunga et nous rappelle que le fardeau de la protection des trésors naturels de notre planète ne devrait pas être supporté uniquement par ceux qui défendent la justice dans un contexte où leur sécurité est des plus fragiles, et où l'impunité pour les violations de leurs droits est commune et même systématique.

Malgré ses riches ressources naturelles et sa biodiversité, l'est du Congo est l'un des endroits les plus défavorisés économiquement au monde. Les terres, les minéraux et la faune sont exploités par le biais d'accaparement de terres, d'exploitation minière et de pêche illégales, et de trafic d'espèces sauvages. Les défenseurs de l'environnement qui poursuivent ces crimes et s'efforcent de protéger les droits des communautés sont ciblés parce qu'ils perturbent des entreprises illégales lucratives qui profitent aux gouvernements, aux entreprises, aux milices et aux organisations criminelles. Ces puissantes entités utilisent souvent des groupes armés pour intimider les défenseurs et les empêcher de faire respecter la loi et les droits fondamentaux. L'impunité pour ces violations est omniprésente, ce qui ne fait qu'exacerber les dangers pour les défenseurs de l'environnement en RDC.

Cette situation tragique a fait du Congo l'un des endroits les plus dangereux et meurtriers au monde pour les défenseurs des droits fonciers et environnementaux, notamment au Nord-Kivu, à l'est du pays, où les témoignages présentés dans cet ouvrage ont été recueillis et documentés. En 2021, Green Peace a signalé que 227 défenseurs de l'environnement avaient été assassinés, et que de nombreux autres avaient subi des menaces, des déplacements et des conséquences économiques et sociales en raison de leur activité. Par ailleurs, les atteintes non fatales comme la surveillance, l'intimidation, les passages à tabac et les déplacements sont terriblement sous-estimées, en particulier lorsqu'elles sont perpétrées dans des communautés rurales et marginalisées.

L'une des personnes qui mènent courageusement la charge pour protéger les droits et les libertés environnementaux et communautaires, malgré le niveau désastreux d'insécurité en RDC, est M. Olivier Ndoole, l'auteur principal de ce livre. Je suis honoré de considérer Olivier comme un ami depuis que nous nous sommes rencontrés à Eugene, en Oregon, lors de sa bourse avec l'Environmental Law Alliance Worldwide (ELAW) au début de 2020. A l'époque de cette bourse, Olivier était déjà un leader parmi les défenseurs de l'environnement et des terres en RDC et l'un des défenseurs les plus fiables des communautés touchées par l'accaparement des terres, le trafic et l'extraction illégale des ressources. En tant que fondateur et secrétaire exécutif de l'Alerte Congolaise pour l'Environnement et les Droits de l'Homme (ACEDH), dans la province Nord de Goma, Olivier a vécu et travaillé à l'épicentre du conflit au Congo. Il est un leader du changement et de l'innovation dans la lutte contre les attaques ciblant les défenseurs de l'environnement et des droits de l'homme. Bien évidemment, son succès dans la lutte contre l'impunité et sa découverte de stratégies innovantes pour responsabiliser les gouvernements et les entreprises quant à la violation des droits des personnes et de l'environnement ont fait de lui et de son organisation des cibles d'attaques. En 2023, en reconnaissance des circonstances dans lesquelles il a courageusement continué à travailler, il a reçu le prix Front Line Defenders pour les défenseurs des droits humains en danger pour l'Afrique en reconnaissance des sacrifices qu'il a faits pour devenir « l'Avocat Vert » du Nord-Kivu en défendant le Parc des Virunga et ses habitants.

En le sélectionnant pour ce prix, Front Line Defenders a reconnu à juste titre le travail courageux et inébranlable d'Olivier en faveur des communautés, malgré les risques personnels et les attaques contre sa vie. Sans lui, ces communautés ne recevraient ni soutien ni de représentation juridique pour l'expropriation et l'exploitation illégales de leurs terres et de leurs ressources. Beaucoup de ses clients sont des femmes et des enfants qui ont perdu leur mari ou leur père pendant les conflits. Lorsqu'ils sont déplacés de leurs terres – source de leur identité et de leur subsistance – ils sont plongés dans une insécurité encore plus grande. Olivier veille à ce que ces personnes, ainsi que d'autres victimes vulnérables, ne soient pas oubliées et que leurs revendications soient entendues. Ses litiges stratégiques innovants ont permis de renforcer les droits et la survie des communautés. En 2021, Olivier a défendu avec succès la toute première ordonnance d'un tribunal déclarant que les permis de pêche incompatibles avec les accords de gestion de la conservation violaient les droits des pêcheurs de subsistance. Cette affaire a été essentielle pour préserver la capacité de survie des communautés qui dépendent de la pêche de subsistance.

L'impact de la représentation juridique et du plaidoyer d'Olivier en faveur des communautés de pêcheurs et de bergers de subsistance vivant dans le Nord-Kivu ne peut être surestimé. Ces communautés sont extrêmement vulnérables à la criminalisation, à l'intimidation et au déplacement, et sont rarement en mesure d'obtenir une représentation juridique. Les efforts juridiques d'Olivier, l'un des seuls avocats à œuvrer pour protéger leurs droits, ont clarifié que les pratiques de pêche et d'agriculture de subsistance n'exploitent pas l'environnement et ont directement permis à ces peuples de garder le contrôle de leurs terres.

Ces résultats illustrent les compétences exceptionnelles d'Olivier en tant qu'avocat plaidant et son approche de la défense de l'environnement fondée sur les droits de l'homme. Olivier est également un penseur systémique, qui comprend que le litige est un de nombreux outils permettant d'accroître le respect et de garantir efficacement les droits des personnes et de la nature. En 2022, sous la direction d'Olivier, un nouveau modèle de coopération a été forgé entre l'armée congolaise, la police nationale, l'agence de conservation de la nature (ICCN), la société civile et les gardes du parc pour maintenir l'ordre et la sécurité dans le parc national des Virunga. Cette coalition sans précédent a miné la capacité des réseaux criminels à exploiter la flore et la faune menacée du parc et a généré une confiance et des intérêts partagés entre des groupes historiquement non alignés. Parallèlement, Olivier a mis en œuvre des lois tenant les soldats responsables de la non-application des lois sur le braconnage et a contribué à la toute première poursuite judiciaire, devant un tribunal militaire, contre des officiers qui n'avaient pas efficacement protégé les plantes et les animaux du parc. Ils purgent désormais une peine de prison.

Malgré des résultats positifs pour les personnes et pour l'environnement, ces succès n'ont fait qu'augmenter le risque auquel est exposé Olivier, tandis que des éléments criminels cherchent à contourner les protections et sauvegardes juridiques par la violence et l'intimidation. L'histoire d'Olivier touche à l'un des objectifs de ce livre, qui est d'amplifier la voix des défenseurs de la terre, d'honorer leurs sacrifices et d'écouter leurs idées sur ce qui doit changer pour garantir que le plaidoyer environnemental ne soit plus une question de vie ou de mort.

Ce livre, avec ses témoignages poignants et ses informations pratiques, nous rappelle que les défenseurs de l'environnement au niveau local œuvrent pour le bien de l'humanité toute entière, pour le climat et pour notre avenir. Ces défenseurs de l'environnement sacrifient souvent leur vie, leur liberté et l'accès à leur patrie et leurs foyers. Ils se heurtent à d'incroyables obstacles dans l'accès à la justice et aux mécanismes de sécurité en raison de la corruption, de cadres juridiques dont la portée et l'applicabilité sont insuffisantes pour protéger les personnes et l'environnement, du manque d'accès à une assistance juridique compétente, de procédures judiciaires indûment lentes et de la menace de puissantes entités économiques et politiques dont les intérêts s'opposent à la justice et à la protection des droits humains et environnementaux. Leurs expériences vécues sont les voix les plus instructives pour apprendre à répondre efficacement aux obstacles et aux défis auxquels sont confrontés les défenseurs de l'environnement en RDC.

Ce livre ne suggère pas que les stratégies proposées pour lutter contre les principaux facteurs de préjudice et d'impunité seront faciles à appliquer. Cependant, parce qu'il est informé par les personnes les plus concernées, il fait autorité en tant que guide sur la manière dont la communauté internationale et les acteurs concernés en RDC peuvent lancer des réformes juridiques et institutionnelles et améliorer les mécanismes de protection pour les rendre accessibles à ceux qui en ont le plus besoin.

Certaines des recommandations de l'ACEDH sont :

- Améliorer l'accès aux mécanismes visant à sauvegarder les droits et libertés des défenseurs de l'environnement et des terres, en particulier dans les zones rurales, et garantir qu'ils soient véritablement indépendants, dotés de ressources adéquates et bien protégés.

- Adopter des programmes de protection pour les défenseurs handicapés et les femmes défenseurs, ainsi que des cadres juridiques et institutionnels connexes visant à accélérer la promotion et la protection des droits et libertés des défenseurs de l'environnement et des personnes les plus menacées au sein de la communauté des défenseurs.

- Permettre l'accès à l'information sur les lois et réglementations régissant la gouvernance des ressources naturelles.

- Organiser une surveillance indépendante des procès pour garantir le respect des droits au procès et à une procédure régulière, et offrir un soutien financier accru à la formation judiciaire et à l'éducation juridique continue sur les droits et les protections spéciales dues aux défenseurs de l'environnement, de la terre et des autochtones.

- Allouer des ressources suffisantes pour soutenir la Commission nationale des droits de l'homme (CNDH) ainsi que des ressources adéquates pour protéger les défenseurs dans les zones rurales et les écosystèmes forestiers.

- Élargir l'accès à une assistance juridique gratuite et au soutien pour les défenseurs de la terre qui sont criminalisés et arrêtés en vertu de lois qui ne reconnaissent pas les droits fonciers et agricoles de subsistance en faveur de la protection de l'environnement.

- Produire des instruments juridiques afin de guider et d'encadrer l'action publique et privée en matière de justice climatique et de sauvegarde des droits et libertés des défenseurs de l'environnement et des terres, et rendre ces ressources accessibles et adaptées à la réalité et au contexte des défenseurs africains.

- Créer un environnement et des conditions favorables pour que les défenseurs africains participent aux événements climatiques multilatéraux et internationaux, afin d'amplifier les voix des acteurs locaux ayant des expériences vécues et une connaissance des obstacles, des réussites et des stratégies de protection de la planète dans les contextes où ils vivent et où ils travaillent.

Ce travail de l'ACEDH nous aide à comprendre comment mieux soutenir les défenseurs de l'environnement et des terres au Congo et nous offre une voie à suivre pratique et réalisable pour les acteurs aux niveaux local, régional et international. Mais, plus important encore, il donne une voix aux défenseurs locaux et leur permet de nous expliquer les nuances de ce qui fonctionne et ne fonctionne pas dans ce contexte du Nord-Kivu et du Parc National des Virunga. La couverture du livre nous rappelle la nécessité « d'écouter et de protéger ceux qui défendent la cause de l'humanité au prix de leur vie et de leurs libertés au Nord-Kivu ». L'action et l'engagement sont une nécessité, mais ce livre nous invite également à nous souvenir que les efforts visant à améliorer la situation des défenseurs de l'environnement ne sont pas juste une idée abstraite ; les histoires contenues dans ce livre documentent les sacrifices personnels, les vies perdues, les grandes souffrances endurées, qui méritent bien d'être honorés. Ces voix doivent être notre boussole, et nous sommes éternellement reconnaissants à Olivier et à l'ACEDH d'avoir reconnu la nécessité d'écrire ce livre et de nous indiquer la voie à suivre.

Olivier, merci pour cette contribution importante et merci de partager les leçons de ceux qui protègent notre humanité, le climat et notre avenir.

Lori Maddox

Associate Director

Environmental Law Alliance Worldwide (ELAW)

(Coalition mondiale pour le droit environnemental)

Eugene, Oregon, USA

Préface Version anglaise

This work is a much needed contribution to our understanding of the drivers of harm impacting environmental defenders in the complex context of the North Kivu region of Democratic Republic of Congo, and offers a practical roadmap for improving defenders' ability to work safely and without fear of reprisal. *DEFENDERS OF LAND AND ENVIRONMENTAL RIGHTS IN THE DIFFICULT AND RISKY SECURITY CONTEXT IN NORTH KIVU, THESE HEROES IN THE SHADOWS IN A FORGOTTEN PROFESSION ALTHOUGH IMPORTANT FOR HUMANITY: CASE OF THE VIRUNGA LANDSCAPE* cogently uses the stories, reflections, and practical experiences of land defenders working to protect and defend the rights of nature and local communities despite incredible personal risk - and loss - in one of the most biodiverse and conflict-affected areas of the world. This book elevates the voices of Virunga's heroes and reminds us that the burden of protecting our planet's natural treasures should not be borne alone by those who stand for justice in a context where their security is most fragile and impunity for the violations of their rights is prevalent and systematic.

Despite its rich natural resources and biodiversity, Eastern Congo is one of the most economically disadvantaged places on earth. Land, minerals, and wildlife are exploited through land grabs, illegal mining and fishing, and wildlife trafficking. Environmental defenders prosecuting these crimes and working to protect the rights of communities are targeted because they disrupt these lucrative illegal enterprises that profit governmental, corporate, armed groups, and criminal entities. These powerful drivers of harm often utilize armed groups to intimidate defenders from enforcing rule of law and respect for fundamental rights. Impunity for these violations is pervasive, which only exacerbates the dangerous situation for environmental defenders in DRC.

This tragic situation has resulted in Congo being one of the most dangerous and deadly places in the world to work on land and environmental rights, particularly in North Kivu in the east of the country where the testimonies presented in this book were collected and documented. In 2021, Green Peace reported that 227 environmental defenders were murdered, while many others experienced threats, displacement, and economic and social consequences as a result of their advocacy. Further, we know that non-lethal attacks in particular, such as surveillance, intimidation, beatings, and displacement, are woefully undercounted and underreported, particularly when perpetrated in rural and marginalized communities.

Key among those who are courageously leading the charge to protect environmental and community rights and freedoms despite the dire level of insecurity in DRC is Mr. Olivier Ndoole, the principal author of this book. I am honored to consider Olivier a friend since we met in Eugene, Oregon during his Fellowship with the Environmental Law Alliance Worldwide (ELAW) in early 2020. At the time of his Fellowship, Olivier was already a leader among environmental and land defenders in DRC and one of the most trusted advocates for communities impacted by land grabs, trafficking, and illegal resource extraction. As a founder and Executive Secretary of Alerte Congolaise pour l'Environnement et les Droits de l'Homme (Congolese Alert for the Environment and Human Rights - (ACEDH), in the North Province of Goma, Olivier has lived and worked at the epicenter of conflict in Congo. He is a leader of change and innovation in working to address the drivers of harm against environmental and human rights defenders. Unsurprisingly, his success in countering impunity and progressing innovative strategies to hold government and corporate entities accountable for violating the rights of people and the environment has made him and his organization a target of attack. In 2023, in recognition of the circumstances in which he has courageously continued to work, he received the Front Line Defenders Award for Human Rights Defenders at Risk for Africa. The award recognizes the sacrifices he has made to become the "Green Lawyer" of North Kivu in defense of Virunga Park and its people.

In selecting him for the award, Front Line Defenders rightly acknowledged Olivier's steadfast and unwavering defense of communities despite great personal risk and attacks against his life. These communities would not otherwise receive support or legal representation for the illegal expropriation and exploitation of their land and resources. Many of his clients are women and children who have lost husbands and fathers in conflict. Thus, when they are displaced from their land - the source of their heritage and subsistence -

they are plunged into even greater insecurity. Olivier has ensured that they, and other vulnerable victims, are not forgotten and their claims are heard. He has elevated the rights and survival of communities through innovative strategic litigation. In 2021 Olivier successfully litigated the first-ever court order declaring that fishing licenses that conflict with conservation management agreements violate the rights of subsistence fisherfolk. The case was critical to preserving the ability of communities that depend on subsistence fishing to survive.

The impact of Olivier's legal representation and advocacy on behalf of land subsistence fisherfolk and shepard communities living in North Kivu cannot be overstated. These communities are extremely vulnerable to criminalization, intimidation, and displacement and are rarely able to reach and secure legal representation. As one of the only lawyers working to protect their rights, Olivier's legal efforts have clarified that subsistence fishing and farming practices are not exploitative of the environment and directly resulted in their ability to remain as the historical stewards of land.

These outcomes illustrate Olivier's exceptional skills as a litigator and his human-rights based approach to environmental advocacy. However, he is also a system-thinker who understands that litigation is one of many tools for increasing respect and effective safeguards for the rights of people and nature. In 2022 with Olivier's leadership, a novel model of cooperation was forged between the Congolese military, national police, nature conservation agency (ICCN), civil society, and park guards to maintain order and security in Virunga National Park. This unprecedented coalition has undermined the ability of criminal networks to exploit the Park's endangered flora and fauna and generated trust and shared interests between groups who have historically been unaligned. In tandem, Olivier operationalized laws holding soldiers accountable for failing to enforce poaching laws and assisted with the first-ever prosecution of officers before a military court who failed to protect plants and animals in the park. They are now serving time in prison.

While leading to positive outcomes for people and nature, these successes have only increased Olivier's risk as criminal elements seek to overcome legal protections and safeguards through violence and intimidation. Olivier's story is relevant to one of the aims of this book, namely, to amplify the voices of land defenders, honor their sacrifices, and to listen to what they have to tell us about what must change to ensure environmental advocacy is not a life or death endeavor.

This book, and the poignant testimonies and practical knowledge presented within it, reminds us that the work of local environmental defenders is a profession for humanity, the climate, and our future. For this service, environmental defenders pay with their lives, liberty, and displacement from their heritage and homes. They face incredible barriers to justice and security mechanisms as a result of corruption, legal frameworks that are insufficient in scope and applicability to protecting people and the environment, lack of access to competent legal assistance, unduly slow judicial proceedings, and the threat of powerful economic and political entities whose interests are not aligned with justice and protection of human and environmental rights. Their lived experiences are the most authoritative voices on the roadmap for effectively responding to the barriers and challenges facing environmental defenders in DRC.

This book does not suggest that the strategies put forward for addressing some of the biggest drivers of harm and impunity will be easy. However, because it is informed by those most impacted, it does offer an authoritative guide for how the international community and relevant actors within DRC can instigate legal and institutional reforms and improve protection mechanisms to be meaningful and accessible to those who need them urgently.

Among these recommendations, ACEDH highlights:

- Improving access to mechanisms aimed at safeguarding the rights and freedoms of environmental and land defenders, particularly in rural areas, and ensuring that they are truly independent, adequately resourced, and confidential.
- Adopting protection programs for defenders living with disabilities and women defenders, and related legal and institutional frameworks aimed at accelerating the promotion and protection of the rights and freedoms of environmental defenders and those most at risk within the community of defenders.
- Access to information on laws and regulations governing the governance of natural resources.

- Independent monitoring of trials to ensure trial and due process rights are respected and greater financial support for judicial training and ongoing legal education on the rights and special protections due to environmental, land, and Indigenous defenders.
- Allocation of sufficient resources to support the National Human Rights Commission (CNDH) with adequate resources to monitor the situation of defenders in rural areas and forest ecosystems.
- Expanding access to free legal assistance and aid to land defenders who are criminalized and arrested under laws that fail to recognize land and subsistence farming rights in favor of environmental protection.
- Producing legal instruments to guide and supervise public and private action in matters of climate justice and the safeguarding of the rights and freedoms of environmental and land defenders and make such resources accessible and adapted to the realities and context of African defenders.
- Creating an enabling environment and conditions for African defenders to participate in multilateral and international climate events to amplify the voices of local actors with lived experiences and knowledge of the barriers, successes, and strategies for protecting the planet in the contexts where they live and work.

ACEDH's contribution to improving our understanding of how to better respond and support environmental and land defenders in Congo offers a practical and achievable path forward for actors at the local, regional and international levels. Most importantly, however, it anchors its recommendations in the voices of local defenders who can explain the nuances of what works and doesn't work in this context of North Kivu and Virunga National Park. The cover of this book reminds us of the need to "listen and protect those who defend the cause of humanity at the cost of their lives and freedoms in North Kivu." Yes, action and engagement is needed now. But this book also invites us to remember that efforts to improve the situation of environmental defenders is not an abstract idea; the stories in this book document the personal sacrifices made, lives lost, great suffering endured, and they deserve to be honored. These voices must be our compass, and we are forever grateful to Olivier and ACEDH for recognizing the need for this book and the path forward.

Olivier, thank you for this important contribution and for sharing the lessons of those who are protecting our humanity, the climate, and our future.

Lori Maddox, Associate Director
Environmental Law Alliance Worldwide (ELAW)
Eugene, Oregon, USA

Note de l'organisation IUCN Pays-Bas

Droit à la nature

Chaque personne a le droit d'avoir son mot à dire sur son environnement de vie, qui doit également être propre et sain, sécuritaire et durable. Cependant, dans de nombreux pays, défendre ces droits environnementaux et humains n'est pas sans risque. Particulièrement les femmes et les communautés autochtones sont souvent les plus touchées à cet égard. Dans de nombreux pays, elles ne sont que peu impliquées dans les processus décisionnels liés à leur environnement direct. Néanmoins, les communautés possèdent une grande connaissance du paysage et de la nature et les femmes sont les premières à subir les effets de leurs modifications.

L'UICN-NL travaille depuis des années à accroître la sécurité des défenseurs de l'environnement et des droits de l'homme et des groupes vulnérables. À travers ses partenaires que nous accompagnons dans leur travail, à l'instar de l'organisation ACEDH (Alerte Congolaise pour l'Environnement et les Droits de l'Homme) représentée par Maitre Olivier Ndoole dans son combat pour le droit à la nature en République Démocratique du Congo.

C'est avec une profonde reconnaissance envers le travail des défenseurs des droits fonciers et environnementaux du Nord Kivu, que Maître Olivier Ndoole nous livre cet ouvrage essentiel. Ce livre offre un témoignage poignant et nécessaire sur la réalité vécue par ces acteurs engagés opérant dans des conditions sécuritaires difficiles et exposés à des risques considérables.

Il nous plonge dans l'univers complexe des défenseurs de l'environnement et des droits fonciers, soulignant leur rôle crucial dans la protection des intérêts publics au bénéfice des communautés locales et de l'humanité tout entière. Il met en lumière le prix souvent élevé payé par ces héros de l'ombre, confrontés à l'impunité, à l'injustice, voire à la menace constante sur leur vie, liberté, stabilité, patrimoine, et autres préjudices résultant de leur engagement.

L'ouvrage ne se contente pas de dresser un constat, il offre également des recommandations éclairées à l'attention des acteurs capables de stimuler des réformes juridiques et institutionnelles. Maître Ndoole souligne la nécessité d'écouter et de protéger ces défenseurs car leur action demeure d'une importance cruciale pour l'avenir de la planète ; la sauvegarde sociale et l'impulsion de réformes justes et sensibles aux urgences climatiques. Il explore les mécanismes publics et privés de protection disponibles, ainsi que les instruments juridiques en vigueur.

Ce livre incite à une réflexion profonde sur la nécessité de transformer les systèmes juridiques et institutionnels pour garantir un monde où les défenseurs de l'environnement et des droits fonciers peuvent exercer leur mission cruciale sans crainte ni entrave à l'exemple des initiatives de la société civile locale du Nord Kivu et d'organisations internationale dans le domaine foncier et environnemental. Il examine également les conséquences de la loi n°23/027 du 15 juin 2023 en République démocratique du Congo, soulevant des interrogations sur la pénalisation potentielle des activités des défenseurs des droits de l'homme au lieu d'une protection attendue.

Avant-propos

Le présent ouvrage : Défenseurs des droits fonciers et environnementaux et insécurité du Parc National des Virunga au Nord Kivu en R.D.Congo : nécessité d'écoute et de protection est l'une des produits des expériences pratiques dans le domaine de protection de l'environnement, les échanges et réflexions avec les défenseurs des droits fonciers et environnementaux du Nord Kivu.

Une réflexion issue de l'inspiration d'un travail difficile, compliqué aux épreuves périlleuses que les défenseurs environnementaux et fonciers travaillant sur des questions d'intérêts publics au profit des communautés et l'humanité mais soumis à des épreuves , injustice et de fois ingratitude de tout genre. Des personnes aux métiers important pour l'humanité, des héros pour la sauvegarde sociale et avenir climatique, les défenseurs environnementaux et fonciers du Nord Kivu sont à l'épreuve du temps, impunité, faits aux défis d'accès aux services de protection et sécurité. Ils paient leur vie, liberté, leur stabilité, patrimoine et autres préjudices du fait de leur engagement. Ils méritent une attention particulière, il faut les écouter, il faut le protéger car leur action reste d'une importance capitale pour l'avenir de la planète, pour la sauvegarde sociale et pour impulser des réformes juridiques et institutionnelles justes sensibles aux urgences climatiques, pro pauvres et des politiques publiques d'accès juste, responsable aux ressources. Une idée inspirée de la nécessité de sauvegarder les droits de la nature et les droits des communautés locales par le droit tout en assurant la protection et défense des droits et libertés des défenseurs locaux de cette nature et des droits de communautés locales ; en séjour et études à Eugene , à l'université d'Oregon aux Usa , à la suite des échanges , discussions avec des acteurs importants de protection et d'appui légal . J'ai trouvé important d'écrire l'ouvrage pour faire connaitre la situation des défenseurs environnementaux locaux, leurs défis en matière d'accès aux mécanismes de protection et sécurité, leurs opinions pour que leur protection et sécurité soient améliorées. Mais aussi une série des recommandations a été formulée et dirigée aux acteurs capables d'impulser des réformes juridiques et institutionnelles, modifier des approches de pourvois aux besoins de protection.

L'ouvrage aborde la question de la situation et contexte de travail de manière globale du travail des défenseurs environnementaux et fonciers dans le contexte du Nord Kivu spécifiquement dans le Paysage Virunga, les mécanismes publics et privés de protection des défenseurs environnementaux et fonciers au Nord Kivu et les instruments juridiques. L'autre aspect de l'ouvrage est qu'il aborde les initiatives des organisations de la société civile du domaine foncier et environnemental et leur importance dans le travail des défenseurs environnementaux et fonciers au niveau du Nord

Kivu. Mais aussi les initiatives internationales des mécanismes privés comme espoir de protection des droits et libertés des défenseurs tout en démontrant les limites d'accès aux mécanismes. Elle souligne aussi la controverse sur le résultat législative à l'issu du processus de l'adoption de la loi n°23/027 du 15 juin 2023 relative à la protection et à la responsabilité du défenseur des droits de l'homme en République démocratique du Congo : Une légalisation de la criminalisation des activités des DDH en lieu et place d'une protection sollicitée ?

- ✓ Les actions des initiatives des organisations internationales, leur impact sur les droits et libertés des défenseurs environnementaux et fonciers, les réformes juridiques et institutionnelles à incidence sur le travail de la gouvernance environnementale, protection de la faune et flore sauvages, investissement des paysans en agriculture, accès à l'énergie, pêche, forêt, foncière …….. D'autres aspects abordés dans l'ouvrage, les cas des violations des droits et libertés, des défenseurs environnementaux qui se caractérisent par des harcèlements judiciaires, arrestations arbitraires et détentions illégales, des exécutions sommaires extra judiciaires, des meurtres, des menaces des morts, intimidations, assassinats, attaques, destructions des biens et archives de travail ; en plus de cette situation dramatiques les obstacles d'accès aux services, l'accès aux informations et formations en faveur des défenseurs des droits environnementaux et fonciers ont été abordés. Des mécanismes de pourvois au service de protection et leur faiblesse ont été aussi abordés. Des grandes recommandations et options des réformes pour améliorer l'environnement de protection et accès aux services en faveur des défenseurs environnementaux et fonciers au Nord Kivu. Quelques obstacles sont entre autres ; la corruption des certains agents dans la chaîne pénale et la multplication des frais judiciaires ;
- ✓ la corruption des certains agents dans la chaîne pénale et la multplication des frais judiciaires ;
- ✓ Des services et infrastructures inadaptés aux conditions physiques , mentales des DDE et DDF vivant avec handicape ;
- ✓ la mobilisation des procédures judiciaires soutenues à 100 % par les justiciables ;
- ✓ la longue distance entre les milieux des défenseurs environnementaux et les instances de protection ou d'application des lois ;
- ✓ la lenteur de l'administration judiciaire ;
- ✓ les bourreaux sont en grande partie des hommes économiquement, politiquement et militairement forts ;
- ✓ La Bureaucratie très complexe
- ✓ la culture de l'impunité ;

- ✓ absence d'un mécanisme d'accès à la justice à travers des procès à distance par exemple garantisant un accès sécurisé à la justice et reduisant les riesques sécuritaires et les obstacles géo stratégiques ;
- ✓ le trafic d'influence et l'injonction ;
- ✓ la pauvrété des défenseurs environnementaux face aux coûts que les voyages et les autres charges peuvent entrainer pour intenter une action légale ou judiciaire ;
- ✓ le cadre légal peu souple pour accorder une place de choix aux défis des défenseurs environnementaux ;
- ✓ l'absence d'une technoligie avancée et souple pour découvrir les numéros anonymes ou apprehender les criminels sur base des empruntes digitales ;
- ✓ l'utilisation des militaires et de certains chefs des groupes armés dans des questions environnementales et foncières ;
- ✓ la méconnaissance ou l'ingorance de la procédure et des lois de la République ;
- ✓ les difficulté d'accès aux informations d'intérêt public et des droits procéduraux environnementaux ;

Des solutions ou recommandations ont été proposées parmi lesquelles :

1. Aux mécanismes Publics de sauvegarde des droits et libertés des DDE et DDF

Gouvernement RDC et le parlement de la RDC

Parachever les initiaves parlementaires et gouvernanementales visant à mettre en place et améliorer un cadre juridique et institutionel complet et cohérant en matière de protection , promotion et défense des droits et libertés des défenseurs des droits humains du secteur de développement durable en RDC ;

- ❖ L'urgence actuelle est la révision de la loi n°23/027 du 15 juin 2023 relative à la protection et à la responsabilité du défenseur des droits de l'homme en République démocratique du Congo : Une légalisation de la criminalisation des activités des DDH en lieu et place d'une protection sollicitée
- ❖ Mettre en place des programmes et normes spécifiques d'adaptation pour faciliter l'accès aux services de protection et aux formations pour les DDE et DDF vivant avec handicapes et les femmes DDH
- ❖ Mettre en place des cadres juridiques et institutionnels facilitant l'accélération de la promotion des droits et libertés des défenseurs environnementaux et défenseurs des droits fonciers locaux , ces cadres doivent être déploiyés sur base d'un modèle plus démocratique et dans une approche décentralisée ;

- Faciliter l'accès à l'information législative et reglementaire régissant le secteur foncier, environnement , énergie, mines, agriculture, pêche , élèvage , forrêt, faune et flore ….et autres textes et politiques à incidence sur les urgences cliamatiques et protection des DDH ;
- Assurer un suivi de l'application effeficace et effective des textes des lois existants et renforcer le cotrôle de la moralisation de l'action judiciaire en matière des normes de développement durable, transparence , droits à un procès juste et équitable ;
- Veiller à l'exécution des décisions judiciaires et administratives ou les avis parlementaires contre l'Etat en matière de protection des droits et libertés des défenseurs des droits de l'homme du secteur de l'environnement, foncier et aspects connexes ;
- Assurer le suivi de la situation des défenseurs des droits fonciers et environnementaux dans les zones d'instabilité et guerre en RDC et promouvoir des sanctions contre les auteurs des violations de ces droits ;
- Sanctionner les fonctinnaires de l'Etat (Exécutif, défense et sécurité, législatif, judiciaires) auteurs ou complices des violations des droits de l'homme contre les DDE et DDF
- Encourager l'Ouverture des dossiers disciplinaircs et judiciaires contre les acteurs judiciaires auteurs ou complices d'acte d'harcellement judiciaire contre les DDE et DDF ;
- Mettre en place un cadre de concertation et dialogue aux procédures souples et simplifiées dans le suivi des situations et cas des violations des droits et libertés des DDE et DDF au niveau national , ceci sur base d'un plan multi acteur concerté ;
- Doter la Commision nationale des droits de l'homme CNDH des moyens important avec un agenda spécifique axé sur la situation des DDE et DDF dans les milieux ruraux et autours des écosystèmes forrestiers ;
- Engager ou faire engager des actions judiciaires de poursuite contre les auteurs des violations des droits et libertés des DDE et DDF ;
- Faciliter l'accès aux titres de voyage de service , plaidoyer et lobby et autres évenement à tavers des assouplissements et directives consulaires en faveur les communautés locales , peuples autoctones , défenseurs des droits fonciers et envitonnementaux ,
- Renforcer la sécurité et l'autorité de l'Etat dans les endroits à forte biodiversité ,de concentration des intérêts fonciers locaux et les espaces de conservation ;

- ❖ Réformer la cadre juridique en matière de droit et procédure civile et pénale en matière d'aide légale et assistance gratuite , en enlargissant ceci sur les matières de poursuite des défenseurs locaux qui seraient poursuivis , arrêtés du fait de leurs actions en faveur de la protection des droits environnementaux , les litiges d'intérêt public ou des droits fonciers locaux. La masse des frais judiciaires y compris les frais d'assistance judiciaire peuvent être supportés par la République, élargir le champ d'application des crimes graves (crimes contre l'humanité, crimes de guerre , crimes de génocide et d'aggression) sur les questions des crimes environnementaux , atteintes aux biens d'intérêt public mondial , les attaques , exploitation , destruction contre les écosystèmes aux valeurs environnementales exceptionelles acceptées ou prouvées, les atteintes collectives contre les vies des défenseurs ruraux des droits environnementaux et fonciers ;

Aux mecanismes publics internationaux

- ❖ Produire des instruments juridiques, politiques sectoriels et directives pour orienter et encadrer l'action publique et privée en matière de justice climatique et sauvegarde des droits et libertés des DDE et DDF dans le monde ;
- ❖ Mettre en place des cadres de suivi spécifique et multi acteur sur les questions des défenseurs des droits environnementaux , fonciers et l'évolution des ODD au niveau des Etats Nord et sud ;
- ❖ Rendre accessible les ressources , procédures et droits liés aux mecanismes en les adaptant aux réalités des défenseurs environnementaux et fonciers africains qui sont dans une grande majorité moins instruits , sans accès à la nouvelle technologie , sans accès à l' électricité mais qui font un travail important en faveur de la sauvegarde de la nature au niveau universel et paradoxalement victimes des injustices et attientes aux droits et leurs libertés ;
- ❖ Renforcer le cadre opérational et le dispositif en formant des directives normatives universelles sur la facilitation d'accès aux services de protection, l'accès à l'information d'intérêt public et à la formation intellectuelle en faveur des personnes vivant avec handicape et les femmes défenseurs environnementaux ;
- ❖ Prendre des sanctions contre les auteurs des violations des droits et libertés des défenseurs des droits et libertés des DDE et DDF ;

- Organiser des cadres des audiences ou enquêtes mobiles (format audiences foraines) des cours et organes des différents traités en vue de faciter l'accès à la justice des citoyens locaux à travers les mécanismes internationaux à incidence sur l'environnement e, le foncier et aspects connexes ;
- Dans les programmes d'aide au développement, inserer la close de conditionalité d'accès à l'aide au developpement par la sauvegarde des droits etlibertés des DDE et DDF et la liberation de l'epace civique ne faveur de l'action climatique comme des facteurs clés d'accès aux appuis ;
- Assouplir les conditions de participations aux évenements sur le climat tout en priorisant les acteurs locaux qui se battent dans le contexte très penible en faveur de l'environnement et droits des communautés locales ;
- Assurer le suivi des déclarations et resolutions émises en faveur de l'action des défenseurs environnementaux et fonciers au niveau des Etats ;
- Instituer un observatoire multi acteur de suivi, évaluation de la situation des DDE et DDF et de proposition des normcs d'adaptation juridique et institutionelle à l'échelle mondiale, régionnale et sous régionnale et, avec des possibilités nationales selon les zones :
- Réadapter le dispositif des instances judiciaires , les offices des structures d'appui social et administratifs aux besoins et capacités des DDE et DDF vivant avec handicape aux fins de faciliter l'inclusion professionnelle et organisationelle
- Doter des moyens les mécanismes de promotion et protection des défenseurs environnementaux et fonciers au niveau local, national et international ;
- Soutenir des programmes d'action et formation capables une transition technologique et scientifiques entre les acteurs de défense des forêts ruraux de l'Afrique en génaral et de la partie Est Paysage Virunga en particulier et le monde de promotion des actions climatique attaché et habitué à la nouvelle technologie de l'information . Il faut des moyens d'investissment en faveur des équipements technologiques et les savoirs scientifiques pour bien gérer l'équilibre Nord –Sud dans les activités du climat et ressources naturelles .

Aux mécanismes privés nationaux et internationaux (ONG, Médais, Barreaux):

- ❖ L'alliance mondiale pour les défenseurs environnmentaux , indigènes et fonciers doit promouvoir et défendre les droits et libertés des DDE et DDF dans toutes instances décisionnelles , mécanismes privés de protection pour un engagement modial en faveur de la cause des DDE et DDF ;
- ❖ Mobiliser les services des Barreaux d'avocats , Magistrats en faveur de la sauvegarde des droits et libertés des DDE et DDF dans le contexte d'urgence climatique ;
- ❖ Proposer des réformes profondes en matière d'aide légale gratuite pour la faune et flore sauvage mais aussi en faveur des défenseurs locaux en situation d'harcellement judiciaires :
- ❖ Vulgariser les textes des lois et politiques de protection existant ;
- ❖ Mobiliser les défenseurs des droits de l'homme pour un plaidoyer en faveur de la modification de la Loi n°23/027 du 15 juin 2023 relative à la protection et à la responsabilité du défenseur des droits de l'homme en République démocratique du Congo : Une légalisation de la criminalisation des activités des DDH en lieu et place d'une protection sollicitée
- ❖ Soutenir les actions diverses visant à faire réviser la loi n°23/027 du 15 juin 2023 relative à la protection et à la responsabilité du défenseur des droits de l'homme en République démocratique du Congo ;
- ❖ Influencer des réformes juridiques et institutionelles pour des services, politiques et pratiques favorables à la promotion et protection des droits et libertés des DDE et DDF ;
- ❖ Mobliser plus des moyens en faveur de la protection globale en faveur des défenseurs environnementaux et fonciers de la province du Nord Kivu :
- ❖ Initier des recherches approfondies sur l'efficacité des services rendus , les défis, forces et faiblesses des références et les grandes orientations des défenseurs locaux en Province du Nord Kivu ;
- ❖ Intenter des actions judiciaires contre des violations des droits et libertés des défenseurs des droits fonciers et environnementaux au Nord Kivu
- ❖ Assurer le monitoring des procès des DDF et DDE devant les cours et tribunaux ;

- Accompagner des programmes de surveillance des droits et libertés et d'appui en faveur des défenseurs locaux ;
- Organiser des activités de monitoring, repporting sur la situation des défenseurs des DDE et DDF ;
- Assurer un appui logistic, énergetique et technologique en vue de faciliter une transition technologique juste et favorable aux DDF, DDE locaux et à la sauvergarde environnementale ;
- Mobliser les acteurs fonciers et environnementaux contre la dikephobie et les amener à saisir tout jours à affronter la justice pour recouver leurs droits et contribuer à l'amélioration de la gouvernance judiciaire en faveur des DDH locaux ;
- Organiser des travaux de réflexion , consultation et concertation en vue de réadapter les appuis accordés aux DDF et DDE ;
- Faciliter la démocratisation et adaptation des protocoles de l'aide en faveur des DDE et des DDF en tenant compte des réalités locales, besoins et avis des acteurs à aider ;
- Alerter le monde par rapport à la situation des défenseurs environnmentaux et fonciers locaux ;
- Mettre en place des strétagies numériques en distance pour organiser des procès aux fins de reduire les risques securiatires , l'impunité et les obstacles géo stratégiques ; Donc des procès virtuels en maière des violations des droits et libertés des défenseurs environnementaux et fonciers ;
- Revisiter les procédures d'accès aux moyens et services de protection en les réadaptant sur les situations , niveaux intellectuels et le retard technologique des DDE et DDF ;
- Documenter la situation spécifique des DDE et DDF vivant avec handicape et les femmes aux fins d'analyser leur besoins et défis particuliers en matière d'accès aux services de protection et de formation dans la vie professionnelle ;
- Vulgariser les textes des lois en matière de sécurité, protection et défense des droits des DDH et les autres textes sur le foncier et la justice climatique en RDC ;
- Mener un plaidoyer au niveau de la Cour Pénale Internationale pour que le Burau du Procureur puisse mener des enquêtes sur les questions des crimes environnementaux dans le Parc des Virunga et les massacres contre les DDE et DDF dans le Paysage virunga y compris les éco-gardes ……

Summary of the book

By Maître Olivier Ndoole;

This work: DEFENDERS OF LAND AND ENVIRONMENTAL RIGHTS IN THE DIFFICULT AND RISK SECURITY CONTEXT IN NORTH KIVU, THESE HEROES IN THE SHADOWS IN THE FORGOTTEN PROFESSION ALTHOUGH IMPORTANT FOR HUMANITY: CASE OF THE VIRUNGA LANDSCAPE: "Need to listen and protect those who defend the cause of humanity at the cost of their lives and freedoms in North Kivu" is one of the products of practical experiences in the field of environmental protection, exchanges and reflections with rights defenders land and environmental issues in North Kivu. A reflection resulting from the inspiration of difficult work, complicated by perilous tests that environmental and land defenders working on issues of public interest for the benefit of communities and humanity but subjected to trials, injustice and sometimes ingratitude of all kinds. People with important professions for humanity, heroes for social protection and climate future, the environmental and land defenders of North Kivu stand the test of time, impunity, faced with the challenges of access to protection and security services . They pay for their life, liberty, stability, heritage and other damages because of their commitment. They deserve special attention, we must listen to them, we must protect them because their action remains of capital importance for the future of the planet, for social protection and to promote fair legal and institutional reforms sensitive to climate emergencies, pro-poor and public policies for fair, responsible access to resources. An idea inspired by the need to safeguard the rights of nature and the rights of local communities through the law while ensuring the protection and defense of the rights and freedoms of local defenders of this nature and the rights of local communities; staying and studying in Eugene, at the University of Oregon in the USA, following exchanges and discussions with important protection and legal support actors. We found it important to write the book to raise awareness of the situation of local environmental defenders, their challenges in terms of access to protection and security mechanisms, their opinions so that their protection and security can be improved. But also a series of recommendations was formulated and directed to actors capable of driving legal and institutional reforms, modifying approaches to meeting protection needs.

The work addresses the question of the situation and working context in a global manner of the work of environmental and land defenders in the context of North Kivu specifically in the Virunga Landscape, the public and private mechanisms for the protection of environmental and land defenders in North Kivu and legal instruments.

The other aspect of the book is that it addresses the initiatives of civil society organizations in the land and environment field and their importance in the work of environmental and land defenders in North Kivu. But also the international initiatives of private mechanisms as a hope of protecting the rights and freedoms of defenders while demonstrating the limits of access to the mechanisms. It also highlights the controversy over the legislative result following the process of adoption of Law No. 23/027 of June 15, 2023 relating to the protection and responsibility of the human rights defender in the Democratic Republic. of Congo: A legalization of the criminalization of the activities of HRDs in place of the protection requested?

- ✓ The actions of initiatives of international organizations, the actions carried out, their impact on the rights and freedoms of environmental and land defenders, legal and institutional reforms impacting the work of environmental governance, protection of wild fauna and flora, investment peasants in agriculture, access to energy, fishing, forestry, land... Other aspects covered in the work, cases of violations of rights and freedoms, environmental defenders which are characterized by legal harassment, arrests arbitrary and illegal detentions, extrajudicial summary executions, murders, death threats, intimidation, assassinations, attacks, destruction of property and work archives; in addition to this dramatic situation, obstacles to access to services, access to information and training for defenders of environmental and land rights were addressed. Mechanisms for appealing to the protection service and their weaknesses were also discussed. Major recommendations and reform options to improve the protection environment and access to services for environmental and land defenders in North Kivu. Some obstacles include; the corruption of certain agents in the criminal justice chain and the multiplication of legal costs;

- ✓ the corruption of certain agents in the criminal justice chain and the multiplication of legal costs;
- ✓ Services and infrastructures unsuitable for the physical and mental conditions of the DDE and DDF living with disabilities;
- ✓ the mobilization of legal procedures supported 100% by the litigants;
- ✓ the long distance between environmental defenders and protection or law enforcement authorities;
- ✓ the slowness of judicial administration;
- ✓ the executioners are largely economically, politically and militarily strong men;
- ✓ Very complex bureaucracy
- ✓ the culture of impunity;
- ✓ absence of a mechanism for access to justice through remote trials, for example guaranteeing secure access to justice and reducing security risks and geo-strategic obstacles;
- ✓ influence peddling and injunction;
- ✓ the poverty of environmental defenders faced with the costs that travel and other expenses can entail in bringing legal or judicial action;
- ✓ the inflexible legal framework to give pride of place to the challenges of environmental defenders;
- ✓ the absence of advanced and flexible technology to discover anonymous numbers or apprehend criminals based on fingerprints;
- ✓ the use of the military and certain leaders of armed groups in environmental and land issues;
- ✓ ignorance or disregard of the procedure and laws of the Republic;
- ✓ difficulties in accessing information of public interest and environmental procedural rights;

Solutions or recommendations were proposed including:

1. Public mechanisms for safeguarding the rights and freedoms of DDE and DDF

DRC government and the DRC parliament

Complete parliamentary and governmental initiatives aimed at establishing and improving a comprehensive and coherent legal and institutional framework for the protection, promotion and defense of the rights and freedoms of human rights defenders in the sustainable development sector in the DRC;

- ❖ The current emergency is the revision of law n°23/027 of June 15, 2023 relating to the protection and responsibility of the human rights defender in the Democratic Republic of Congo: Legalization of the criminalization of the activities of HRD in lieu of requested protection
- ❖ Establish specific adaptation programs and standards to facilitate access to protection services and training for DDE and FDD living with disabilities and women HRDs
- ❖ Establish legal and institutional frameworks facilitating the acceleration of the promotion of the rights and freedoms of environmental defenders and defenders of local land rights, these frameworks must be deployed on the basis of a more democratic model and in a decentralized approach;
- ❖ Facilitate access to legislative and regulatory information governing the land sector, environment, energy, mines, agriculture, fishing, livestock, forestry, fauna and flora, etc. and other texts and policies with an impact on climate emergencies and protection of HRD;
- ❖ Ensure monitoring of the efficient and effective application of the texts of existing laws and strengthen control of the moralization of judicial action in terms of sustainable development standards, transparency, rights to a fair and equitable trial;
- ❖ Ensure the execution of judicial and administrative decisions or parliamentary opinions against the State in matters of protection of the rights and freedoms of human rights defenders in the environmental, land and related aspects sector;
- ❖ Monitor the situation of defenders of land and environmental rights in zones of instability and war in the DRC and promote sanctions against the perpetrators of violations of these rights;
- ❖ Sanction State officials (Executive, defense and security, legislative, judicial) perpetrators or accomplices of human rights violations against the DDE and DDF

- Encourage the opening of disciplinary and legal files against judicial actors who are perpetrators or accomplices of acts of judicial harassment against DDEs and DDFs;
- Establish a framework for consultation and dialogue with flexible and simplified procedures in monitoring situations and cases of violations of the rights and freedoms of DDE and DDF at the national level, on the basis of a concerted multi-actor plan;
- Provide the National Human Rights Commission CNDH with significant resources with a specific agenda focused on the situation of DDE and DDF in rural areas and around forest ecosystems;
- Take or cause legal action to be taken against the perpetrators of violations of the rights and freedoms of the DDE and DDF;
- Facilitate access to travel documents for service, advocacy and lobbying and other events through relaxations and consular directives in favor of local communities, indigenous peoples, defenders of land and environmental rights,
- Strengthen the security and authority of the State in places with high biodiversity, concentration of local land interests and conservation areas;
- Reform the legal framework in matters of civil and criminal law and procedure in matters of legal aid and free assistance, by extending this to the matters of prosecution of local defenders who would be prosecuted, arrested because of their actions in favor of the protection of environmental rights, public interest disputes or local land rights. The mass of legal costs including legal assistance costs can be borne by the Republic, broadening the scope of serious crimes (crimes against humanity, war crimes, crimes of genocide and aggression) on the questions of environmental crimes, attacks on goods of global public interest, attacks, exploitation, destruction against ecosystems with accepted or proven exceptional environmental values, collective attacks against the lives of rural defenders of environmental and land rights;

To international public mechanisms

- Produce legal instruments, sectoral policies and directives to guide and supervise public and private action in matters of climate justice and safeguard the rights and freedoms of DDE and DDF around the world;

- ❖ Establish specific and multi-actor monitoring frameworks on the issues of defenders of environmental and land rights and the evolution of the SDGs at the level of the North and South States;
- ❖ Make resources, procedures and rights linked to the mechanisms accessible by adapting them to the realities of African environmental and land defenders who are in the vast majority less educated, without access to new technology, without access to electricity but who do work important in favor of the protection of nature at the universal level and paradoxically victims of injustices and attacks on their rights and freedoms;
- ❖ Strengthen the operational framework and the system in the format of universal normative directives on facilitating access to protection services, access to information of public interest and intellectual training for people living with disabilities and women environmental defenders;
- ❖ Take sanctions against the perpetrators of violations of the rights and freedoms of defenders of the rights and freedoms of the DDE and DDF;
- ❖ Organize frameworks for hearings or mobile investigations (mobile hearings format) of the courts and bodies of the various treaties with a view to facilitating access to justice for local citizens through international mechanisms with an impact on the environment, land and related aspects;
- ❖ In development aid programs, insert the conditionality of access to development aid by safeguarding the rights and freedoms of the DDE and DDF and the liberation of civic space in favor of climate action as key factors for access to support;
- ❖ Relax the conditions for participation in climate events while prioritizing local actors who are fighting in the very difficult context in favor of the environment and the rights of local communities;
- ❖ Ensure the monitoring of declarations and resolutions issued in favor of the action of environmental and land defenders at the state level;
- ❖ Establish a multi-actor observatory for monitoring, evaluating the situation of DDE and DDF and proposing standards for legal and institutional adaptation on a global, regional and sub-regional scale and, with national possibilities depending on the areas:
- ❖ Readapt the system of judicial bodies, offices of social and administrative support structures to the needs and capacities of DDE

and DDF living with disabilities in order to facilitate professional and organizational inclusion

- ❖ Provide resources for mechanisms for the promotion and protection of environmental and land defenders at the local, national and international level;
- ❖ Support action and training programs capable of a technological and scientific transition between actors defending the rural forests of Africa in general and the Eastern part Virunga Landscape in particular and the world of promoting climate actions attached and accustomed to the new information technology. We need means of investment in technological equipment and scientific knowledge to properly manage the North-South balance in climate activities and natural resources....

To national and international private mechanisms (NGOs, Médais, Bars):

- ❖ The global alliance for environmental, indigenous and land defenders must promote and defend the rights and freedoms of the DDE and DDF in all decision-making bodies, private protection mechanisms for a global commitment in favor of the cause of the DDE and DDF;
- ❖ Mobilize the services of bar associations, magistrates in favor of safeguarding the rights and freedoms of DDE and DDF in the context of climate emergency;
- ❖ Propose profound reforms in terms of free legal aid for wild fauna and flora but also in favor of local defenders in situations of legal harassment:
- ❖ Popularize the texts of existing protection laws and policies;
- ❖ Mobilize human rights defenders to advocate for the modification of Law No. 23/027 of June 15, 2023 relating to the protection and responsibility of human rights defenders in the Democratic Republic of Congo: Legalization of the criminalization of the activities of HRDs in place of requested protection
- ❖ Support various actions aimed at revising Law No. 23/027 of June 15, 2023 relating to the protection and responsibility of human rights defenders in the Democratic Republic of Congo;
- ❖ Influence legal and institutional reforms for services, policies and practices favorable to the promotion and protection of the rights and freedoms of DDE and DDF;

- ❖ Mobilize more resources for overall protection for environmental and land defenders in the North Kivu province:
- ❖ Initiate in-depth research on the effectiveness of the services provided, the challenges, strengths and weaknesses of the references and the main directions of local defenders in the North Kivu Province;
- ❖ Take legal action against violations of the rights and freedoms of land and environmental rights defenders in North Kivu
- ❖ Ensure monitoring of DDF and DDE trials before courts and tribunals;
- ❖ Support programs to monitor rights and freedoms and support local defenders;
- ❖ Organize monitoring activities, reporting on the situation of DDE and DDF defenders;
- ❖ Ensure logistical, energy and technological support with a view to facilitating a fair technological transition favorable to local DDF, DDE and environmental protection;
- ❖ Mobilize land and environmental stakeholders against dikephobia and encourage them to take every opportunity to face justice to recover their rights and contribute to the improvement of judicial governance in favor of local HRDs;
- ❖ Organize work of reflection, consultation and consultation with a view to readjusting the support granted to the DDF and DDE;
- ❖ Facilitate the democratization and adaptation of aid protocols for DDE and DDF by taking into account local realities, needs and opinions of the actors to be helped;
- ❖ Alert the world to the situation of local environmental and land defenders;
- ❖ Implement remote digital strategies to organize trials with the aim of reducing security risks, impunity and geo-strategic obstacles; So virtual trials regarding violations of the rights and freedoms of environmental and land defenders;
- ❖ Revisiting the procedures for access to protection means and services by readapting them to the situations, intellectual levels and technological delay of the DDE and DDF;
- ❖ Document the specific situation of DDE and DDF living with disabilities and women in order to analyze their particular needs and challenges in terms of access to protection and training services in professional life;

- Popularize the texts of laws relating to security, protection and defense of the rights of HRDs and other texts on land and climate justice in the DRC;
- Conduct advocacy at the level of the International Criminal Court so that the Office of the Prosecutor can carry out investigations into the issues of environmental crimes in the Virunga Park and the massacres against the DDE and DDF in the Virunga Landscape including the eco-guards.

Introduction

Le texte que je donne à lire a pour pierre de touche les Défenseurs des droits fonciers et environnementaux dans le contexte sécuritaire de Virunga au Nord Kivu : nécessité d'écoute et de protection.

Certaines raisons justifient ces lignes. En effet, le monde doit accepter de voir l'injustice et la souffrance qu'endurent les défenseurs des droits fonciers et environnementaux dans l'Est de la RDC et spécialement autour du Paysage Virunga. Ces militants pour la cause mondiale au prix de leur vie et liberté meritent une attention. Compte tenu des risques de plus en plus croissants auxquels ils sont exposés, certains défénseurs trouvent des exécuses pour quitter le métier, tandis que d'autres personnes abandonnent même l'idée de s'engager en faveur de la défense de la nature.

En fait, seules quelques organisations ont résolu de se doter des *task forces* solides pour reurenforcer leur capacité globale d'action et assurer l sécurité. C'est le cas d'*Environnemental Law Alliance Worldwide* (ELAW USA) qui a conçu et mis en œuvre des stratégies de résautage mondial et d'aide aux avocats défenseurs de la nature, Fronte linde defenders ,aussi l'alliance mondiale pour les défenseurs environnmetaux , indigènes et fonciers… Il n'en reste pas moins vrai que ces derniers sont souvent victimes des violences et persécutions de toute sorte. . Ils subissent des exécutions sommaires et extrajudiciaires, des meurtres, des arrestations et détentions arbitraires[1], des procès iniques[2], des condmanations sans jugement, des actes de torture, d'intimidation, d'humiliation et de moqueries. Ils sont confondus à des gens qui veulent priver la population de l'accès aux ressources que leur procure la nature ou qui défendent leurs intérêts privés et individuels en tant que membres de la collectivité.. Ils font face à des personnes puissantes, des groupes et mouvements des trafiquants mafieux, des forces et groupes armés divers. Ils mènent parfois des actions sur des questions sensibles qui affectent des intérêts de grande importance pour les faibles au détriment des dirigeants

---

[1] https://flambeauestrdc.com/2022/03/nord-kivu-le-projet-credit-troc-foncier-applaudi-et-accueilli-par-les-populations-sans-terre-de-kitshanga-les-anciens-ouvriers/nord-kivu-et-lutte-contre-la-fraude-miniere/

[2] https://www.radiookapi.net/2022/05/11/actualite/justice/goma-lacedh-denonce-la-detention-illegale-de-5-paysans-la-prison

et des entreprises cupides.[3] Ils sont incompris et on les accusent gratuitement d'être au service des occidentaux pour provoquer une haine nationale contre eux.

De fois , Certes la qualité de défenseur des droits environnementaux et fonciers ne justifie pas la violation de la loi par eux ou des personnes ou communautés bénéficiaires de leur action. Mais il ne faut pas méconnaitre non plus la réalité. Lors d'une réunion-débat de haut niveau sur les défenseurs des droits environnementaux en mode virtuel, Monsieur Michelle Bachelet, Haut-Commissaire des Nations unies aux droits de l'homme a eu raison de déclarer ce qui suit : « Jour après jour, les défenseurs des droits environnementaux sont victimes des violences, de menaces et de harcèlement à cause du travail qu'ils accomplissent pour lutter contre la triple crise planétaire que sont les changements climatiques, la pollution et la perte de la biodiversité »[4]. Ils sont à tort accusés de faire partie des associations des malfaiteurs. Cette réalité n'échappe pas à la République démocratique du Congo (RDC), particulièrement dans sa partie orientale, y compris la Province du Nord Kivu où les défenseurs des droits environnementaux sont dans une situation très éprouvante qui exige une large protection.

La valeur marchande, la valeur culturelle et la valeur sociale du foncier au Nord-Kivu fait que les violences liées aux fonciers et les risques d'insécurité du fait des activités foncières soient élevées. Le foncier, l'énergie et l'eau, qui sont des biens précieux aux yeux du commun de mortels, sont psychologiquement, culturellement et socialement considérés soit comme banque sociale, identité, nationalité, pouvoir, logement, tombe, stabilité, marchandise, puissance de négociation, rapport des forces sociales et politiques. Dans ce sens, ils couvrent une question de vie et de mort. C'est pourquoi les personnes qui en font l'objet de leur travail en défense des droits environnementaux et fonciers sont soumis à des menaces d'extrême gravité

---

[3] Feu Obedi Karaufuru : l'ancien représentant des défenseurs des droits fonciers dans le Masisi : nous savons que même si nous allons devant la justice , nous n'aurons pas raison car les juges , la police , les différentes autorités sont tout le temps avec les grands concessionnaires , ils leur donnent des fonds, des véhicules pour venir nous arrêter , nous continuons à déposer des plaintes et des lettre peut être un jour nous seront écoutés , ici c'est la force et l'argent qui facilitent les gens d'être attendu : entretien du 23 mars 2021, après séance de travail

[4] Michelle Bachelet, Haut-Commissaire des Nations Unies aux droits de l'homme : Cet événement virtuel a été organisé conjointement par la Suède et le Haut-Commissariat des Nations Unies aux droits de l'homme (HCDH) durant la 49e session du Conseil des droits de l'homme à Genève, en Suisse., 23 Mars 2022 , évènement virtuel in https://www.ohchr.org/fr/stories/2022/03/environmental-human-rights-defenders-must-be-heard-and-protected#:~:text=Protection%20et%20principe%20de%20re

selon les besoins et les dyamiques de contôle autour de ces ressources. Mais les défenseurs des droits environnementaux et fonciers ne se taisent pas. Ils continuent leur combat sans violence pour exiger la justice en faveur de la nature et la protection des droits des communautés local es. Cette détermination inébralable dans un contexte hostile à l'action symbole de la victoire de l'échec de l'injustice contre la justice témoigne de la faiblesse de la violence face à une approche pacifique inscrite dans le respect de la légalité. Depuis 2023, en juillet , la République démocratique du Congo a adopté une nouvelle loi n°23/027 du 15 juin 2023 relative à la protection et à la responsabilité du défenseur des droits de l'homme en République démocratique du Congo. Cette nouvelle loi dans son exposé de motif et son avant-propos, la RDC reconnait le contexte difficile de travail des défenseurs des droits de l'homme, les violations des leurs droits et libertés, la nécessité de reconnaitre et promouvoir le travail de défenseur et les accords de protection spécifique. Cependant, le corps de la loi comme on peut constater que le texte de loi vient criminaliser les défenseurs des droits de l'homme mais aussi elle impose des conditionnalités moins conformes aux exigences démocratiques et d'un Etat de droit. Cette loi crée plus un cadre juridique répressif spécial contre les défenseurs des droits de l'homme qu'elle est censée protégée. Ces affirmations peuvent se faire remarquer dans les articles 2,3, 7,11,26,27 et 28 de la loi ci indiquée. La même loi ne développe pas les mécanismes de sauvegarde de manière claire et ne prévoit pas des mécanismes de prévention contre les violations des droits et libertés des défenseurs des droits de l'homme. La loi présente plus un texte répressif, liberticide, discriminatoire et peu progressiste sur le plan de l'évolution démocratique. La loi DDH qui fondée l'espoir de tous les défenseurs Congolais a été promulguée mais ne fonde plus l'espoir des bénéficiaires, ce qui impose des actions de mobilisation pour sa révision. C'est aussi à la fois le temps de se poser la question de savoir si il ne fallait pas rester sans loi DDH que d'avoir une loi qui met en place un instrument répressif contre les défenseurs en RDC.

Comme objectif, cette situation difficile et d'insécurité m' a poussé à rédiger ce livre afin de donner notre part de vérité et de partager notre expérience pour attirer l'attention de l'humanité sur la nécessité d'écouter et de protéger les défenseurs de l'environnement et des droits fonciers . Leur situation semble encore être détachée ou prise différemment de celle des autres défenseurs de droits de l'homme au sens général en dépit de l'importance de leur travail et des tragédies qu'ils vivent, parfois dans une indifférence géante des bénéficiaires des services qu'ils ont rendus.

Notre conscience comme l'un des défenseurs de la nature depuis plus de 10 ans a été heurtée par notre responsabilité face aux faits, au décalage entre le droit existant et les réalités de terrain. Il n'est pas possible de rester silencieux, de ne pas restituer l'expérience vécue, afin de demeurer fidèle à la cause de notre lutte. Le présent ouvrage est censé être un toutil à la disposition des défenseurs des droits environnementaux et fonciers pour garantir leur sécurité juridique et promouvoir leurs efforts et réalisations. Mais aussi pour faire comprendre au monde que les défenseurs environnemetaux font face à plusieurs défis spécifiques dans le contexte Congolais et qu'il faut reflechir des normes d'adaptations pour les arriver à les aider efficacement. L'ouvrage permet donc aussi de donner des options des réformes sur les pratiques et politiques en matière de sauvegarde des droits et libertés des défenseurs des droits environnemetaux et fonciers.

Ainsi, ce livre examine, de manière pratique, le travail des défenseurs de la nature, leurs iniatives existantes, les défis et les contraintes auxquels ils sont confrontés, les réformes possibles pour faire entendre leurs voix, les protéger et les sécuriser. Il s'agit d'une contribution au débat sur la justice climatique ainsi que la gouvernance responsable et transparente des régimes fonciers, de la pêche et du secteur énergétique.

La problématique des ces page résulte du fait que l'on se pose souvent plusieurs questions lorsqu'on observe les actes de violence et de cruauté que les défenseurs de la nature subissent. Quel est le mal fait par quelqu'un qui défend un écosystème qui profite à tous ? Où est le mal quand une personne exige que les politiques et pratiques des privés ou du public tiennent compte des droits fonciers et environnemenraux des paysans locaux ? Pour quelle infraction ou faute peut-on infliger à une personne une condamnation injustes aux servitudes cruelles et inhumaines alors qu'elle ne lutte qu'en faveur de la sauvegarde sociale et environnementale pour le bien de nous tous ?

Comme hypothèse notamment, l'implication des défenseurs de l'environnement et de la terre est nécessaire à l'avancement des droits environnementaux et fonciers, singulièrement dans les mielieux ruraux. Parler de la défense de l'environnement et de la terre sans leur action c'est comme disposer des codes juridiques et installer une salle d'audience pour un procès sans avocats ni juges capables de rendre une justice digne aux citoyens qui en font la demande.

En conséquence, autre hypothèse, la protection des défenseurs de l'environnement et de la terre ainsi que leur sécurité devraient être une priorité pour l'humanité, car ils accomplissent un travail à haut risque mais d'intérêt général, qui est la base de toute la stabilité climatique. Il serait irrealiste d'envisager la protection des droits environnementaux et fonciers sans garantir une protection optimale et sure à ceux qui se battent au péril de leur vie pour protéger les écosystèmes, les ressources naturelles et les terres où elles sont incorporées.

Dans le contexte africain, la question de l'insécurité des défenseurs des droits fonciers et environnementaux se pose dans plusieurs pays. Je me limite à la situation au Virunga dans le Nord Kivu en République Démocratique du Congo. Je reste toutefois conscient que mes cogitations se vérifient aussi ailleurs. Je n'ai pas non plus la prétention d'épuiser les débats sur cette question. Les apports des autres sont souhaitables pour compléter et enrichir mes réflexions. Je reconnais aussi la difficulté de passer d'un travail de rédaction, d'écriture et de cogitation à la mise en euvre de mes intuitions.

Comme cadre méthodologique, cette publication est le fruit des activités de terrain et le constatnt des rapports de monitoring, aide légale et autres appuis en faveur des défenseurs environnementaux , pêche et des droits fonciers .Cette étude est l'une des produits des expériences pratiques dans le domaine de protection de l'environnement, les échanges et réflexions avec les défenseurs des droits fonciers et environnementaux du Nord Kivu.
Nous avons utilisé une approche juridico antroplogique avec des stratégies orientées sur les besoins et expressions des défenseurs des droits environnementaux en fonciers .

Des techniques d'entretien , échanges et récolte des informations publiques et confidentielles sur une pérode de 6 ans ont facilté les récoltes des informations sur la situations des défenseurs ruraux des droits fnciers et environnementaux dans le contexte de leur travail et l'accès aux service de protection et sécurité. Des analyses docummentaires et des rapports audio visuels ont exploité aux fins de comprendre , analyser et intérogger les défis et différents problèmatiques allant au-delà du carde légal en lien avec les droite ste libertés des défenseurs des droits environnementaux et fonciers dans le Paysage Virunga.

Au-delà de l'analyse documentaire et entretien stratégiques avec les acteurs clés dans le secteur de l'environnement et foncier, nous avons explouter nos archives judiciaires et les rapports de monitoring des procès contre les défeseurs ruraux sur les questions des défenseurs environnemetaux et fonciers. L'ACEDH a organisae des petite reunion stratégique avec des acteurs clés ouevrant das l'espace civique en lien avec la question de l'environnelent, protcetion et gouvernance foncière en vue de confroter des faits observer aux analyses et situations comparetives liées la question de la situation des défenseurs des droits environnementaux et fonciers. Les acteurs de l'ACEDH ont non seulement consulté des organisations et acteurs mais aussi ils ont eu des entriens avec des défeneurs en délocalisation ou qui ont été délocalisés aux fins de comprendre leur point de vue sur l'efficacité des mécanismes , les obstacles et les défis rencotrés. Ces entretiens sont allés sur quatre secteurs de l'administration du Parc des Virunga , le secteur Nord, Secteur Sud , secteur Lac et secteur Centre mais également, les grandes composantes des territoires et de la provinces ont été concertés aucours des réunions, ateliers et des appels . Le rapport hébdommaire de la situation du Par cet des virunga et de l'espace Civique , les rapports et alertes de la coordination foncière du Nord Kivu ont fouris des élements necessaires aux fins de rédiger ce livre. C'est donc un livre de plaidoyer et d'expression en faveur de la situation des défenseurs des droits environnementaux et défenseurs des droits fonciers dans le Pays age Virunga en province du Nord Kivu. D'autres actualités de la presse locale , nationale et internationale ont facilité l'accès aux informations neutres dans ce domaine de l'environnement et foncier . Des analyses juridiques axées sur textes juridiques et des faits sociaux émergents et les effets sur l'engagement des défeneurs des droits environnementaux et fonciers sur une péride allant de 2017 en 2022. Une équipe juridique et judiciaire travailent sur les questions . Des orientations stratégiques et échanges avec les différents groupes thématiques de la société civile à incidence sur le foncier , pêche , environnement, climat, forêt , protection , justice …... ont été effectué par le rédacteur du présent ouvrage pour que les fiats et le contexte puissent s'exprimer en toute objectivité.

Ces pages sont structurées en trois chapitres. Le premier porte sur le travail des défenseurs des droits environnementaux et fonciers au Nord-Kivu, tandis que le deuxième chapitre analyse leur protection et détermine les défis auxquels ils sont confrontés, alors que le trosième chapitre envisage les options et les initiatives innovantes pour assurer leur protection optimale de manière universelle.

Chapitre I

Le travail des défenseurs de l'environnement et les défenseurs des droits fonciers au Nord-Kivu

Ce chapitre a pour matrice le travail des défenseurs de l'environnement et des droits fonciers au Nord-Kivu. Il est articulé en trois sections. La première porte sur le cadre conceptuel. Le cadre juridique fait l'objet de la seconde section. La dernière a pour pierre de touche les initiatives et synergies des défenseurs de l'environnement et des droits fonciers et leurs effets au Nord-Kivu.

Section 1. Cadre conceptuel

Il s'agit de définir les défenseurs des droits environnementaux et fonciers selon les domaines de leur intervention et selon les activités locales communes qu'ils mènent notamment au Nord-Kivu.

A. Définition des défenseurs des droits environnementaux et fonciers selon les domaines d'intervention

Selon l'Union internationale pour la conservation de la nature section Pays Bas , les défenseurs de l'environnement sont des individus qui exercent leurs droits de l'homme – la liberté d'expression, la liberté d'association, la liberté de réunion, la liberté de participer au processus décisionnel, le droit au travail – afin de protéger l'environnement. Ils sont à la fois des défenseurs de l'environnement et des défenseurs des droits de l'homme.[5]

On peut alors dire que les défenseurs environnementaux et des droits fonciers sont une catégorie d'acteurs, des leaders ou d'organisation des différents

[5] L IUCN NL (IUCN National Committee of The Netherlands) Plantage Middenlaan 2K 1018 DD Amsterdam T + 31 (0) 20 626 17 32 mail@iucn.nl www.iucn.n,LES DÉFENSEURS DE L'ENVIRONNEMENT ET LEUR RECONNAISSANCE SELON LE DROIT INTERNATIONAL ET RÉGIONAL: -UNE INTRODUCTION, page 5, in https://www.iucn.nl/app/uploads/2021/03/les_defenseurs_de_lenvironnement_et_leur_reconnaissance_selon_le_droit_international_et_regional.pdf

secteurs, y compris même des fonctionnaires publics, qui militent par la non-violence, de manière légitime, à promouvoir, défendre et protéger les droits fonciers et de l'environnement, les espaces traditionnels protégés ou à caractère culturel, les écosystèmes archéologiques exceptionnels et le patrimoine commun de l'humanité. Leurs droits sont interdépendants des autres droits de l'homme et vouloir les séparer c'est remettre en cause la Déclaration universelle des droits de l'homme. Leur protection est cruciale au regard de l'importance que le monde attache à l'environnement. Selon *Geneva Environnement Network,* « Tous les êtres humains dépendent de l'environnement dans lequel ils vivent. Un environnement sûr, propre, sain et durable est indispensable à la pleine jouissance d'un large éventail des droits de l'homme, y compris des droits à la vie, à la santé, à l'alimentation, à l'eau et à l'assainissement. Sans environnement sain, nous ne pouvons satisfaire nos aspirations ni même vivre à un niveau proportionné aux normes minimales de dignité humaine. Protéger les droits de l'homme participe à la protection de l'environnement. Lorsque les individus peuvent connaître les décisions qui les concernent et participer à leur élaboration, ils peuvent contribuer à garantir que ces dernières respectent leur besoin d'un environnement durable »[6].

De ce point de vue, les défenseurs de l'environnement et des droits fonciers sont des membres à part entière de la collectivité des défenseurs des droits de l'homme. Ils sont notamment régis par la législation domestique, la Déclaration des Nations unies sur les défenseurs des droits de l'homme, la Déclaration universelle des droits de l'homme et d'autres instruments pertinents relatifs aux droits humains en général. Leurs actions couvrent deux grands domaines d'intervention.

Premièrement, la défense des droits fonciers. [7] A cet égard, les défenseurs des droits fonciers (DDF) travaillent sur la résolution pacifique ou judiciaire des conflits fonciers, la gouvernance et la sécurisation foncière et leurs aspects connexes, la protection des petits exploitants agricoles, les droits des peuples autochtones pygmées, les femmes, les jeunes et les anciens ouvriers des concessions, le plaidoyer, le lobby et le plaidoyer en faveur des réformes

---

[6] GENEVA ENVORONNEMENT NET WORK : Droits de l'homme et Environnement : in https://www.genevaenvironmentnetwork.org/fr/environnement-geneve/domaines-cles-odd/domaines-cles/droits-humains-environnement/

[7] Nord-Kivu , ONU HABITAT ; Coordination foncière : Réunion mensuelle des activités de la Coordination foncière , Ficher cartographie des acteurs et interventions , Groupe de travail terre , propriété et logement , inédit , liste des membres 2019 ,

foncières, la promotion de l'agriculture et les investissements immobiliers ruraux, l'accompagnement des plans d'occupation foncière et des politiques publiques foncières ainsi que de l'aménagement du territoire. Ils collaborent également avec les médias pour promouvoir les valeurs légitimes d'accès à la terre et faire comprendre les défis divers dans le secteur foncier, pour dénoncer des antivaleurs et des cas de corruption dans la gestion des terres. Ils représentent, devant différentes instances, des communautés locales dans les intérêts fonciers les opposant à l'Etat. Ils font la promotion des méthodes alternatives de gestion des différends et de la sécurisation du foncier. Ils sensibilisent des intervenants dans la gestion foncière pour une gouvernance responsable, transparente et durable des régimes fonciers et de la pêche ainsi que les grands concessionnaires et/ou les entreprises d'extraction. Ils s'occupent de la mobilisation communautaire et internationale en faveur d'une justice foncière et des droits des défenseurs fonciers.

Deuxièmement, la défense de l'environnement. Dans ce cas, les défenseurs des droits environnementaux (DDE) travaillent sur les aspects orientés sur l'environnement, l'écosystème, les droits et obligations des communautés locales, ainsi que la gouvernance des ressources disponibles au niveau de la terre. Il s'agit entre autres des aspects ci-après : conservation de la nature, lutte contre la pollution, protection holistiques des animaux, agriculture écologique, gouvernance et accès à l'électricité et à l'eau (secteur de l'énergie), suivi, monitoring des activités des entreprises extractives, monitoring de la transparence dans les respects des normes et des lois sur les études d'impact environnemental et social, lutte contre l'exploitation illicite de la faune et de la flore sauvages par l'application des lois, protection des lacs et des rivières, études et recherches sur l'impact de l'exploitation des ressources naturelles sur la sauvegarde de l'environnement et du social , observation des projets d'infrastructures énergétiques et agricoles impactant les droits à un environnement sain, lutte contre les plastiques , mise en place des coalitions des mouvements, reboisement et foresterie communautaire, accompagnement des entités décentralisées et des secteurs publics techniques en renforcement des capacités, sensibilisation et mobilisation multi-acteurs en faveur des droits et libertés des défenseurs de l'environnement, promotion des politiques et pratiques en faveur des énergies renouvelables et cuisson propre, vulgarisation des textes légaux, suivi des réformes dans les secteurs forestiers, miniers et de la pêche, plaidoyer pour des services de transport plus adaptés à l'urgence climatique, protection des droits des aires protégées, accompagnement des réformes juridiques et institutionnelles sur les énergies, les forêts, l'eau et la promotion des paysages urbains, formation et mobilisation des acteurs judiciaires, des acteurs privés et des agents de services publics, accompagnement des paysans en faveur des recouvrements et sécurisation des droits fonciers coutumiers légitimes non titrés aussi en faisant attendre leur voix sur les questions foncières et justice climatiques .D'autres aspects sont liés sur des questions en lien avec la transition énergétique juste, mobilisation des banques privées contre les projets de développements des énergies fossiles , des projets destructeurs de l'environnement, plaidoyer et influence des politiques et pratiques à incidence sur l'environnement et justice foncière au niveau local, provincial et international en faveur des droits locaux et des peuples autochtones.

Comment définir les défenseurs des droits environnementaux et fonciers des actions communes au niveau local ? Tel est l'objet des lignes qui suivent.

B. Définition des défenseurs des droits environnementaux et fonciers des actions communes au niveau local

Les défenseurs des droits fonciers et/ou les défenseurs de l'environnement au Nord-Kivu se reconnaissent avant tout par rapport à leur action et activité pacifiques , légitimes qu'ils font malgré des différences et divergences d'approches et domaines d'intervention sur les questions de l'environnement et du foncier pour une justice climatique, la protection des droits locaux et la sauvegarde sociale. Cette catégorie des défenseurs des droits de l'homme visent à promouvoir individuellement ou collectivement sans discrimination aucune un monde plus juste et meilleur dans le secteur foncier et de l'environnement à travers des actions et l'appui à la réformes des politiques, des institutions et de la législation impactant ces secteurs[8]. Compte tenu des activités qu'il mène, des réclamations qu'il formule, de la composition des groupes thématiques au sein de la société civile et de la compréhension que les paysans ont de lui, le défenseur des droits fonciers ou de l'environnement peut être défini comme étant toute personne qui, individuellement ou en association avec d'autres (organisation but lucratif, corporation des médias, cabinets d'avocats, institutions de recherche ou scientifiques, mouvement des femmes, leaders autochtones, fondation, organisation de base communautaire, blogueurs, ingénieurs des nouvelles technologies ou de bâtiments, fermiers, Confession religieuses, etc.), œuvre pour la promotion ou la protection des droits environnementaux et des droits fonciers de manière quelconque ou sous n'importe quel angle.

Les actions communes des défenseurs des droits fonciers et environnementaux au Nord-Kivu sont diverses : revendications pacifiques pour assurer la protection et la sécurité des droits des communautés locales les plus vulnérables et des sans voix, éducation et formation citoyenne, protection de la faune et de la flore sauvages, promotion des réformes juridiques et institutionnelles impactant le foncier et l'environnement. Les défenseurs des droits fonciers et environnementaux facilitent l'accès à l'information sur le droit dans le domaine foncier, de l'environnement et des aspects connexes. Ils accompagnent des gouvernants dans l'accomplissement de leurs devoirs en matière de gouvernance responsable, transparente, durable et juste du foncier et de l'environnement. Ils sensibilisent les entreprises et le secteur privé en général pour abandonner les mauvaises pratiques et s'adapter aux normes conformes aux urgences climatiques, aux besoins fonciers locaux, à l'aménagement du territoire, à l'explosion démographique, à la transition énergétiques et aux technologies émergentes. Ils rendent la protection de l'environnement et des droits fonciers locaux titrés ou non titrés accessibles à la population. Ils aident les défenseurs des droits fonciers et de l'environnement à faire attendre leurs voix et à défendre leurs droits et libertés d'action à tout le niveau. Ils offrent une assistance juridique, technique, pédagogique et améliorent le réseautage en faveur des défenseurs. Ils assurent la lutte contre l'impunité des crimes et de la fraude en matière environnementale et des évictions foncières rurales. Ils plaident pour la création d'un environnement juridique favorable à la gouvernance responsable et équitable des régimes fonciers et énergétiques avec un accent sur les droits fonciers et énergétiques légitimes. Ils font la promotion du dialogue démocratique entre les secteurs privés, les secteurs publics, les communautés locales et la société civile sur des questions des droits environnementaux et des choix des modèles économiques pro-pauvres et pro justice climatique. Ils encouragent la construction des outils de solidarité entre défenseurs environnementaux à différent niveau et renforcent le lien entre la sécurisation foncière et l'accès à la terre, l'accès aux forêts et aux ressources halieutiques comme sources d'autosuffisance alimentaire. Ils protègent les parcs nationaux et réserves par des moyens légalement prévus. Ils mènent des plaidoyers et actions de lobbying pour influencer les politiques, les pratiques et les réformes sectorielles impactant l'environnement, le foncier, les peuples autochtones pygmées, les femmes, les jeunes, le secteur des énergies, de l'agriculture, de la pêche et de la conservation de la nature.

Il convient de présenter le cadre juridique dans les lignes qui suivent.

Section 2. Cadre juridique

Comme les défenseurs des droits fonciers et de l'environnement sont avant tout des défenseurs des droits de l'homme, tous les textes qui protégent ces derniers s'appliquent, mutatis mutandis, à eux. Dans cette section, Je parle des mecanismes spécifiques, natioaux et inetrnationaux, de protrection des droits et libertés des DDF et DDE . Tout ce qu'ils font repose sur les instruments juridiques et documents de politique publique adoptés tant au niveau national que sur le plan international dans le domaine de l'environnement et de la terre. On se limitera ici à préciser les instruments adoptés au niveau onusien, africain et national car ils sont les plus utilisés par les défenseurs dans la sauvegarde des droits locaux .

A. Inventaires des instruments et mécanismes internationaux de protection et sauvegarde

I. Cadre au niveau onusien
• La Déclaration universelle des droits de l'homme Le 10 décembre 1948, (résolution 217 A (III)) reconnaissant aux défenseurs le droit et liberté de s'exprimer, de penser, de se réunir, de publier, de créer une association et de revendiquer sur les questions foncières • 53/144. Déclaration 8 Mar 1999 — 53/144sur le droit et la responsabilité des individus, groupes et organes de la société de promouvoir et protéger les droits de l'homme et les libertés fondamentales universellement reconnus ; Résolution n°53/144 de l'assemblée générale de l'ONU du 8 mars 1999 : Déclaration sur le droit et la responsabilité des individus, groupes et organes de la société de promouvoir et protéger les droits de l'homme et les libertés fondamentales universellement reconnus • Résolution 40/11 Du Conseil Des Droits De L'homme sur la « reconnaissance de la contribution des défenseurs des droits de l'homme liés à l'environnement, à la jouissance des droits de l'homme, à la protection de l'environnement

et au développement durable[9] ; a été adoptée par le Conseil des Droits de l'Homme par consensus le 21 mars 2019. Suite à l'adoption de cette résolution, des plateformes, coalitions et réseaux de défenseurs se sont réunis en février 2020 pour lancer la Roadmap de Genève 40/11 pour la mise en œuvre de cette résolution du Conseil des Droits de l'Homme. Les actions envisagées à l'époque ont été contrariées par la pandémie et ses conséquences, mais les orientations de cette Feuille de route définies alors restent pleinement pertinentes

- Convention internationale sur les droits civiques et politiques cette Convention a été ouverte à la signature en application de la résolution 640 (VII)[1], adoptée par l'Assemblée générale des Nations Unies le 20 décembre 1952:
- Pacte international relatif aux droits civils et politiques Conclu à New York le 16 décembre 1966 Approuvé par l'Assemblée fédérale le 13 décembre 19911 Instrument d'adhésion déposé par la Suisse le 18 juin 1992 Entré en vigueur pour la Suisse le 18 septembre 1992
- C189 - Convention (n° 189) sur les travailleuses et travailleurs domestiques, 2011
- Convention sur le commerce international des espèces de faune et de flore sauvages menacées d'extinction (CITES), Washington, 3 mars 1973
- Le Pacte internationl rélatif aux droits économiques , sociaux et culturels New York, 16 décembre 1966, entrée en vigueur 3 janvier 1976, conformément à l'article 27 ;
- La Convention sur l'élimination des discrimiations à l'élagrd des femmes adoptée par l'Assemblée générale des Nations Unies le 18 décembre 1979 et a été ouverte à la signature le 1er mars 1980. Son Protocole facultatif a été adopté par l'Assemblée générale le 6 octobre 1999 et ouvert à la signature le 10 décembre 1999. Entrée en vigueur : Convention - 3 septembre 1981. Protocole facultatif - 22 décembre 2000 ;

---

[9] HCDH : Le HCDH et les changements climatiquesDéfenseuses des droits humains et défenseurs des droits des femmesPrincipes directeurs relatifs aux entreprises et aux droits de l'hommeLe HCDH et les peuples autochtones in https://www.ohchr.org/fr/stories/2022/03/environmental-human-rights-defenders-must-be-heard-and-protected

,

- La Déclaration des Nations unies sur les droits des peuples autochtones a été adoptée par l'Assemblée générale de l'ONU le 13 septembre 2007[1] à la majorité de 143 voix contre 4 (États-Unis, Canada, Australie et Nouvelle-Zélande)[2].
  Le Conseil des droits de l'homme de l'ONU avait voté pour le 30 juin 2006 avec 30 voix, 2 voix contre (Canada[3] et Russie) et 12 abstentions.
- La Convention 169 de l'Organisation internatinal du Travail (OIT) concernant les peuples indigènes et tribaux : C169 - Convention (n° 169) relative aux peuples indigènes et tribaux, de 1989 : La Convention 169 de l'Organisation internationale du travail ou Convention relative aux peuples indigènes et tribaux est, avec la Convention 107 « relative aux populations aborigènes et tribales », un instrument juridique adopté par certains pays qui concerne les droits des peuples indigènes et tribaux. Révisant la convention 107, celle-ci a été adoptée par l'Organisation internationale du travail (OIT) en 1989
- C001 - Convention (n° 1) sur la durée du travail (industrie), 1919
- C011 - Convention (n° 11) sur le droit d'association (agriculture), 1921
- C012 - Convention (n° 12) sur la réparation des accidents du travail (agriculture), 1921
- C035 - Convention (n° 35) sur l'assurance-vieillesse (industrie, etc.), 1933
- C036 - Convention (n° 36) sur l'assurance-vieillesse (agriculture), 1933
- C037 - Convention (n° 37) sur l'assurance-invalidité (industrie, etc.), 1933
- C038 - Convention (n° 38) sur l'assurance-invalidité (agriculture), 1933
- C039 - Convention (n° 39) sur l'assurance-décès (industrie, etc.), 1933
- Les directives volontaires sur la gouvernance responsable et transparente des régimes fonciers , forêts et pêches de l'Organisation FAO ; l'ONU à travers FAO produit des Directives volontaires pour une Gouvernance responsable des régimes fonciers applicables aux terres, aux pêches et aux forêts dans le contexte de la sécurité alimentaire nationale, Les Directives visent à apporter une sécurité

foncière et un accès équitable à la terre, aux pêches et aux forêts, dans le but d'éliminer la faim et la pauvreté, de soutenir le développement durable et d'améliorer la gestion de l'environnement. Elles ont été officiellement approuvées par le Comité de la sécurité alimentaire mondiale (CSA) le 11 mai 2012. Depuis, la mise en œuvre des Directives a été encouragée par le G20, Rio + 20, l'Assemblée générale des Nations Unies et de l'Assemblée des parlementaires francophones.

- Rés.61/295 du 13 septembre 2007 portant Déclaration des Nations Unies sur les droits des peuples autochtones;
- La Résolution 2997 (XXVII) (1972) de l'Assemblée générale des Nations Unies. Il a pour mission de diriger et stimuler les partenariats destinés à protéger l'environnement en incitant les nations et les peuples à améliorer leur qualité de vie sans compromettre celle des générations futures, en les informant et en leur donnant des moyens d'agir ;
- 53/144. Déclaration sur le droit et la responsabilité des individus, groupes et organes de la société de promouvoir et protéger les droits de l'homme et les libertés fondamentales universellement reconnus
- Résolution 40/11 Du Conseil Des Droits De L'homme sur la « reconnaissance de la contribution des défenseurs des droits de l'homme liés à l'environnement, à la jouissance des droits de l'homme, à la protection de l'environnement et au développement durable[10] ;
- La résolution sur les droits de l'homme et l'environnement du Conseil des droits de l'homme des Nations Unies, dont la plus récente, la Résolution 34/20, demande au PNUE de renforcer sa coopération avec d'autres Organisations dans le but d'échanger des informations et de créer des synergies en matière de protection de l'environnement et des droits de l'homme
- Décision 27/9 PNUE du Conseil d'Administration sur la promotion de la justice, de la gouvernance et du droit en faveur de la durabilité environnementale

---

[10] HCDH : Le HCDH et les changements climatiquesDéfenseuses des droits humains et défenseurs des droits des femmesPrincipes directeurs relatifs aux entreprises et aux droits de l'hommeLe HCDH et les peuples autochtones in https://www.ohchr.org/fr/stories/2022/03/environmental-human-rights-defenders-must-be-heard-and-protected

,

- Déclaration de Rio stipule que « La meilleure façon de traiter les questions d'environnement est d'assurer la participation de tous les citoyens concernés, au niveau qui convient ... Chaque individu … doit avoir la possibilité de participer aux processus de prise de décision en son principe 10

- La Charte mondiale de la nature de 1982 déclare dans son article 23 que « Toute personne aura la possibilité, en conformité avec la législation de son pays, de participer, individuellement ou avec d'autres personnes, à l'élaboration des décisions qui intéressent directement son environnement et au cas où celui-ci subirait des dommages ou des dégradations, elle aura accès à des moyens de recours pour en obtenir réparation
- La Convention sur la diversité biologique
- La Convention des Nations Unies sur la lutte contre la désertification
- la Convention-cadre des Nations Unies sur les changements climatiques
- La Convention de la CEE/NU de 1998 sur l'accès à l'information, la participation du public au processus décisionnel et l'accès à la justice en matière d'environnement
- Déclaration de 1972 de la Conférence des Nations Unies sur l'environnement humain (Déclaration de Stockholm) : « L'homme a un droit fondamental à la liberté, à l'égalité et à des conditions de vie satisfaisantes, dans un environnement dont la qualité lui permette de vivre dans la dignité et le bien-être. Il a le devoir solennel de protéger et d'améliorer l'environnement pour les générations présentes et futures au Niveau africain
- Principes directeurs sur les entreprises et les droits de l'homme (2011);
- Rés.41/128 du 4 décembre 1986 sur le droit au développement;
- Rés.60/147 du 16 décembre 2005 sur les principes fondamentaux et directives

concernant le droit à un recours et à réparation des victimes de violations flagrantes des droits de l'homme et des violations graves du droit international humanitaire,

• Déclaration et programme d'action issus de la Conférence mondiale de Vienne sur les droits de l'homme tels qu'adoptés par la Rés.48/141 du 20 décembre 1993,
Commentaires sur l'Importance de ces mécanismes pour les DDE et DDF en RDC
La République Démocratique du Congo, comme Pays membre des Nations et qui a adopté ces différents juridiques , en vertu de la constitution spécialement les articles 215 et 216 « Article 215 Les traités et accords internationaux régulièrement conclus ont dès leur publication, une autorité supérieure à celle des lois, sous réserve pour chaque traité ou accord, de son application par l'autre partie. Article 216 Si la Cour constitutionnelle consultée par le Président de la République, par le Premier ministre, le Président de l'Assemblée nationale ou le Président du Sénat, par un dixième des députés ou un dixième des sénateurs, déclare qu'un traité ou accord international comporte une clause contraire à la Constitution, la ratification ou l'approbation ne peut intervenir qu'après la révision de la Constitution » cette posture moniste donne aux défenseurs des droits fonciers et environnementaux la possibilité et légitimité légale en interne d'assurer leur défense , protéger la nature et rappeler au Gouvernement les engagement de l'Etat . C'est aussi un bon dispositif référentiel sur l'action parlementaire et législative en faveur de la promotion de l'action et espace civique des défenseurs des droits fonciers locaux. Les différentes actions en production normative et la mise en place des cadres institutionnels en faveur de l'environnement, les fonciers et aspects connexes, cela devient une opportunité pour les acteurs fonciers et environnementaux d'influencer les politiques et pratiques en se fondant sur les dispositifs juridiques onusiens existants. Les DDF et DDE de toutes les tendances peuvent utiliser ces mécanismes devant les cours et tribunaux pour justifier leur action, droits et libertés mais également, ils peuvent s'en servir pour impulser des réformes juridiques et institutionnelles plus justes, responsables et durables en faveur de l'avenir climatique et des défenseurs locaux. L'importance de ce mécanisme est aussi au niveau de la surveillance et contrôle du respect des droits et engagements souscrits par l'Etat au niveau international en matière de respect des droits et libertés des défenseurs environnementaux et fonciers, toutes les feuilles de route et agendas de suivi , promotion et

renforcement des droits et libertés des OSC et des individus s'alignent sur ces axes juridiques importants auxquels la RDC fait partie. Pour les institutions publiques de la RDC,

ces textes sont utiles car ils peuvent être utilisés dans la gestion des contentieux régionaux et internationaux en incidence sur l'environnement mais aussi sur les droits et libertés des DDF et DDE Congolais Ces mécanismes mettent en place des jalons important pour le cadre des actions parlementaires et les négociations sur l'action climatique.

Ce sont aussi des bases fondamentales pour les réformes et programmes d'élaboration des politiques publiques axées sur les ODD et la justice climatique. L'action politique, l'action économique et l'action civile en RDC a besoin de ces nomes selon les points spécifiques à développer aux fins d'accroitre et renforcer l'action nationale au niveau national et international en faveur des défenseurs environnementaux et des droits fonciers. Les différentes directives volontaires sur la gouvernance responsable, transparente, juste et durable des régimes fonciers applicables aux terres, forêts, eaux, mines, énergies….sont des outils très pertinents pour améliorer la gouvernance et inciter l'action politique vers la démocratisation et la participation citoyenne.

Ces directives sont un cadre utile pour les défenseurs environnementaux et fonciers locaux dans leur action et dans leur structuration opérationnelle

II. Mécanisme du Niveau Africain

- La Charte africaine des droits de l'homme et des peuples ; UA, 1981 entrée en vigueur 21Octobre 1986
- Protocole de Ouagadougou créant la Cour africaine des droits de l'homme et des peuples (1998).
- Charte des droits et du bien-être de l'enfant adoptée lors de la 26e conférence des chefs d'État et de gouvernement de l'Organisation de l'unité africaine en juillet 1990. Elle est entrée en vigueur le 29 novembre 1999, après avoir reçu la ratification de 15 États, conformément à son article 47
- le Protocole de Maputo relatif aux droits des femmes en Afrique, prévoient des droits relatifs à l'accès et à la possession des ressources naturelles telles que la terre : Le Protocole a été adopté par l'Union africaine (UA) à Maputo, au Mozambique, le 11 juillet 2003. Il est entré en

vigueur en novembre 2005 après avoir été ratifié par 15 États membres de l'Union africaine[11] • Le Cadre et lignes directrices de l'Union africaine (UA) sur les politiques foncières en Afrique, l'Agenda 2063 de l'UA, • la Convention de Kampala sur les droits des personnes déplacées (2010). • La Déclaration sur les problèmes et enjeux fonciers en Afrique, de la treizième session ordinaire à Syrte (Grande Jamahiriya arabe libyenne), du 1er au 3 juillet 2009 ; • Les Principes directeurs relatifs aux investissements fonciers à grande échelle en Afrique , novembre 2014[12] • La Déclaration de Malabo sur la croissance et la transformation accélérée de l'agriculture en Afrique reconnait la complexité des questions foncières sur le continent et fournissent des orientations pour des politiques et une gouvernance foncières adaptées et efficaces 2014 ; Les chefs d'Etat et de gouvernement de l'Union africaine, réunis en juin 2014 à Malabo (Guinée équatoriale), ont adopté deux (2) décisions et deux (2) déclarations qui se rapportent directement au PDDAA et au programme de transformation agricole et de sécurité alimentaire de l'Afrique au cours de la décennie 2015-2025.[13]
Commentaires sur l'Importance de ces mécanismes Afrcians sur l'action et espace civique des DDE et DDF en RDC
La communauté des Etats d'Afrique dite Union Afrque , cadre sous régionale dont la RDC fait partie, est en progression dans le cadre de production juridique en matière de sauvegarde des droits des défenseurs environnementaux et fonciers. Le cadre normatif gégonnal est encore très prauvres face à des enjeux fonciers et

[11] *Kavinya Makau* ; Le protocole de Maputo à compter de 10 ans: comment peut-il être utilisé pour mettre fin au mariage des enfants?https://www.fillespasepouses.org/articles/the-maputo-protocol-10-years-on-how-can-it-be-used-to-end-child-marriage/

[12]Groupe de la Banque africaine de développement et Commission économique pour l'Afrique UA : Les Principes directeurs relatifs aux investissements fonciers à grande échelle en Afrique : 2014. Union africaine, Addis-Abeba, Éthiopie Tous droits réservés Premier tirage : novembre 2014

[13]UA NEPAD : Synthèse de la Déclaration de Malabo sur le PDDAA et d'autres décisions en rapport avec l'UA, in https://www.nepad.org/publication/synthese-de-la-declaration-de-malabo-sur-le-pddaa-et-dautres-decisions-en-rapport

environnementayux majeurs. Les quelues instruments Afrcains existant dans le domiane des droits humains sont d'une importante capitale pour s'y référer pour renforcer les droits et libertés des DDE et DDF au niveau national. Ces mécanismes aussi ouvrent la porte aux DDE et DDF Congolais à la participation à l'action juridique d'influencer et plaidoyer pour le renforcément et croissance du cadre légal Africain et Congolais garentissant plus des droits et libertés en faveur des DDF et DDE. Les différentes directives, déclarations , agendas africains sur le foncier , environnement et aspects connexes sont des points d'action d'influence et plaidoyer sur les pratiques et politiques publiques touchant le secteur.

Au niveau des orgaisations sous régionales , les DDE et DDF congolais utilisent ces textes Afrcains pour influence l'action climatique et d'action aux ressources pour les Communautés locales.

Mécanismes nationaux

1. Constitution de la RDC , tel que modifiée et complétée par la Loi N°11/002 du Janvier 2011 portant révsion de certaines dispositions de la Constitution de la RDC du 18 février 2006 ;
2. La *Loi n° 23/927 relative à la protection et la responsabilité du défenseur des droits de l'homme en République démocratique du Congo*, adoptée le 15 juin 2023, reconnaît le contexte difficile dans lequel les DDH opèrent dans le pays. Elle déclare, dans son avant-propos, que ce contexte « rend nécessaire l'existence d'une loi relative à sa protection ». Elle ajoute que « ces mesures garantissent aux défenseurs des droits de l'homme et des libertés fondamentales un environnement propice à l'exercice de leurs activités sans crainte d'actes de violence, de menaces, de représailles, de discrimination, arrestations et détentions arbitraires et d'autres persécutions de la part de l'État ou des acteurs non étatiques » cette loi est controversée car elle met en place un dispositif pénal contre les défenseurs des droits de l'homme Congolais
3. LOI N° 004/2001 DU 20 JUILLET 2001 portant dispositions générales applicables aux associations sans buts lucratifs et aux Etablissement d'Utilité Publique ;

4. La loi organique n° 13/011 du 21 mars 2013 portant institution, organisation et fonctionnement de la Commission Nationale des Droits de l'Homme ;
5. Edit N°04/2019 du 30 novembre 2019 portant. protection des défenseurs des droits humains en. province du Nord-Kivu.-. o. novembre 2019 ; Cet édit est plus capital dans la mesure où elle constitue l'assiette principale sur le plan juridique en province, la volonté de protéger et sécuriser les défenseurs de droits de l'homme.
6.
7. Loi 73-021 portants régimes généraux des biens, régime foncier et immobilier et régime des sûretés : première partie du régime général, des biens du 20 juillet 1973.
8. La Politique nationale foncière adoptée 15 avril 2022 par le Gouvernement de la République Démocratique du Congo ;
9. Loi n° 16/008 du 15 juillet 2016 modifiant et complétant le Loi n°87-010 du 1er août 1987 portant Code de la Famille
10. - Loi n° 16/010 du 15 juillet 2016 modifiant et complétant la Loi n° 015-2002 portant Code du travail
11. Décret n° 14/018 du 02 août 2014 fixant les modalités d'attribution des concessions forestières aux communautés locales ;
12. La loi N° 11/008 du 09 juillet 2011 portant criminalisation de la torture en RDC ;
13. Décret n° 14/019 du 02 août 2014 fixant les règles de fonctionnement des mécanismes procéduraux de la protection de l'environnement
14. Loi n° 11/022 du 24 décembre 2011 portant principes fondamentaux relatifs à l'agriculture[14].
15. Loi n°15/015 du 25 août 2015 fixant le statut des chefs coutumiers, Kinshasa 31 août 2015[15]
16. LOI N° 004/2001 DU 20 JUILLET 2001 Portant dispositions générales applicables aux associations sans But lucratif et aux Etablissements d'Utilité,

[14] FAO Organisation des Nations unies pour l'alimentation et l'agriculture : Base de données FAOLEX : in https://www.fao.org/faolex/results/details/fr/c/LEX-FAOC109785/

[15] RDC , Présidence de la République, cabinet du Président : Loi n°15/015 du 25 août 2015 fiixant le statut des chefs coutumiers, JOURNAL OFFICIEL de la République Démocratique du Congo, in https://www.leganet.cd/Legislation/Droit%20Public/Administration.ter/Loi%2015.015.2015.html

17. Loi n°22/30 du 15 juillet 2022 portant protection et promotion des droits des peuples autochtones pygmées.[16]
18. Loi N° 024/2002 du 18 novembre 2002 portant Code pénal militaire ;
19. La loi du 20 juillet 1973 portant régime général des biens, régime foncier et immobilier et régime des suretés telle que modifiée et complétée par la loi N° 80-008 du 18 juillet 1980.
20. Loi 75-024 du 22 juillet 1975 relative à la création de secteurs sauvegardés ;
21. Loi n° 11/009 du 09 juillet 2011 portant principes fondamentaux de l'environnement relatif à la protection de l'environnement ;
22. Loi n° 15/026 du 31 décembre 2015 relative à l'eau,[1][17]
23. Loi n° 82-002 du 28 mai 1982 portant réglementation de la chasse ;
24. Loi N°011/2002 du 29 août2002 portant Code Forestier.
25. Loi n°14/003 du 11 février 2014 relative à la Conservation de la nature ; Décret du 21 avril 1937 sur la pêche.
26. Ordonnance n°075/231 du 12juillet 1975 fixant les attributions de l'environnement, conservation de la nature ;
27. Ordonnance N°78-190 du 5 mai 1978 portant statut d'une entreprise publique dénommée Institut National pour la Conservation de la Nature, ICCN[18]
28. Décret n° 14/019 du 02 août 2014 fixant les règles de fonctionnement des mécanismes procéduraux de la protection de l'environnement
29. Décret du 30 janvier 1940 tel que modifié et complété à ce jour - Code pénal Congolais ;
30. Décret du 6 août 1959 portant le Code de procédure pénale ;
31. Décret n°015/012 du 15 juin 2015 portant création d'un corps spécialisé au sein de l'armée, chargé de la sécurisation des parcs nationaux et réserves naturelles apparentées ;

[16] FAO : Organisation des Nations Unies pour l'alimentation et l'agriculture ; République démocratique du Congo (Niveau national) : Loi n°22/30 du 15 juillet 2022 portant protection et promotion des droits des peuples autochtones pygmées., inhttps://www.fao.org/faolex/results/details/fr/c/LEX-FAOC213451/

[17] Présidence de la République : Loi n° 15/026 du 31 décembre 2015 relative à l'eau, in JO de la RDC, Kinshasa – 13 janvier 2016,57e année, numéro spécial

[18] Paulin MBALANDA KISOKA : Recueil de texte juridique en matière environnementale en République Démocratique du Congo, 2ième édition revue et augmentée, Avocats verts, Pages 474 -476 ;

32. Arrêté ministériel n° 021/CAB/MIN/EDD/AAN/WF/05/2017 du 31 août 2017 Portant transfert de l'organe de gestion CITES à l'Institut Congolais pour le Conservation de la Nature ;
33. Arrêté ministériel n°020/CAB/MIN/ECN-EF/2006 du 20 mai 2006 portant agrément de la liste des espèces animales protégées RDC ;
34. Arrêté ministériel n°020/CAB/MIN/ECN-EF/2006 du 20 mai 2006 portant agrément de la liste des espèces animales protégées RDC ;
35. Arrête n° 014/CAB/MIN/ENV/2004 du 29 avril 2004 relatif aux mesures d'exécution de la loi N° 82-002 du 28 mai 1982 portant réglementation de la chasse ;
36. L'arrêté Provincial n° 01/162/CAB/JP/NK 2016 du 14 novembre 2016 Portant interdiction de détention , exposition à vente , vente ou achat, façonnage, port , transport , colportage de l'ivoire et trophées des animaux sauvages protégés vivant ou non en Province du Nord Kivu[19] ;
37. Arrêté n°056 CAB/MIN/AFF-ECNT/F/01/00 du 28 mars 2000 portant réglementation du commerce international des espèces de la faune et de la flore menacées d'extinction (CITES) ;
38. Protocole d'accord de collaboration administrative contre le commerce des espèces CITES du 19 Août 2002[20].
39.
40. Loi organique *n°13/011-B* du 11 avril 2013 portant organisation, fonctionnement et compétences des juridictions de l'ordre judiciaire [21]...

A côté de ces textes, il y a des mécanismes juridictionnels de suivi de ces outils juridiques et qui, les défenseurs en agissant s'y fondent aux fins de faire progresser les droits pour lesquels ils se battent.

[19] ACEDH : rapport de l'atelier de sensibilisation des acteurs judiciaires, les autorités coutumières, les agents de l'administration foncière, journalistes, leaders pygmées et acteurs de la société civils sur la Transparence dans la gestion des régimes fonciers et lutte contre les crimes environnementaux dans le Paysage Virunga ; Avril 2017 ; Inédit, Page 12 ;

[20] ACEDH : Crimes environnementaux : Aide-mémoire à l'usage du praticien du droit pénal vert, la faune et flore congolaise ont droit à une protection légale ; que dit le cadre légal, en attente de publication, page 20

[21] Cabinet du Président de la République : Loi organique *n°13/011-B* du 11 avril 2013 portant organisation, fonctionnement et compétences des juridictions de l'ordre judiciaire, in bulletin officiel de la RDC, 2013

C'est notamment les Cours et Tribunaux, l'administration foncière et autres institutions juridictionnelles
Commentaires sur Importance de ces mécanismes sur l'action des DDE et DDF locaux en RDC
Ces mécanismes législatifs et institutionels mis en place par l'Etat congolais sont très importants dans la mesure où ils constituent les socles des interventions des défenseurs des droits fonciers. C'est le fondement de la légitimité de l'action de révendication et de la défense des droits et libertés des défenseurs des droits humains. Bref c'est la référence de l'Etat de droit. Les ations de lobby, plaidoyer et influence sur les pratiques et politiques en matière de la sauvegarde sociale et environnementale. Les mécanismes ont été utilisés et les textes Constitution de la RDC , tel que modifiée et complétée par la Loi N°11/002 du Janvier 2011 portant révsion de certaines dispositions de la Constitution de la RDC du 18 février 2006 ;LOI N° 004/2001 DU 20 JUILLET 2001 portant dispositions générales applicables aux associations sans buts lucratifs et aux établissements d'Utilité Publique ;La loi organi que n° 13/011 du 21 mars 2013 portant institution, organisation et fonctionnement de la Commission Nationale des Droits de l'Homme; Edit N°04/2019 du 30 novembre 2019 portant. protection des défenseurs des droits humains en. province du Nord-Kivu.-. 30. novembre 2019 ; Cet édit est plus capital dans la mesure où elle constitue l'assiette principale sur le plan juridique en province, la volonté de protéger et sécuriser les défenseurs de droits de l'homme, le code forestier, code minier, la loi sur l'eau, la loi sur l'électricité, la loi portant protection de l'environnement, code pénale militaire , code pénale ordinaire , les lois de procédure ont été évoqués dans des actions de plaidoyer et lobby pour influencer les politiques publiques. Certains de ces textes ont été utilisés par solliciter la libération des DDE et DDF devant les services de sécurité, forces de défense et les acteurs judiciaires. Dans les palais de justice du Nord Kivu comme dans les opérations judiciaires hors palais, ces lois ont influencé les débats et mobilisés la masse en faveur des actions des DDF et DDE. Dans le processus d'élaboration de la loi sur les devoirs et droits des DDH en RDC, ces mécanismes existant ont été d'une grande importance capitale pour renforcer et soutenir l'action parlementaire et servir des directives législatives pour l'action politique en faveur des DDH en RDC.

Il convient de rappeler les initiatives et synérgies des défenseurs de l'environnement et des droits fonciers et leurs effets au Nord-Kivu dans la section suivante.

Section 3. Initiatives et synergies des défenseurs de l'environnement et des droits fonciers et leurs effets au Nord-Kivu

Il existe plusieurs initiatives en faveur de la protection des droits de l'environnement et des droits fonciers mais aussi en faveur des défenseurs environnementaux et des droits fonciers au Nord-Kivu. A cet égard, des initiatives et des mécanismes privés ont été mis en place. Certaines initiatives sont d'origine internationale et viennent appuyer ce que les défenseurs de l'environnement et de la terre font déjà sur le plan local. Un accent particulier doit notamment être mis sur les actions menées par des réseaux d'organisations qui s'intéressent aux droits de ces derniers.

Initiatives internationales d'appui à la protection des défenseurs de l'environnement et des droits fonciers au Nord-Kivu

Les organisations internationales et nationales qui militent en faveur des droits et libertés des défenseurs des droits environnementaux et fonciers sont nombreuses et posent des actions plus courageuses en faveur des DDE et DDF. Ces actions, non seulement vont dans le sens d'incitation législative, suivi judiciaire, pourvoient en service de protection et sécurité des DDH, elles lancent un débat émergent au niveau international en faveur d'une mobilisation et reconnaissance en faveur des DDE et DDF. Aussi, elles plaident par des actions de plaidoyer, lobby , monitoring et mobilisation autour des cas et contexte pour la mise en place des dispositifs efficaces et sûrs en faveur du travail des DDE et DDF . Outre ceci, l'émergence des réseautages des DDE et DDF, bien que souvent limités aux OSC structurées, est un pas majeur et fondamental vers la sauvegarde des droits et libertés des défenseurs environnementaux et fonciers. Ces organisations internationales et leurs actions sont des clés de voutes pour la mise en place des politiques favorables aux normes et pratiques démocratiques sensibles aux urgences climatiques, participation citoyenne, sauvegarde sociale , promotion et protection des droits et libertés d'action dans le contexte des objectifs de Développement Durable (ODD). Il faut indiquer que ce sont les organisations internationales qui facilitent les Organisations locales à accéder aux financements d'appui en faveur des DDE et DDF.

Au-delà de ces actions, ces Organisations internationales et nationales offrent les services suivant en faveur des DDE et DDF :

- Appui technique et financier pour une protection physique, sécuritaire, phycologique ;
- Appui en faveur d'une délocalisation temporaire, soins médicaux, frais judiciaires ou de toutes autres natures
- Plaidoyer et influence sur les politiques et pratiques dans le domaine des protections des DDH ;
- Promouvoir des initiatives universelles de surveillance et documentation de la situation des défenseurs des droits de l'homme ;
- Etude systématiques et spécifiques de profilage sur la situation des DDH et l'environnement civique de travail ;
- Réseautage et mobilisation sur des questions clés d'intérêt public
- Monitoring et influencer sur les actions législatives ;
- Appui en matériels de sécurité informatique et audio visuels ;
- Appui en élaboration des plans de sécurité et de protection,
- Renforcement des capacités des OSC et individus ;
- Sensibilisation et éducation communautaire en faveur des droits et libertés des DDE et DDF
- Rapprochement mondial autours des actions de plaidoyer et dialogues inter institutionnel ;
- Valorisation du travail rural des DDEF et le porté au plus haut niveau
- Reconnaissance nationale et internationale du travail des DDEF au niveau de la scène internationale ;
- Echange et concertation sur la technologie et l'usage des médias ;
- Facilitation d'accès aux ressources et aux mécanismes à différents niveau ;

Les pages suivantes portent sur les initiatives locales et internationales des défenseurs environnementaux et des droits fonciers.

A. Initiatives locales des défenseurs environnementaux et des droits fonciers

Au Nord Kivu, plusieurs organisations évoluant dans le domaine foncier et de la protection de l'environnement se sont regroupées autour des programmes, projets et actions de plaidoyer. Elles ont mis en place des synergies locales en vue de la réalisation d'un but commun. Certaines organisations ont un focus sur la défense de l'environnement et du foncier ainsi que la défense des défenseurs de l'environnement et des droits fonciers. On peut notamment citer :

1. Green livelihoods alliance (Alliance pour les moyens d'existence verts) GLA : C'est un regroupement d'organisations impliquées dans la dynamique environnementale, la conservation de la nature et les aspects connexes. Il travaille sur base d'un programme appuyé par le Royaume des Pays Bas à travers l'institut international pour la conservation de la nature (IUCN Pays Bas.) Elle est opérationnelle dans le paysage Virunga et Kahuzi-Biega. Son but est de travailler ensemble pour contribuer à la bonne gouvernance pour l'avenir forestier. Elle est composée de 7 organisations œuvrant dans le domaine environnemental au Nord-Kivu.
2. Cadre de concertation des Organisation de la société civile pour le suivi de la réforme foncière : C'est une plateforme regroupant les organisations de la société civile impliquée dans le processus de la réforme foncière. C'est essentiellement des organisations qui travaillent avec les communautés locales et les peuples autochtones pygmées. Ces organisations accompagnent les différentes politiques et pratiques foncières aux fins que la réforme capte les besoins, réalités et idées des communautés locales et ainsi que l'urgence climatique.
3. Plate-forme des organisations travaillant sur les défenseurs des droits fonciers et environnementaux engagement10 de l'ILC(CB10) : C'est une initiative des organisations africaines membres de l'ILC . Elle travaille sur les questions des défenseurs des droits fonciers. D'autres organisations non-membres de l'ILC, comme FAT et l'ACEDH font partie de l'observatoire. L'idée de la création d'un Observatoire est reste une action au-delà du renforcement des capacités ont été réalisées au niveau du monitoring de la situation.
4. Coordination foncière : C'est une initiative regroupant tous les intervenants nationaux et internationaux, publics et privés, qui ont des actions dans le foncier. Elle est structurée en sous-coordinations foncières au niveau du bas de l'échelle et sert de cadre de résolution des conflits fonciers, alerte sur les questions foncières et coordonne des actions foncières. Elle est présidée par le Gouvernement provincial et le secrétariat été attribué à ONU Habitat. Les autres acteurs sont membres.
5. Synergie des écologistes pour la paix, l'environnement et le développement, SPED :la Synergie des écologistes pour la

paix, l'environnement et le développement, une plateforme de 13 organisations de la société civile environnementale qui a pour mission la conduite des actions communes de plaidoyer en faveur de la sauvegarde des écosystèmes des aires protégées, les lacs et autres enjeux climatiques. Elle a des collaborations avec des organisations ougandaises et rwandaises.

6. Réseau pour la Conservation et réhabilitation des écosystèmes forestiers . CREF : Réseau des organisations pour la conservation et la réhabilitation des éco systèmes forestiers, une plate-forme des organisations locales qui travaillent sur les questions de foresteries communautaires, et peuples autochtones ainsi que sur bien d'autres aspects liés à l'environnement.
7. Dynamique de la politique nationale énergétique (POLe): Un regroupement national des 11 organisations qui travaillent sur l'élaboration des politiques publiques et des réformes dans le secteur de l'énergie en RDC. Cette dynamique est représentée en Province du Nord-Kivu par l'ACEDH. Elle organise des activités de consultation citoyenne sur les politiques et stratégies et récolte les idées autours de l'accès universel à une énergie fiable, abordable, durable dans un contexte décentralisé.
8. Réseaux des journalistes et médias pour l'environnement :
9. SAUTI YA MAMA MUKONGOMANI : Une plate-forme féminine qui plaide en faveur de la protection genre dans la succession et de droits fonciers et de la justice foncière pour des femmes et des jeunes filles en matière d'accès sécurisé à la terre.
10. CAFD : Collectif des associations féminines pour le développement regroupe des organisations des femmes et des filles et milite pour le genre et l'accès des femmes aux ressources

Réseaux locaux d'organisations intéressées par la question des défenseurs de l'environnement au Nord-Kivu

En réalité, bien que la question foncière et environnementale pose des défis énormes dans la Province du Nord Kivu, lesquels affectent gravement et négativement la situation juridique, sociale et sécuritaire des défenseurs des droits fonciers et de l'environnement, peu sont des organisations ou des réseaux d'organisations qui abordent cette question des défenseurs. Les acteurs travaillent plus sur les problèmes fonciers et environnementaux ainsi que sur les aspects connexes. Ils ne se focalisent pas sur l'agenda consacré aux défenseurs en situation difficile. Cette question mérite une réflexion profonde et amène la conscience locale et nationale à intégrer cette question d'acteurs dans leurs plans et agendas d'action.

1 .Synergie Ukingo Wetu (SUWE) : C'est un mécanisme local de protection des défenseurs des droits humains qui travaillent sur les questions de promotion d'un environnement sûr. La Synergie a été impliquée dans l'élaboration de l'édit portant protection des défenseurs des droits humains au Nord-Kivu. Elle assiste les défenseurs des droits de l'homme en situation difficile de manière globale. Elle a des sous-structures, dites coalitions locales de protection, composées des OSC de la base. Elle accompagne les actions de lobby, de plaidoyer et d'influence sur les pratiques et politiques en matière des droits et des libertés des défenseurs de l'homme. Elle est dans plusieurs synergies nationales et internationales liées à la question des défenseurs des droits de l'homme.

2. Alerte congolaise pour l'environnement et les droits de l'homme (ACEDH) : C'est une organisation de la société civile environnementale pour la sauvegarde des droits de l'homme et de l'environnement, basée au Nord Kivu. Elle œuvre dans le domaine de la gouvernance foncière, de la justice environnementale, du lobby, de plaidoyer et d'influence sur les réformes juridiques et institutionnelles impactant l'environnement et les fonciers, la transition énergétique, la protection de la faune et de la flore sauvage, la formation et l'éducation des acteurs judiciaires sur le suivi de l'application des lois, la transparence, l'aide légale, le monitoring en faveur des défenseurs des droits fonciers et environnementaux et des aspects connexes. Avec l'appui de ELAW, Global Green Fund (Fond Global vert) (GGF), Fronte line défenders (FLD), elle a obtenu la libération des défenseurs ruraux, assure leur défense en justice et offre d'autres aspects de protection. Elle est dans plusieurs coalitions mondiales sur la question des défenseurs locaux de l'environnement et de la terre et dispose d'une clinique juridique environnementale composée des avocats verts. Elle met le droit au service des faibles et de l'environnement.

3. RADIO OKAPI de la MONUSCO : cette radio des Nations unies est un canal utile pour les défenseurs de l'environnement et des droits fonciers. Avec son Desk environnement, la Radio Okapi a contribué à la libération, la protection et la documentation des cas des milliers des défenseurs des droits fonciers et de l'environnement. Il est fort probable que les acteurs de la société civile ne comprennent pas le rôle de la Radio Okapi et bien d'autres médias en ligne quand ils donnent la parole aux défenseurs ruraux ou provoquent l'implication des autorités pour la libération des défenseurs. Les droits à la parole, le droit de se faire attendre et faire attendre les voix des sans voix. Radio Okapi est le média gratuit accessible aux plus faibles en RDC et dispose d'une large audience publique nationale et internationale.

5 . L'unité de protection du Bureau Conjoint des nations unies aux droits de l'homme : cette unité a été très importante depuis des années dans les activités de protection, sécurité et vérification des faits sur la situation des défenseurs des droits humains. Pendant toutes les guerres au Nord Kivu et les attaques armées, l'unité protection a joué un rôle d'héro en faveur des vies et libertés des défenseurs locaux en danger. Cette unité a facilité aussi le transport et évacuation des défenseurs locaux pendant des moments très critiqués en province du Nord Kivu. Cette unité conjointement avec les unités appui aux poursuites de la Monusco, monitoring et plaidoyer de BCUNDH ont joué aussi un rôle important dans les activités de monitoring, plaidoyer mais aussi l'accès à la justice en faveur des défenseurs locaux.

5. Les Collectifs des médias en lignes, presses écrites, les blogues, les groupes Watsapp des journalistes et plates-formes des médias émergents au Nord-Kivu. Au Nord-Kivu, il existe des médias en ligne comme Flambeau de l'Est, 7/7 CD, Actualité.CD, Enviro News , Ouragan.cd, Pole FM, Radio Télévision Groupe l'Avenir (RTGA), TV5 Monde, France 24, Congo Synthèse, Africa 25, Radio- télévision Communautaire Taina , Agence Congolaise de presse, union nationale de la presse Congolaise, Radiotélévision nationale congolaise (RTNC), MISHAPI Voice Télévision , La Cruche Hebdo, et Radio Moto [2]. Ces medias offrent la parole aux défenseurs de l'environnement et des droits fonciers au Nord-Kivu.

Nous n'avons pas cité toutes les organisations environnementales car elles sont dans les plates-formes, comme innovation pour la paix et la protection de l'environnement ,IDPE en sigle,(Dynamique des femmes Juristes DFJ), Forêt Communautaire pour le développement Rural en abrégé, Fédération des pêcheurs individuels du Lac Edouard , Centre D4Education pour la protection de l'Environnement et le Développement Durable , , Centre de recherche pour l'environnement, démocratie et les droits de l'homme ; , Aide action pour la paix AAP. Elles sont très capitales au Nord-Kivu pour l'avancement du combat en faveur des défenseurs des droits fonciers et de l'environnement.

Que retenir des initiatives internationales ?

B Initiatives INTERNATIONALES

Initiatives	Actions et témoignages
Union Internationale pour la Conservation de la Nature	Elle a été créée en 1948, elle ressemble des Etats, des Organisations gouvernementales et des Organisations non gouvernementales. Une alliance de plus de 1000mambres issus de 148 pays. Composée de plus de 10.000 experts bénévoles qui apportent leur savoir au bénéfice de la conservation. Sa vision est de voir un monde juste qui valorise la Conservation. elle vise aussi à influencer sur les politiques des sociétés mondiales en les encourageant, aider à conserver la nature et à y veiller. Elle a des Bureaux régionaux et a son siège mondial en Suisse. de section dans divers Pays. La section Pays Bas est la plus fréquente au Nord Kivu avec une collaboration avec la section française .Elle appui les organisations de la société civile et les initiatives de la conservation avec des moyens techniques et financiers. Elle s'occupe aussi des urgences de protection. Dans le programme GLA appuyé par les Pays Bas, une thématique protection et sécurité des DDE était maintenue dans le programme de 5ans, où des acteurs communautaires et des femmes défenseurs ont été assistés lors qu'un besoin et nécessité était évoqué dans le Paysage Virunga. Dans le domaine de la conservation et sauvegarde des droits des défenseurs locaux, IUCN à travers sa section Pays Bas a joué un rôle important en mettant en place des stratégies locales et des possibilités pour assurer la protection des défenseurs environnementaux mais aussi pour faciliter l'accès à l'information et aux connaissances. Elle a aussi favorisé la mise en réseau des Organisations du Nord Kivu avec d'autres structures de la Région Afrique et du monde, elle a facilité le renforcement des compétences locales car elle travaille à travers les compétences locales situées dans les organisations s, les outils et les projets permettant aux sociétés, aux économies et à la nature de prospérer ensemble. Cela inclut notamment des données, des évaluations et

	des analyses, des normes fiables, des forums neutres et des ressources pour le renforcement des capacités
Environmental Law Alliance Worldwide	C'est une organisation de droit américain, basée à Oregon, ville de Eugene. L'*Environmental Law Alliance Worldwide* (ELAW) a pour mission d'aider les communautés à défendre l'air pur, l'eau propre et une planète saine. C'est une alliance mondiale d'avocats, de scientifiques et d'autres défenseurs collaborant au-delà des frontières pour construire un avenir durable et juste. Elle appuie en renforcement des capacités des avocats au niveau national et international. Elle leur donne son appui juridique et judiciaire, facilite le réseautage et met en place des outils et des intelligences scientifiques et juridiques sur des questions émergentes concernant l'environnement, l'énergie, la biodiversité, la mobilisation des fonds pour la sécurité et protection des défenseurs des droits environnementaux et fonciers. Elle donne les ressources juridiques nécessaires pour les procès et assure une connexion mondiale avec des avocats et partenaires diversifiés. Elle a déjà eu à appuyer l'ACEDH et bien d'autres organisations en renforçant leur capacité la question de l'accès à l'information, du procès inique, de plaidoyer et de poursuites judiciaires, de l'argumentaire, du plan de sécurité, de l'étude en anglais et de droit à Oregon University. En termes de réseautage, elle a créé des familles Host et publié des informations sur les activités de l'ACEDH. Elle a assuré la formation des avocats et connecté les avocats des différentes régions Elaw a une grande spécialité en expertise légale mixée avec des arguments scientifiques et économiques qui renforcent la bonne action en justice en matière climatique et recouvrement des droits locaux. La question de l'administration de la preuve et la balancer entre les droits et les valeurs monétaires font de ELAW une organisation très solide pour faciliter la production du droit dans les palais de justice et la réussite des actions de plaidoyer , lobby et influence sur les pratiques et politiques publiques nationales et internationales. Une composante sécurité et protection en faveur des Avocats en contexte difficile est aussi assurée au niveau de l'organisation Elaw. En partenariat avec des universités de droit, Elaw reçoit chaque année des Avocats venant des différents coins du monde pour des apprentissages,

	échanges, lobby , plaidoyer, connecting et ces activités sont effectuées en fonction du choix et programme des bénéficiaires Elaw est membre de l'alliance mondiale pour la protection des défenseurs environnementaux, indigènes et fonciers . C'est une organisation bouclier des Avocats au niveau mondial en matière de protection, réseautage mais aussi en matière de capacitation
Front Line Defenders	Connue comme la toute première initiative internationale qui a mis en place un mécanisme très souple et rapide sans beaucoup des formalités et très réactionnelle. Front Line Defenders a été fondée à Dublin en 2001 avec pour objectif de protéger les défenseurs-ses des droits humains en danger, c'est-à-dire les personnes qui agissent de façon non violente pour que soient respectés un ou plusieurs droits garantis par la Déclaration Universelle des Droits de l'Homme. Front Line Defenders vise à subvenir aux besoins identifiés par les défenseurs-ses eux-mêmes en matière de protection. Le siège de Front Line Defenders se situe à Dublin; nous avons également un bureau européen à Bruxelles, ainsi que du personnel basé localement dans les régions Amériques, Asie, Afrique et au Moyen-Orient. Front Line Defenders fournit un soutien rapide et pratique aux défenseur-ses des droits humains en danger par le biais de: • plaidoyer international en faveur des défenseur-ses des droits humains en danger, notamment un soutien d'urgence pour ceux et celles en danger immédiat • subventions pour subvenir aux besoins pratiques relatifs à la sécurité des défenseur-ses des droits humains • formations et documents sur la sécurité et la protection, y compris sur la sécurité numérique • des opportunités de repos, de répit, ou autres alternatives pour les défenseur-

	ses des droits humains qui subissent un stress extrême • opportunités de développer un réseau et des échanges entre les défenseur-ses des droits humains, y compris pendant la Plateforme de Dublin organisée tous les deux ans • Prix annuel Front Line Defenders pour les défenseur-ses des droits humains en danger • ligne de téléphone d'urgence fonctionnant 24H/24 pour les défenseur-ses des droits humains, en arabe, anglais, français, espagnol et russe En cas d'urgence, Front Line Defenders peut faciliter la relocalisation temporaire des défenseur-ses des droits humains. Front Line Defenders possède un statut consultatif spécial auprès du Conseil Économique et Social des Nations Unies En cas d'urgence, Front Line Defenders peut faciliter la relocalisation temporaire des défenseur-ses des droits humains. Front Line Defenders promeut le renforcement des mesures internationales et régionales de protection des défenseur-ses des droits humains, y compris en soutenant le travail du Rapporteur spécial de l'ONU sur la situation des défenseur-ses des droits humains. Le soutien au bureau du Rapporteur spécial se fait également par le biais du Frank Jennings Internship Programme. Front Line Defenders promeut le respect de la Déclaration de l'ONU sur les défenseur-ses des droits humains.

	Front Line Defenders possède un statut consultatif spécial auprès du Conseil Économique et Social des Nations Unies[22] Plusieurs anciens défenseurs des droits de l'homme du Nord Kivu nous ont répondu en ces mots « C'est une organisation rapide et souple qui a un mécanisme d'urgence de sécurité et de protection des défenseurs des droits de l'homme. Elle est très bien connue dans la province du Nord-Kivu pour ses appuis depuis les périodes des rebellions du, Rassemblement Congolais pour la Démocratie (RCD) Congrès National pour la défense du peuple (CNDP), mouvement du 23 mars M23 Elle accorde des appuis en sécurité numérique, sécurité physique et en formations des défenseurs des droits de l'homme. Des appui financiers aussi ont été accordés aux défenseurs en situation très difficile dans la zone du Nord Kivu depuis une longue période.
Natural Justice	C'est une ONG sud-africaine. Elle apporte de l'aide en assistance juridique, médicale et de toute autre nature en faveur des défenseurs environnementaux, des peuples autochtones et des communautés locales pour élaborer des initiatives sur les droits à la terre et les droits de l'environnement. Elle a déjà appuyé les défenseurs environnementaux et de la terre au Nord-Kivu dans des affaires judiciaires entreprises contre eux Natural Justice a été fondée en 2007 au Cap par deux avocats internationaux, Harry Jonas et Sanjay « Kabir » Bavikatte. Ils ont fondé Natural Justice pour assurer une meilleure protection des droits et des responsabilités des peuples autochtones et des communautés locales au niveau local, national et international. Un collectif de six personnes a dirigé l'organisation pendant qu'elle s'étendait dans sa portée géographique et ses domaines programmatiques. L'organisation a cherché à combiner l'autonomisation juridique avec la mobilisation sociale pour aider les communautés à mieux comprendre les effets que les lois et les processus juridiques avaient sur elles, et à développer des réponses solides et proactives pour protéger et promouvoir leurs modes de vie. Cela les a amenés à adopter et à adapter le concept de «protocoles communautaires» en 2008.

[22] https://www.frontlinedefenders.org/fr/who-we-are

	Dès le départ, Natural Justice a été actif au niveau politique mondial et a joué un rôle clé dans la reconnaissance des protocoles communautaires dans le Protocole de Nagoya de 2010 sur l'accès et les avantages. Partage. L'organisation a par la suite élargi la portée de son travail d'autonomisation juridique, y compris l'adoption de l'approche « para juridique » pour travailler avec les communautés, en commençant au Kenya et en s'étendant à l'Afrique australe. Grâce à l'introduction d'une initiative visant à développer des normes de conservation sur les droits de l'homme, ainsi qu'à adopter des modèles d'accès et de partage des avantages, l'organisation a cherché à promouvoir les droits des peuples autochtones en termes de connaissances coutumières et d'accès à la terre.
Defender Defenders Kampala	C'est le réseau ougandais des défenseurs des défenseurs, établi à Kampala. Il s'agit d'un réseau Panafricain pour les défenseurs des droits de l'homme. Elle a des activités régionales de protection des défenseurs des droits humains et des droits environnementaux. Elle appuie la délocalisation, la sécurité organisationnelle, le renforcement des capacités et l'aide légale. Elle appui des activités de renforcement des capacités sécuritaires en faveur des organisations et individus défenseurs des droits de l »homme et offre des appuis financiers en vue de faciliter la délocalisation des défenseurs en besoin d'évacuation à la suite des menaces ou persécutions.
ALLIED : Alliance for land, indigenous and environmental defenders	Alliance for land, indigenous and environmental defenders[23] Est un grand réseau mondial avec une forte capacité de connexion et de solidarité en faveur des défenseurs environnementaux , défenseurs fonciers er indigènes. Elle travaille pour garantir des cadres plus solides pour la protection des défenseurs autochtones, fonciers et environnementaux, la mise en œuvre des normes existantes et des réponses efficaces à la criminalisation des défenseurs. Dans ses activités , elle

[23] ALLIED site web : https://allied-global.org

	vise aussi à accroître le soutien aux défenseurs des droits autochtones, des terres et de l'environnement, à coordonner le travail des organisations qui travaillent pour les soutenir et à rapprocher les défenseurs de leurs partisans. Son objectif est aussi de contribuer à un environnement sûr et favorable pour les défenseurs autochtones, fonciers et environnementaux (ILED). Elle travaille également pour responsabiliser et à favoriser l'action de ces défenseurs, à encourager l'action multipartite et à conduire des stratégies de changement systémique pour faire face (prévenir et répondre) aux menaces qui pèsent sur eux. . ALLIED s'efforce de développer les compétences de protection des défenseurs, de renforcer les garanties du gouvernement et des entreprises pour les défenseurs, et de protéger les acteurs de la société civile qui s'attaquent aux causes profondes des menaces et des attaques contre les défenseurs. En partageant les expériences, nous minimisons les duplications et maximisons l'impact. Au sein de la Coalition ALLIED, certaines organisations possèdent une vaste expérience dans la réponse aux attaques aiguës et dans l'aide aux individus et aux organisations à renforcer leur résilience. D'autres ont l'expérience du plaidoyer auprès des entreprises et des gouvernements pour protéger les défenseurs. ALLIED facilite l'accès aux ressources qui existent déjà pour soutenir les défenseurs et partageons nos connaissances sur la manière d'accéder à ces ressources. Soutenir les initiatives des membres visant à améliorer les mécanismes de garanties et de protection, et ainsi amplifier leur impact.
Amnesty International	C'est une organisation des droits de l'homme d'origine britannique. Elle dispose d'une section basée à Nairobi (Kenya). Elle aide les défenseurs en situation difficile. Elle mène aussi des actions de plaidoyer et lobby pour la libération et la protection des défenseurs. Elle appuie les organisations des défenseurs des droits de l'homme, y compris des droits environnementaux, par des

	équipements informatiques , appui financier, appui en plaidoyer et lobby en faveur des droits et libertés publics des DDH. Des alertes en faveur de la situation des défenseurs des droits de l'homme dans le monde. C'est une organisation très puissante et écoutée et de fois les organisations partagent les éléments sensibles sur la situation avec Amnesty International aux fins que la dénonciation se fasse à un plus haut niveau et cela avec des assurances et garanties sécuritaires.
African Human Right Defender Network	Fondée et enregistrée à la Hague aux Pays Bas et Basée en Tanzanie, cette organisation appuie la délocalisation des jeunes défenseurs, des artistes, des membres des mouvements citoyens et d'autres catégories des défenseurs en situation difficile. Elle facilite le réseautage entre les défenseurs et les jeunes. Elle assure la formation en sécurité et protection.
Agir ensemble pour les droits de l'homme	Il s'agit d'une organisation de droit français qui agit en faveur des droits de l'homme et des défenseurs des droits de l'homme au Nord Kivu. Elle appuie les organisations de la société civile travaillant sur la question des peuples autochtones et le foncier. Elle offre aux défenseurs des droits de l'homme des fonds d'urgence en cas de nécessité
Bureau conjoint des Nations unies aux droits de l'homme,	C'est une unité de la MONUSCO issue de la fusion du Bureau des Nations unies aux droits de l'homme de la Monuc et l'office du Haut-Commissariat des nations unies aux droits de l'homme qui a donné place au Bureau Conjoint des Nations unies aux droits de l'homme, BCNUDH . Une section très importante en matière de protection, sécurité, monitoring et témoignages sur la situation des défenseurs de droits de l'homme en province du Nord Kivu. Ce Bureau facilite des réunions et des formations des défenseurs, visites des prisons et cachots. Elle assure l'observation des procès. Elle contribue au Renforcement des capacités des défenseurs. Elle assure l'appui en transport dans les activités des défenseurs en connectant les liens de travail. Elle assure les recommandations des demandes des déférences pour les formations, appui et projets. Le Bureau Conjoint des Nations Unies aux Droits de l'Homme (BCNUDH) a été créé en février 2008. Il intègre la Division des Droits de l'Homme (HRD) de la MONUSCO et l'ancien bureau du Haut-Commissariat

	aux Droits de l'Homme en République démocratique du Congo (HCDH-RDC). Les deux bureaux ont été entièrement intégrés et le BCNUDH travaille en concordance avec les deux mandats. La DDH, établie en 2000, est mandatée par le Conseil de Sécurité (Résolution 1756 du 15 mai 2007, 1794 du 21 décembre 2007, 1856 du 22 décembre 2008) pour « Aider à promouvoir et à défendre les droits de l'homme, en prêtant une attention particulière aux femmes, aux enfants et aux personnes vulnérables, enquêter sur les violations des droits de l'homme et publier ses conclusions (…) pour mettre fin à l'impunité, aider à élaborer et appliquer une stratégie de justice transitionnelle et coopérer à l'action menée aux niveaux national et international pour traduire en justice les auteurs de violations graves des droits de l'homme et du droit international humanitaire. » Le HCDH-RDC a été établie en 1996 par un accord entre le HCDH et le Gouvernement de la RDC. Son mandat est d'analyser la situation des droits de l'homme dans le pays, de rapporter les violations des droits de l'homme qui demandent une intervention urgente par l'Expert Indépendant sur la situation des droits de l'homme en RDC et/ou par les Experts Indépendants thématiques. Enfin, il est chargé de renforcer les institutions nationales (étatiques et non-étatiques) œuvrant pour les droits de l'homme afin de s'assurer que la RDC accroît le respect des traités internationaux et régionaux qu'elle a ratifié. Le 23 décembre 2009, la Résolution 1906 du Conseil de Sécurité, qui prolonge le mandat de la MONUC jusqu'au 31 Mai 2010, a été adoptée. Dans cette Résolution, le Conseil de Sécurité reconnaît que l'obtention d'un objectif, tel que de délivrer le pays des groupes armés, ne peut pas être atteint sans le respect des droits de l'homme et la professionnalisation des Forces armées de la RDC (para.4). La Résolution se réfère directement ou indirectement, dans presque tous ses paragraphes, au respect des droits de l'homme en RDC et demande au BCNUDH d'aider le gouvernement de la RDC et la MONUC à mettre en œuvre ce mandat. Dans sa Résolution 1925 (2010), le Conseil de Sécurité réitère sa préoccupation concernant les violations des droits de l'homme dans le pays. La Résolution 1925

	demande à la nouvelle mission de stabilisation (MONUSCO) de soutenir le gouvernement dans sa lutte contre l'impunité des auteurs de violations des droits de l'homme et tout particulièrement celles commises par les forces de sécurité. La structure du BCNUDH Outre les bureaux de terrain et les Groupes de travail, le BCNUDH est composé de quatre unités spécialisées : L'Unité Justice et lutte contre l'impunité fait le suivi de l'administration judiciaire et assiste dans les efforts pour mener les auteurs de violations des droits de l'homme devant la justice; L'Unité de formation, renforcement institutionnel et information (TIBA) travaille avec les acteurs de la société civile pour consolider leurs capacités à porter plainte et demander aux institutions de l'Etat de répondre aux violations des droits de l'homme ; L'Unité de Rapports et Enquêtes travaille avec les Bureaux de terrain pour mener des enquêtes approfondies lors d'incidents graves de violations des droits de l'homme, spécialement dans les régions reculées de la RDC. Elle est également responsable pour la compilation et l'analyse de l'information, l'élaboration de rapport et la gestion de la base de données L'Unité Planification Stratégique et Soutien aux projets s'assure que la planification du BCNUDH est élaborée en accord avec ses priorités. Elle soutient également les projets et activités du BCNUDH; L'Unité de Protection assure la protection des victimes, témoins, défenseurs des droits de l'homme et journalistes sous menace imminente. L'Unité est responsable du Fonds de protection.
FREEDOM HOUSE	Fondée en 1941, aux fins d'assurer les droits et la liberté. C'est une organisation américaine qui assure la protection et la sécurité des défenseurs des droits fonciers ruraux et des droits environnementaux. Elle a aussi été active sur les questions électorales. Plaidoyer,

	lobby et influence sur les politiques et pratiques. Freedom House plaide pour le leadership américain et la collaboration avec des gouvernements aux vues similaires pour s'opposer vigoureusement aux dictateurs et à l'oppression, et renforcer la démocratie dans le monde. Nous amplifions les voix de ceux qui luttent pour la liberté dans les sociétés répressives et contrecarrons les efforts autoritaires visant à affaiblir le contrôle international de leurs régimes
Global Green Fund	C'est une organisation qui appuie des cas des défenseurs de l'environnement en situation difficile. L'ACEDH est entrée en contact avec elle par le biais d'ELAW dans le cadre de ses activités. Depuis 1993, le Global Greengrants Fund est l'une des principales organisations au monde à soutenir les efforts locaux pour protéger la planète et les droits des personnes. Avec notre communauté diversifiée de personnes en première ligne et nos supporters, nous avons eu un impact sur la vie de millions de personnes. Le Global Greengrants Fund est différent des autres organisations internationales en ce sens qu'elle n'essaye pas de dicter un programme à distance. Au lieu de cela, elle fait confiance aux populations locales pour proposer des solutions et des stratégies qui répondront le mieux à leurs besoins, en leur fournissant les ressources nécessaires pour concrétiser leurs idées
Protection internationale	C'est une organisation de de droit belge. Elle opère spécialement dans les provinces du Nord-Kivu et au Sud-Kivu. Elle organise des formations de sécurité et protection en faveur des défenseurs de manière générale. Elle appuie en sécurité et protection des cas des défenseurs des droits de l'homme. Elle accompagne des initiatives des femmes pour un renforcement de l'engagement des femmes en matière d'activisme. Amnesty International, Protection internationale et Front Line Defenders ont été les toutes premières organisations à être actives dans les deux provinces. Elle travaille au Nord Kivu depuis plusieurs années sur la question de protection, sécurité et formation des DDH.
Barreau de Paris/ Section assistance	Le Barreau de Paris a un programme d'aide légale et une espèce de cité de refuge (maison d'accueil) pour la protection des Avocats en danger (Shelter City pour les

	avocats de l'environnement. Ce Barreau a un programme de protection et sécurité des Avocats menacés et offre un appui en guise de pourvoi aux besoins en faveur de l'avocat victime. Ce programme du Barreau de Paris a pour mission d' appuyer et aider les avocats des pays en situation difficile, victimes des violations des droits et libertés dans l'exercice de leur travail. L'ACEDH et ses avocats verts sont en contact et en bonne collaboration avec le Barreau de Paris. Celui-ci offre aussi l'assistance de protection et sécurité en faveur des avocats. A cet égard, il facilite leur délocalisation pendant 3 mois à Paris pour un repos
Protected defenders	Protected défenders est une plateforme européenne qui a pour mission de protéger les défenseurs en danger et qui font face aux situations les plus difficiles dans le monde entier. Elle soutienne les action de mise en œuvre d' un mécanisme permanent de réponse rapide afin de fournir une assistance urgente et un soutien pratique aux Défenseurs des droits de l'homme, leur famille et leur travail. Et gère un programme de relocalisation temporaire pour des Défenseurs des droits de l'homme au moyen duquel ils peuvent se relocaliser dans leur pays, dans leur région ou à l'étranger dans le cas d'une menace urgente. Ce mécanisme soutien la création de refuges pour les Défenseurs des droits de l'homme en danger et coordonnons une plateforme d'échange pour les parties prenantes travaillant à la relocalisation temporaire des Défenseurs des droits de l'homme, la Plateforme de relocalisation temporaire de l'UE (EUTRP). Elle accorde un appui en formation, soutien financier, un accompagnement et le renforcement de capacités pour les Défenseurs des droits de l'homme et les organisations locales. Le mécanisme assure aussi la situation des Défenseurs des droits de l'homme, également sur le terrain, et promouvons la protection des Défenseurs des droits de l'homme à un niveau local, régional et international. Mais également la promotion de la coordination entre les organisations dédiées au soutien des Défenseurs des droits de l'homme, des institutions de l'UE et autres acteurs pertinents.

Coalition internationale pour la terre ILC	La coalition internationale pour la terre qui est une plate-forme regroupant des Organisations internationales, onusiennes et nationales travaillant sur l'accès à la terre dans le monde, structure de droit Romain a des programmes qui militent en faveur de protection et sécurité des défenseurs des droits fonciers. La différence avec les autres organisations est que pour l'ILC, l'appui n'est réservé qu'aux seules organisations et les acteurs membres et partenaires de l'ILC. Pour bénéficier de ce fond, il faut être agent ou membre d'une structure membre de l'ILC.
McCAIN INSTTUTE	Le McCain Institute est une Organisation non partisane qui est basée à Washington DC aux USA, qui a des programmes qui font progresser la démocratie, les droits humains et prévenir la violence ciblée. Son objectif est d'agir, pas de parler, et comme le sénateur McCain, l'institut se bat pour créer un monde libre, sûr et juste pour tous. Cette organisation est inspirée par le dévouement du sénateur John Mecain et de sa famille au service du Public. Elle fait partie de l'université de l'Etat d'Orizona. Cette organisation appui les défenseurs des droits de l'homme en situation difficile et confronté aux défis de liberté d'action ou ceux menacés. Elle offre aux défenseurs le prix courage pour les encourager à défendre les droits et libertés dans le monde

Conclusion

Je n'ai pas brossé toutes les initiatives mais présenté quelques-unes dont les informations ont été accessibles et données par les bénéficiaires eux-mêmes directement. Mais ils existent d'autres mécanismes qui travaillent sur cette question de sécurité et protection des DDH. Aussi il faut souligner le rôle important de l'ambassade de Pays-Bas et autres ambassades Européennes et celle des USA qui facilitent les défenseurs des droits humains. Les pages suivantes portent sur la protection des défenseurs des droits environnementaux et fonciers et les défis rentrés au Nord-Kivu.

Chapitre II

La protection des défenseurs des droits environnementaux et fonciers et défis rencontres au Nord-Kivu

Le second chapitre a pour matrice la protection des défenseurs des droits environnementaux et fonciers et les défis rentrés au Nord-Kivu.
La protection est l'action ou le fait de soustraire quelqu'un ou quelque chose d'un danger, d'un risque qui pourrait lui nuire, le fait de se protéger ou d'être protégé. C'est aussi une assistance, un sécours, une défense contre des menaces et attaques .
Dans ce chapitre j'évoque le contexte de protection et de travail des défenseurs des droits fonciers et de l'environnement et des défis auxquels ils font face, des droits et libertés dans leurs activités. Des cas spécifiques seront présentés pour illustrer les différentes situations dramatiques et calvaires qu'ils traversent.

Section 1. Atteinte aux droits et libertés des défenseurs environnementaux et fonciers au Nord-Kivu

Bien que les défenseurs des droits fonciers et de l'environnement rendent un travail très important à la société, ils sont cependant confrontés à plusieurs défis et situations dramatiques. Le tableau d'atteintes à leurs droits est très sombre. Un accent particulier mérite d'être mis sur les cas d'harcelement judiciaire et policier.

A. Tableau sombre dans un contexte d'insécurité généralisée

La protection et la sécurité des défenseurs des droits fonciers et environnementaux au Nord-Kivu sont des questions préoccupantes. Leur travail est parmi les plus risqués et dangereux en RDC. C'est presque chaque semaine que l'on enregistre des cas d'atteinte à leur vie. Plus de 200 Eco-gardes du Parc des Virunga, sans oubliés d'autres de la Maïko et Garamba. Ces massacres des éco-gardes sont consécutifs aux attaques dont ils font l'objet de la part des groupes armés.

Cette situation vient de s'aggraver avec la guerre du M23 dans les territoires de Rutshuru, Nyiragongo et Masisi. Des centaines de défenseurs de l'environnement et de la terre sont dispersés dans la nature à cause des menaces proférées par certains éléments du M23 qui commettent en plus des attaques systématiques et coordonnés contre des civils et les biens du site du patrimoine mondial de l'UNESCO (Virunga). D'autres défenseurs fuient à la fois les forces rebelles, les officiers des forces armées et des chefs des groupes armés qui sont aussi impliqués dans la commission des crimes environnementaux. On peut notamment souligner le déplacement forcé suivi des ménaces de morts des milliers des défenseurs des droits fonciers et de l'environnement en 2022 et début 2023 dans les territoires de Rutshuru, Masisi et Nyiragongo suite aux attaques des rébelles du M23. C'est le cas du Chef d'antenne de l'innovation pour le Développement et la protection de l'Environnement à Kiwanja.[24] Cela est parfois arrivé après que les défenseurs des droits environnementaux et fonciers ont produit des rapports sur la situation de la biodiversité ainsi que les attaques contre les patrimoines et écosystèmes du PNVi.

Il faut noter également des cas de meurtres ou d'exécutions extrajudicaires, d'assassinats, d'arrestations arbitraires et de détention illégale. Il y a eu aussi des cas de disparutions forcées, de torture ou de traitements inhumains et dégradants sont monnaie courante.

Parmi les causes profondes des atteintes aux droits des défenseurs de l'environnement et de la terre en RDC, il y a lieu de citer l'insécurité récurrente, la surmilitarisation de la région, la gouvernance exceptionnelle de l'état de siège, la corruption, la forte circulation des armes légères et des petits calibres, la présence des forces et des groupes armés, la contrebande criminelle structurée des trafiquants illégaux de la faune et de la flore sauvages, l'impunité, un cadre légal peu fiable couplé à des réformes

[24] IDPE : Alerte Société Civile sur l'interpellation et privation des libertés du sieur J Chef d'antenne de l'IDPE à Kiwanja, inquiétude in Groupe Watsapp Question URGENTE GLA ;

juridiques et institutionnelles peu favorables aux besoins et demandes en protection et sécurité des défenseurs ruraux de l'environnement et du foncier, les faibles connaissances des textes de lois, des pratiques institutionnelles et sociales non alignées aux lois et politiques écrites, les faibles capacités techniques, logistiques et opérationnelles des certains défenseurs environnementaux locaux, méconnaissance des missions et rôles des défenseurs, des opinions méfiantes contre les défenseurs environnementaux les stigmatisant d'être au service des occidentaux , un réseautage pas bien construit pour des actions en synergie pour fédérer les forces et partager les risques.....

Il est difficile de savoir pour quelle faute ou quel méfait ceux qui défendent la cause de l'humanité, ceux qui plaident pour la protection des écosystèmes et aident toute la société et les humains peuvent être soumis à des violations de leurs droits. Et de fois c'est sans que le monde se lève pour entendre et faire entendre la cause des défenseurs de l'environnement et des droits fonciers pour les protéger. Le paradoxe qui s'observe est que plus l'humanité n'agit pas en faveur d'une justice foncière et climatique, de la transition énergétique et de la protection des eaux, les souffrances, les pressions, les violences et les injustices que les défenseurs des droits environnementaux et fonciers subissent s'accroissent avec des conséquences incalculables sur leur vie et leur travail. Cette situation et les besoins de plaider pour les droits de la nature nécessitent à la fois une mobilisation globale, un renforcement des connaissances et des ressources adéquates.

Il me faut aussi souligner le harcèlement judiciaire et policier comme défis pour les défenseurs des droits environnementaux.

B. Cas d'harcèlement judiciaire et policier

Les défenseurs des droits environnementaux et fonciers font l'objet du harcèlement judiciaire et policier dans un silence regrettable. Des fausses accusations sont dirigées contre eux par des acteurs politiques et des officiers militaires en vue de ternir leur image et chercher à provoquer des poursuites judiciaires sur fond de corruption et du trafic d'influence.

En date du 25 novembre 2021, cinq défenseurs locaux des droits environnementaux et fonciers représentant plus de 36.000 personnes affectées ont été condamnés à 20 ans de prison dans les affaires qui les avaient opposé au ministère public et à la partie civile constituée du député Emmanuel

Kamanzi Runigi. On peut également noter qu'entre 2021 et 2022, l'affaire inscrite sous RP 10566 /CD a opposé l'avocat défenseur de l'environnement, Timothée MBUYI, à la Ferme de l'Espoir Sarl qui appartient à l'ancien Président de la République, Joseph Kabila, devant le Tribunal de Paix de KAMALONDO. Il y a eu aussi l'affaire le RMP 2235/MAS/2021[25] devant l'Auditorat supérieur opérationnel du Nord-Kivu en lien avec les meurtres des éco-gardes du Parc National des Virunga ainsi que le dossier sous le RC 21484 opposant la division provinciale de la pêche et élevage contre l'ONG Alerte congolaise pour l'environnement et les droits de l'homme.

Plus de huit affaires importantes ont été instruites devant les cours et tribunaux et parquets de la ville de Goma (paquet de grande instance, Tribunal de paix de Goma, Auditorat Militaire Supérieur, Tribunal Militaire de Garnison de Goma, Auditorat Militaire de Garnison de Goma contre des défenseurs paysans des droits fonciers et de l'environnement. Pour le moment, des centaines des défenseurs des droits de l'environnement, et du foncier sont menacés, en fuite et recherchés. Un travail systématique sur leur situation, la documentation des cas, l'appui en leur faveur, le renforcement des capacités sur la protection et la sécurité, l'analyse sécuritaire et contextuelle, le plaidoyer et lobby, l'appui en réseautage et la capacitation en logistique et nouvelles technologies sont d'une extrême nécessité.
Les lignes qui suivent illustrent certains cas emblématiques qui me semblent utiles à signaler.

C. Illustration des cas emblématiques
Au nombre des cas emblématiques j'évoque l'assassinat de Obedi Karafulu, des éco-gardes, les meurtres des policiers et des militaires, condamnation des défenseurs des droits fonciers

1. Assassinat du Sieur Obedi Karafulu, défenseur des droits fonciers, Président du comité des anciens ouvriers à kitshanga

L'Assassinat du Sieur Obedi Karafulu , Agée de 45ans, père de 10ans Défenseur des droits fonciers et des droits environnementaux , Représentant de la communauté des anciens ouvriers des concessions SICIA, et président du comité de la structure de défense des intérêts fonciers d'une communauté de plus de 36000paysans agriculteurs , tué dans la nuit du 18 au 19 juillet

2023[26] en territoire de Rutshuru, Groupement Bishusha , en localité de Bukombo. Le défunt et ses collègues membres de 8 comités et ceux du comité fédéral se sont mobilisés à travers des actions pacifiques, lobby , plaidoyer, sensibilisation, consultation sur l'accès et gouvernance foncière, la protection de la nature, les droits à un environnement saint pour les pauvres, la lutte contre l'exploitation du pétrole et la braise dans le Parc des Virunga, ils avaient accompagné l'ACEDH et le programma GLA en récoltant un nombre impressionnant des signatures contre l'exploitation du pétrole dans le Parc des Virunga. Depuis 2004, ce monsieur a pris le devant dans les activités de mobilisation, plaidoyer et lobby en faveur des droits fonciers, lutte contre les injustices environnementale pour les intérêts sa communauté estimée à plus de 36.000 personnes. une communauté qui avait été chassé de ces concessions par les armes et autres formes des violences et se sont installé de manière éparpillé dans des camps des déplacés de Kitshanga (Mungote , Kizimba, etc.) juste avant la guerre du M23 lancé en 2022. D'autres auraient été tuées, disparues et cette opération menées par des grands dignitaires des mouvements rebelles devenus des grandes personnalités politiques, militaires en RDC après la réunification mais d'autres encore dans le M23. Obedi KArafuru et ses collègues membres du comité fédéral ont été depuis des années les cibles des arrestations, détentions, tortures, détention, harcèlement judiciaires, procès uniques et d'autres ont été tués à cause de leur liberté d'expression et d'association. Avec les actions de revendications menées et pour faciliter la stabilité et la paix dans la région, le Gouvernement Congolais à travers le Ministère Provincial des affaires foncières et la Communauté internationale à travers UN HABITAT avaient facilité des négociations entre les grands concessionnaires et la communauté des anciens ouvriers. Qu'en date du 13 Décembre 2013, un compromis sera trouvé arrêtant plusieurs recommandations que l'honorable Emmanuel KAMANZI, ancien chef de

[26] : https://www.radiookapi.net/2023/07/20/actualite/securite/rutshuru-meurtre-dun-activiste-des-droits-de-lhomme-bukombo
Meurtre choquant d'un activiste congolais : Obedi Karafulu abattu dans le territoire de Rutshuru https://linterview.cd/meurtre-choquant-dun-activiste-congolais-obedi-karafulu-abattu-dans-le-territoire-de-rutshuru/?amp
https://euro.dayfr.com/trends/547073.html
Rutshuru : un activiste des droits humains assassiné par des porteurs d'armes à Bukombo https://www.agoragrandslacs.net/rutshuru-un-activiste-des-droits-humains-assassine-par-des-porteurs-darmes-a-bukombo/
: https://apic-tv.net/2023/07/20/rutshuru-un-activiste-de-droit-de-lhomme-tue-par-des-hommes-armes-a-bukombo/
https://wab-infos.com/politique/rdc/rutshuru-assassinat-choquant-dun-defenseur-des-droits-de-lhomme-et-de-lenvironnement-a-bishusha/

département des affaires foncière à l'époque du RCD et représentant des grands concessionnaires signa avec Obedi KARAFURU (celui-ci au compte de 36000paysans) . Les autres grands concessionnaires qu'il a représenté n'ont jamais respecté préférant par contre user de leur pouvoir économique, politique, militaire pour arrêter toutes les personnes qui osent évoquer pacifiquement ce compromis ou les situations précaire des droits ces paysans violés.

Commentaires et l'inaction et responsabilité des autorités Congolaises face à la situation

Victimes des menaces, arrestations et autres formes des violences , les organisations de défense de l'environnement Les arrestations , détentions, exécution, menaces de toutes formes, les violences physiques , les procès iniques, les harcèlement judiciaires faites contre cette communauté et le comité de son organisation de base pour assurer la défense ont été faites[27] .Des plaintes déposées, des lettres pour dénoncer les graves violations des droits et libertés de ces victimes dont la lettre du 02 juillet 2022 adressé au Ministre d'Etat Ministre de la justice et garde des sceaux sous l'objet : Sollicitation d'une Commission d'enquête sur les harcèlements et abus Judiciaires contre les paysans et anciens ouvriers de la SICIA LUBOGA axe KITSHANGA Masisi-Rutshuru par l'un de Grands Concessionnaires lettre réceptionnée en

---

[27] Alain wandimoyi , Jonas Kasereka : MASISI: ACEDH accompagnatrice des anciens ouvriers, pour la mise en œuvre des résolutions pro-troc et crédit foncier en faveur des déplacés fonciers à Kitshanga. https://lacruche.net/masisi-acedh-accompagnatrice-des-anciens-ouvriers-pour-la-mise-en-ouvre-des-resolutions-pro-troc-et-credit-foncier-en-faveur-des-deplaces-fonciers-a-kitshanga/
Nord-Kivu : Halte aux Harcèlements et abus judiciaire contre les Paysans à Masisi-Rutshuru https://lacruche.net/nord-kivu-halte-aux-harcelements-et-abus-judiciaire-contre-les-paysans-a-masisi-rutshuru/
Cosmas Mungazi Kakolo : le projet « Crédit-Troc-Foncier » applaudi et accueilli par les populations sans terre de Kitshanga, les anciens ouvriers ! https://flambeauestrdc.com/nord-kivu-le-projet-credit-troc-foncier-applaudi-et-accueilli-par-les-populations-sans-terre-de-kitshanga-les-anciens-ouvriers/
https://flambeauestrdc.com/arretes-puis-tortures-les-anciens-ouvriers-vivent-dans-des-conditions-difficiles-dans-la-prison-centrale-de-goma/?amp=1
MASISI: ACEDH accompagnatrice des anciens ouvriers, pour la mise en œuvre des résolutions pro-troc et crédit foncier en faveur des déplacés fonciers à Kitshanga. https://lacruche.net/masisi-acedh-accompagnatrice-des-anciens-ouvriers-pour-la-mise-en-ouvre-des-resolutions-pro-troc-et-credit-foncier-en-faveur-des-deplaces-fonciers-a-kitshanga/
Alain Wandimoyi : Nord-Kivu : Halte aux Harcèlements et abus judiciaire contre les Paysans à Masisi-Rutshuru
https://flambeauestrdc.com/arretes-puis-tortures-les-anciens-ouvriers-vivent-dans-des-conditions-difficiles-dans-la-prison-centrale-de-goma/?amp=1

date du 09 juillet 2022 par le cabinet de madame la Ministre d'Etat, Ministre de la Justice. Dans la même correspondance , il est indiquée qu'il existe plusieurs autres correspondances même celles écrites par les avocats de la défense qui ont dénoncées les menaces, violations, arrestations arbitraires, détentions illégales, harcèlement judiciaires et bien d'autres formes des violences et que mais aucune enquête n'a été menées par les autorités. La victime a été assassiné et 5 de ses collègues membres du comité de leur structure avaient été condamnés à 20 ans de prison par le Tribunal militaire de Garnison dans l'affaire sous RP 03912/022 actuellement en appel sous RPA 1108 devant la cour Militaire ;

La presse et les déclaration des défenseurs des droits de l'homme ont indiqué que l'assassinat de Obedi Karafulu a été aussi une conséquence de l'inaction et injustice des autorités vis-à-vis des plus pauvres et l'écoute de l'opinion des plus forts dans la gouvernance de la chose publique. Cette injustice et inaction ne font que renforcer les violations des droits et libertés des défenseurs des droits de l'environnement, droits fonciers et rendent plus difficile l'action contre l'action climatique dans le Paysage Virunga.

Vulnérabilité des personnes victimes, veuves et orphelins

Obedi Karafuru, leaders de sa communauté, président du comité des anciens ouvriers, lui seul détenait les documents, notes échangées avec les autorités et les grands concessionnaires. Toutes les archives et les informations liées aux négociations, plaidoyer et les résultats en termes des compromis signés, l'ont été par Obedi Karafuru . Présentement ses frères, femmes, enfants et collègues proches membres du comité sont des acteurs à abattre pour faire taire cette communauté..

Le défunt, ses femmes, ses collègues, frères tous sont très économiquement pauvres, sont très traumatisés, désespérés, inconsolables après l'assassinat de leur leader, ne savent pas lire ni écrire et sont dans des zones sous contrôle du M23 et autres groupes armés. Donc une zone à forte insécurité.

Leur combat se mène à la base sans des structures avec des documents officiels types associations légalement formalisées, aussi ils n'ont pas des numéros des banques , des téléphones à cause de l'inaccessibilité à la nouvelle technologie , des cartes d'identités car la zone n'avait jamais connu l'enrôlement du fait de l'insécurité et ils se battaient étant reconnus par les autorités et les nations unies avec un statut communautaire. Certains acteurs pouvaient leur demander des cartes , des ordres de mission , des contrats mais eux n'en avaient pas car seul leur combat suffisait pour découvrir qu'ils sont défenseur des droits fonciers et environnementaux.

Que retenir sur les assassinats des éco-gardes ?

2. Assassinats ou exécutions extrajudiciaires des éco-gardes

La nuit du vendredi 23 décembre 2022, dans la zone communément appelé Chondo, en plein Parc des Virunga, en Territoire de Beni, une attaque armée des Mai a ôté la vie à 2 éco-gardes, Monsieur Meddy Kengu Mahomet (29 ans) et Hakizimana Ndamira Benoît (30 ans). Leur faute c'est le fait d'être au service de la conservation du Parc National des Virunga. Est-ce qu'en réalité pour ceci il fallait être tué ? L'attaque contre ces éco gardes est arrivée à un moment où, dans un passé récent, une déclaration médiatique aux allures de mobilisation avec une voix menaçante, Son excellence Monsieur M N B, Ministre de l'enseignement supérieur et universitaire (ESU) a déclaré, à travers les ondes de la Top Congo FM, le 19 novembre 2022, que «l'ICCN à travers son Directeur provincial est complice du M23 … et donne du carburant aux unités du M23 qui se déplacent sur terrain, en ajoutant qu'il est au courant des rencontres qu'ils ont eues à Matebe. Dans ses conclusions, il a fait appel au Gouvernement Congolais de rompre le contrat avec la Fondation Virunga, de révoquer le Directeur chef de Site du PNVi et de le refouler. Ceci n'était qu'un appel de plus de la même personne qui, à l'époque avait aussi lancé un message aux jeunes de Chavinyonge village de pêche de s'opposer aux éco gardes car selon lui chavingonge ne serait pas dans le Parc des Virunga. Il importe de dire que dans le contexte d'agression lancer pareil appel pourrait en réalité exposer le Parc des Virunga et son personnel à des attaques publiques du fait que la mobilisation nationale contre l'agression à créer un sentiment plus virulente contre toute personne qui serait mis en cause d'user d'une attitude complice avec le M23 ou du Rwanda. Est-ce que cette attaque contre les éco-gardes ne serait pas une réponse directe ou indirecte face à cet appel ? Seules des enquêtes officielles approfondies pourront aider à établir la responsabilité dans ces attaques face au contexte actuel du Parc des Virunga.

Dans la journée de vendredi 24 avril 2020 à 11h00, heures de l'Est de la RDC, une embuscade sur deux véhicules, dont un camion appartenant à l'Institut congolais de la conservation de la nature (ICCN), a coûté la vie à douze (12) éco-gardes, un (01) chauffeur du camion, quatre (04) civils et quatre (04) éco-gardes blessés. C'était après un violant combat de près de 30 minutes sur la Route nationale 4, à proximité du Quartier-général du Parc National des Virunga à Rumangabo, que les victimes avaient succombé.

Les victimes parmi les effectifs du Parc National de Virunga sont les suivantes : ABEDI IYALU Kadhafi, garde (23 ans) ; ANUARI BIHIRA Lumumba, garde (27 ans) ; BADI MUKANDAMA Djamali, garde (27 ans) ; FAZILI JUSTIN Junior, garde (29 ans) ; KAMBALE MUTSOMANI Jean-Louis, garde (31 ans) ; KAMBALE TEREMUKA Jules, garde (28 ans) ; KASOLE JANVIER Joseph, garde (30 ans) ; MASUMBUKO MALEKANI Rufin, chauffeur (40 ans) ; MUGISHO KULONDWA Augustin, garde (27 ans) ; MUHINDO ISEVIHANGO Jeannot, garde (30 ans) ; MUHINDO KATEMBO Jacques, garde (29 ans) ; NDAGIJIMANA NDAHOBARI Héritier, garde (27 ans) ; et PALUKU KALONDERO Moïse, garde (30 ans). Les tueries contre les éco-gardes ne datent pas d'aujourd'hui. Ils sont des cibles pour les groupes armés et bien d'autres acteurs impliqués dans l'exploitation et le pillage des ressources naturelles. Selon des sources proches[28] du lieu du drame et les analyses faites en lien avec le mode opératoire des acteurs criminels, les membres du groupe armé Force Démocratique pour la Libération du Rwanda/ Forces combattantes Abachunguzi (FDLR –FOCA) seraient identifiés comme auteurs de cet attaque organisée. Un véhicule transportant des civils se trouvait à proximité après avoir déjà été pris pour cible par les assaillants avant l'arrivée des gardes. Les motifs de cette embuscade ne sont pas encore bien connus. Cependant, il ressort de l'analyse du contexte qu'il pourrait s'agir d'une attaquée motivée par l'expression de la violence par les forces et groupes armés qui sont restés contre toute initiative visant l'application de la loi en lien contre le trafic illicite de la faune et flore sauvage. Il faut signaler que les groupes armés dans le paysage Virunga n'ont qu'un seul agenda l'exploitation et trafic illicite des ressources sauvages et ils en font le plan et stratégie sécuritaire et de déstabilisation des institutions.

Les FDLR, qui vivent des activités de la carbonisation et du trafic illicite des espèces sauvages, faisaient face aux opérations militaires menées à cette époque contre eux dans et autour du Parc des Virunga. C'est pourquoi leur colère semble s'être versée sur les éco-gardes qui font de l'application de la loi leur préoccupation première.

Le phénomène Makala, c'est-à-dire l'exploitation des braises, est l'une de leurs sources d'approvisionnement en moyens financiers. Leur survie et leur existence comme groupe armé se justifient par le souci de l'exploitation et du trafic des ressources naturelles. Les FDRL ne démontrent pas une ambition politique ou militaire de s'organiser pour prendre le pouvoir au Rwanda.

[28] Rapport de monitoring sur la situation et attaques contre les éco garde , messages sécuritaires reçus des points focaux sur les axes Rugari et Rumangabo et entretiens

Les éco-gardes de l'ICCN sont des agents de l'Etat chargés de l'application de la loi sur la conservation de la nature. Ils n'ont pas un statut militaire et leur action ne relève pas du droit des conflits armés. Dans ce cadre et au regard de la Déclaration sur les défenseurs des droits de l'homme, adoptée par l'Assemblée générale des Nations unies en date du …., les gardes Parc sont, par action, des défenseurs de l'environnement même si ce sont en même temps des fonctionnaires de l'Etat affectés dans le domaine précis de la conservation de la nature,. Ils ont été tués par le fait qu'ils défendent le Parc des Virunga et ses éco-systèmes. Cette tuerie est un acte de cruauté contre la vie humaine et une atteinte grave sur les droits et libertés des défenseurs des droits de l'environnement.
Je signale en outre les arrestations et les détentions arbitraires et les assassinats des policiers et des militaires au point suivant.

3 Arrestations et détentions arbitraires, assassinats, meurtres, menaces de mort, torture et harcèlements policiers, militaires et judiciaire

Plusieurs cas montrent que des défenseurs des droits fonciers et des droits de pêche ont été arrêtés, détenus illégalement et torturés sans que les autorités n'en fassent l'objet d'une préoccupation fondamentale. D'autres défenseurs ont été menacés de mort ou forcés de se déplacer de leur lieu de travail contre leur volonté du fait des harcèlements policiers, judiciaires ou militaires. La banalisation des atteintes à la vie humaine est devenue récurrente à l'Est de la RDC. A cet égard, plusieurs cas méritent d'être signalés, en commençant par celui de Mbiirwa Mwinongo Munoka III, chef coutumier dans l'agglomération de Kibirizi, dans la chefferie de Bwito, et militant défenseur du Parc des Virunga. Père d'une famille nombreuse, il a été assassiné nuitamment par balles, dans sa maison, le 11 mars 2019 à Kibirizi par des hommes armés présumés appartenir au groupe armé Mai-Mai, mais les commanditaires de cet acte seraient des membres de la direction locale de la Fédération des entreprises du Congo (FEC) réunis dans une structure dite « Comité des agriculteurs du Graben ». Selon des sources locales, le motif de son assassinat serait le fait qu'il serait très proche de l'ICCN et s'opposerait aux activités de culture dans le PNVi.
Un autre cas est celui de l'assassinat de Monsieur Kakule Malyabo Emmanuel. Il s'agit d'un pêcheur qui avait été lâchement abattu par un élément des FARDC dans l'enclave de Vitshumbi. Les pêcheurs étant des acteurs contribuant à la protection des ressources naturelles dans les zones riveraines du PNVi, l'ACEDH avait accepté d'accompagner sa famille en justice. Le dossier est en instruction à l'Auditorat supérieur opérationnel sous RMP 1469/MAS/019. Il n'attendait que d'être envoyé en fixation pour examen par la Cour militaire opérationnelle.

Par ailleurs, il y a le dossier judiciaire à charge de Monsieur PASCAL MBAKULA et consorts. Tous sont des défenseurs de l'environnement qui participent à plusieurs actions de lutte contre la destruction des ressources halieutiques du Lac Edward. Ils avaient été trainés en justice, au Parquet de grande instance de Goma, pour avoir détruit illégalement les poissons d'une dame influente dans la Pêcherie de Vitshumbi. Et pourtant, cette dame avait été interceptée par les services habilités à savoir le service judiciaire à travers les Officiers de police judiciaire quand elle voulait trafiquer une espèce des poissons issus de la pêche illicite. Ces poissons devaient détruits par des agents qui ne pouvaient pas être poursuivis pour un acte accompli dans le cadre de leurs fonctions officielles. Fort heureusement, ce dossier sous RMP 5636/PR/SKF avait été classé sans suite grâce aux interventions des avocats verts de l'ACEDH. La plaignante était plutôt animée par un esprit antipathique non seulement vis-à-vis des ressources naturelles du PNVi, mais aussi contre ceux qui les défendent. Madame KANYERE ZIZINA a toujours profité de la représentante du parti politique présidentiel dans la pêcherie de Vitshumbi pour faire tout ce qu'elle veut.
En dates du 05 et 19 janvier 2020 à Kitshanga, une cité située en cheval des territoires de Masisi et Rutshuru, trois membres du Comité fédéral des anciens ouvriers des concessions société internationale pour le commerce international et agriculture (SICIA), du Block société Nationale du Kivu (SNKI) avaient été arrêtés par des militaires du 3411ème Régiment des FARDC. Ces arrestations avaient été facilitées par l'influence d'un politicien et l'un de grands concessionnaires dans la zone, dont le nom est représenté KRE, qui est un ancien dignitaire de la rébellion du Rassemblement congolais pour la démocratie (RCD), soutenu par le Rwanda. Les victimes avaient été détenues illégalement dans un cachot souterrain pendant plus de 10 jours et étaient soumises aux actes de torture à base de bastonnade, coups de points, fouets, poignets au dos et sur la poitrine. Poursuivis pour plusieurs faits imaginaires, à savoir, la détention illégale d'armes et participation à un mouvement insurrectionnel, ils avaient été transférés au Parquet de grande instance de Goma. Sur demande du concessionnaire sus-évoqué, le dossier sous RMP5770/PR/IM fut ouvert à leur charge mais pour d'autres faits infractionnels, à savoir, occupation illégale de terre et menace de mort. Il s'agissait de Monsieur Obedi Karafulu , Président du Grand comité des anciens ouvriers et volontaire dans la mobilisation en faveur des droits fonciers et la gestion des conflits fonciers. Marié et père de 7 enfants ; il est l'un des négociateurs du compromis entre les grands concessionnaires et anciens ouvriers lors des assises facilitées par l'Organisation des Nations unies ONU et le Gouvernement congolais singé en 2013. Il est très actif dans les actions de revendications des droits fonciers des plus faibles et des femmes des anciens ouvriers. L'autre victime c'était Monsieur JOHN NDIANABO HABIMANA, Secrétaire du grand Comité des anciens ouvriers, actif dans le comité et sensible aux droits des paysans à l'accès à la terre. Il aurait été arrêté

pour avoir sensibilisé les autres membres du Comité des anciens ouvriers d'écrire une lettre aux autorités afin de dénoncer l'arrestation et la détention illégale de leur Président par les FARDC. Il faut ajouter Monsieur NDUNGUTSE BASABOSE, qui est un paysan, d'une descendance des anciens ouvriers, père de 8 enfants et de la confession religieuse catholique. Il avait été arrêté pour avoir accédé à son champ alors qu'il respectait, comme les autres, le compromis signés avec les grands concessionnaires.

Les arrestations, détentions, exécution des défenseurs des droits fonciers à cause de leurs actions au profit des communautés locales est une stratégie pour faire taire les revendications des droits et d'accès à la terre des paysans. Dès lors, le paysan est obligé d'abandonner son droit d'accès à la terre. La justice est utilisée comme un instrument pour terroriser les plus faibles et les faire taire. Des actes d'antivaleurs comme la corruption et le clientélisme sont monnaies courantes au sein même de l'appareil judiciaire qui était pourtant censé être le dernier rempart de la protection des DDEF. L'impunité due à l'absence de l'autorité de l'Etat ainsi qu'à la corruption doivent faire désormais l'objet d'une attention particulière de la part des personnes occupant des positions de prise de décisions à tous les niveaux de la vie publique, tant nationale qu'internationale.

Les défenseurs des droits fonciers ont été condamnés injustement comme je le fais observer au point suivant.

4 Condamnation injuste des défenseurs des droits fonciers

Il s'agit de cinq défenseurs membres influents du Comité des anciens ouvriers représentant plus 36.000 paysans sans terre, vivant dans les camps des déplacés en toute pauvreté aigue. Ils avaient été attraits en justice de manière punitive en passant par le Parquet de grande instance de Goma. C'est le même magistrat qui a toujours été utilisé par l'Honorable EKR qui avait émis un mandat d'amener contre une vingtaine des membres du Comité des anciens ouvriers avant d'être transférés à l'Auditorat militaire de garnison. Cinq sur une vingtaine des personnes poursuivies avaient été mis aux arrêts suite à une procédure qui violait les règles relatives au droit à un procès équitable. Leurs poursuites n'avaient d'autre fondement et mobile que les indices sérieux du triomphalisme et de la corruption des intervenants membres de l'appareil judiciaire L'affaire était inscrite sous RP 03912/022 et opposait le Ministère public et partie civile contre les prévenus et défenseurs des droits fonciers ci-après : BIHOYIKI, SIBO KANYANZIRA, GATO MIJORANO, TUYENABO HABIMANA, NDESHO KABWENE.

. Les observations factuels et les agissements enregistrés pendant le déroulement du procès et surtout la violation intentionnelle des règles de procédure sont des éléments pertinents qui faisaient entrevoir une corruption ayant pour but la condamnation programmée de ces paysans vulnérables, en dépit des arguments fondés soulevés par leurs avocats lors de la plaidoirie.

D'autres paysans défenseurs des droits fonciers avaient été arrêtés avant 2020 par les militaires des FARDC en exécution d'un mandat d'amener émis par un magistrat du Parquet de grande instance de Goma sous RMP 5770/IM. Après plusieurs tractations et l'absence du plaignant, Honorable E K R, la liberté provisoire leur avait été accordé, mais le dossier était envoyé en fixation devant Tribunal de paix de Goma et plaidé sous RP 1868Bis. Jusqu'à ces jours ils sont en attente de la décision.

En août 2021, un mandat d'amener collectif avait été décerné contre les mêmes personnes par l'Auditorat supérieur du Nord-Kivu pour les infractions d'associations des malfaiteurs et de participation aux mouvements insurrectionnels, à la suite de la plainte du même Honorable EKR qui voulaient faire obstacle aux réclamations par ces paysans de l'application des compromis signés sous la médiation du Gouvernement provincial et de l'UN HABITAT.

Le dernier acte de manipulation de la justice par cet ancien cadre de la rébellion du RCD date du 11 avril 2022 dans l'affaire inscrite sous RMP 008/PR/IM. Il a instrumentalisé la justice pour faire arrêter les membres du Comité des anciens ouvriers de la SICIA.

L'arrestation des cinq personnes sur la liste de la partie Honorable EKR est intervenue au même moment que le Gouvernement congolais, à travers le Ministère des affaires foncières, a lancé des assises à Kinshasa aux fins de trouver des solutions autour des conflits sur les différentes concessions. La partie civile craignait de voir le Comité des anciens ouvriers venir y participer et révéler certaines vérités accablantes qui impacteraient sa position. Toutes ces procédures judiciaires iniques passant par des arrestations sélectives contre notamment les membres de ce Comité sur la base des charges fallacieuses et imaginaires ont pour but de mettre les paysans en situation difficile pour ne pas participer aux débats avec la Succession Mwenenge, l'Etat Congolais et les grands concessionnaires. Poursuivis pour associations des malfaiteurs, occupations illégales et incendies criminelles, aucune preuve matérielle n'a été fournie pour appuyer les accusations contre les 5 défenseurs des droits fonciers. Mais le tribunal a fini par les condamner à 20 ans de servitude pénale principale par un jugement prononcé sur dispositif en date du 25 Novembre 2022 en violation des droits et libertés reconnus aux citoyens. Jusqu'en date du 15 décembre 2022, le jugement n'a jamais été déposé au

Greffe pour que les personnes condamnées prennent connaissance des faits et de la motivation qui ont conduit à leur condamnation.

Il est très étrange de poursuivre cinq défenseurs des droits fonciers par le seul fait qu'ils auraient leur association pour la défense des droits fonciers et des investissements agricoles de leurs communautés, alors que la liberté d'association est prévue par l'article 37 de la Constitution de la RDC. Il s'agit aussi une atteinte aux droits et libertés de penser et d'expression reconnus aux défenseurs pour revendiquer les droits de leurs communautés. Ils ont donc été injustement condamnés par la justice qui devrait plutôt les protégés. Le Tribunal aurait pu s'inspirer des recommandations contenues dans la Déclaration onusienne sur les défenseurs des droits de l'homme pour constater le caractère inique des poursuites contre ces défenseurs de l'environnement et des droits fonciers locaux. En l'occurrence, il est étrange qu'un tribunal qualifie d'association des malfaiteurs un comité légalement créé et officiellement reconnu, dont les membres sont quotidiennement invités par les autorités aux fins de discuter des actes et du sort des communautés locales et de 36.000 personnes victimes d'injustice et de privation des droits du fait de la situation de guerre[29]. .

Au demeurant,, la décision intervenue pendant que le M23 était sur la porte de Goma était prises sous l'empire d'un environnement coercitif entrainant une crainte supposée dans le chef du juge au regard de l'influence qu'a la partie civile, à savoir l'Honorable EKR, sur certains rebelles. Cette affaire rappelle des cas des pressions et d'attaques contre les acteurs de la société civile dans des dossiers comme l'affaire relative à la spoliation du Parc de Nzulo ou la construction d'une institution d'enseignement supérieur dans le Parc à Kyavinyonge par le Minisitre de l'ESU. Il y a aussi des attaques contre des acteurs d'organisation militant contre l'exploitation du pétrole dans le Parc National des Virunga. Ces attaques sont l'expression d'une intolérénce violente contre les droits et libertés d'expression, d'association et d'opinion ainsi que les droits d'accès à l'information d'intérêt public dont les défenseurs des droits fonciers et de l'environnement sont victimes au Nord-Kivu.

[29] Echange avec les prévenus, Conseils et autres défenseurs des droits fonciers et de l'environnement et des droits fonciers dans la Zone du Paysage Virunga

5. Réactions aux atteintes aux droits des défenseurs des droits environnementaux et fonciers

Dans une certaine mesure, le Gouvernement congolais a une grande responsabilité dans la situation des défenseurs paysans des droits fonciers. Les autorités semblent ne pas être sensibles face à la situation des défenseurs paysans de l'environnement et des droits fonciers. L'Etat, de par son inaction dans la prise des mesures de sécurité et protection, est tenu responsable de ces arrestations arbitraires et détentions illégales commises par ses préposés. Bien plus, le fait que certaines personnes profitent de leur position politique et économique pour utiliser la justice contre les paysans vulnérables est une atteinte grave au droit à l'accès à la justice. Le principe de l'égalité des armes voudrait que même les plus faibles soient aussi sécurisés par le pouvoir judiciaire. Pour les éco-gardes tués et les défenseurs des droits de pêche, la justice marche à pas de tortues alors que la population et les proches des victimes ont besoin de la vérité sur les morts et manifestent le besoin de voir les auteurs des tueries être traduits en justice et qu'ils répondent de leur actes.

Ce sont les acteurs de la société civile qui manifestent un intérêt pressant pour apporter leur solidarité aux victimes des violations des droits et libertés des défenseurs des droits humains. Cependant, pour les cas des paysans qui se battent pour le droit d'accès à la terre et les éco-gardes qui se font tuer pour la cause de la faune et de la flore, ils ne jouissent pas totalement de la solidarité comme défenseurs des droits de l'homme. Il se pose un problème de compréhension et d'interprétation de qui est défenseur des droits humains et qui ne l'est pas. Il est donc important à ce que les grandes structures de défense des droits des défenseurs de l'environnement puissent préciser les choses car aux termes de la Déclaration des Nations unies sur les défenseurs des droits de l'homme, l'élargissement de la définition prend en compte quiconque défend les droits de l'homme sans faire recours à la violence. Dans ce cas, étant donné le principe selon lequel ce qui n'est pas interdit est permis et toute exception doit être écrite, on peut dire que les différents acteurs environnementaux et fonciers sont bel et bien des défenseurs des droits de l'homme au regard des activités qu'ils mènent en faveur de leurs communautés victimes des violations de leurs droits.

L'ACEDH a procédé à la documentation des violations des droits et à leur analyse, fourni l'aide légale et entrepris des actions de plaidoyer. Avec l'appui des partenaires comme IUCN Pays Bas, ELAW USA, Front Line Defenders, elle a mené des actions de plaidoyer qui ont permis d'atteindre des résultats tangibles. En effet, des défenseurs des droits fonciers détenus irrégulièrement ont été mis en liberté provisoire. De même, un plaidoyer auprès des autorités militaires a permis d'éviter l'immixtion des militaires dans les conflits fonciers en Territoire de Masisi. L'ACEDH a également fait le suivi des affaires ouvertes à charge des défenseurs en mettant à leur disposition des avocats verts pour assurer leur défense.[30] Avec l'aide des partenaires, elle suit d'autres affaires en cours d'investigation dans lesquelles les auteurs des atteintes aux droits des défenseurs des droits environnementaux et fonciers pourraient être poursuivis. On peut notamment citer le cas de Monsieur MWANZA SABU BOBOTO, un agent Du Service de l'agriculture pêche et élevage (AGRIPEL) contre un officier de la force navale des FARDC. Dans cette affaire l'officier de la force navale des AFRDC aurait torturé ce défenseur de l'environnement pour la simple raison qu'il se serait opposé à la vente de plus de dix pirogues sans numéros, utilisées souvent dans la pêche illicite. Une plainte est en voie d'être déposée à l'Auditorat Militaire supérieur du Nord-Kivu pour que l'officier militaire et d'autres présumés auteurs des actes illégaux soit entendus devant le magistrat. Il en est de même de l'affaire de Monsieur MBAY MAKAYANGA, Président de la société civile locale de Vitshumbi qui a fui la zone après qu'il ait été menacé par un élément des FARDC à qui il interdisait de vendre les sacs de braises exploitées dans le PNVi. Ces faits se sont déroulés le 26 avril 2020. Il y a lieu d'ajouter l'affaire de Monsieur KAKULE JETEME, un milicien mai-mai et général autoproclamé qui s'était rendu aux FARDC. Il aurait été auteurs de plusieurs crimes dont ceux liés aux attaques contre les éco-gardes de l'ICCN et les pêcheurs..

Toutes ces actions contre les auteurs des actes illégaux contre les défenseurs de l'environnement et de la terre doivent reposer sur la volonté des victimes à obtenir la justice. Il faut aussi des moyens logistiques et financiers pour les défenseurs. Il faut aussi réappeler le cas d'assassinat de Monsieur Obedi Karfuru , cet assassinat aussi est un cas que les organisations de défense de l'environnement et fonciers avaient dénoncé et ont sollicité des enquêtes mais aucune action politique ni judiciaire n'a été faite depuis sa mort. Un effort avait été fait par Fronte line défender pour rendre public la situation au niveau international.

Quels sont les défis en matière de protection des droits et libertés des défenseurs environnementaux et fonciers ? Tel est l'objet du point suivant.

---

[30] Une grande partie des faits relatés est tirée des éléments des rapports des Avocats Verts de l'ACEDH et des reçues des défenseurs de l'environnement, acteurs de la société civile du Nord Kivu et autres informations tirées des conservations orales

Section 2. Défis en matière de protection des droits et libertés des défenseurs environnementaux et fonciers

Au Nord Kivu il existe plusieurs initatives et des ressources mises à la disposition des défenseurs des droits humains en général en faveur de la protection des défenseurs environnementaux et des droits fonciers Il s'agit des mécanismes privés de protection. Mais il est important de prévoir des mécanismes de protection publique ou mixte qui n'ont pas la même efficacité et effectivité que les mécanismes privés

Les mécanismes privés sont essentiellement les ONG, les mouvements citoyens, les médias, les syndicats et les confessions réligieuses. Ils jouent un rôle préponderant dans la prise en charge individuelle, c'est-à-dire la protection mettant au centre le défenseur en situation difficile. Des nombreux progrès ont été réalisés pour ques des iniatives de solidarité et de prise en charge soient mises en place au nivau de la société civile du Nord-Kivu. Ceci permet de pallier à l'inéfficacité des mécanismes de protection publique, tels que la bureau de la représentation provinciale de la Commission nationale des droits de l'homme (CNDH), la coordination foncière, l'édit portant protection des défenseurs des droits de l'homme au Nord-Kivu ainsi que les cours et tribunaux. Ces mécanismes publics n'ont pas la légitimité équipollente à celle des mécanismes privés.

Eu égard à ce qui précède, les défis en matière de protection des défenseurs de l'environnement et de la terre sont nombreux. Ils sont à la fois subjectifs et objectifs et se rapportent aux problèmes d'accès aux mécanismes privés de protection et à ceux devant assurer la protection publique.

A. Accès difficile aux mécanismes privés de protection

Il est vrai que les mécanismes de protection et d'appui en faveur des défenseurs des droits fonciers et de l'environnement sont par leur nature disponibles à tous les défenseurs. Cependant, les échanges avec des défénseusrs locaux et ceux non affiliés à des organisations types formelles permettent de constater l'existence de plusieurs obstacles sur le plan subjectif et objectif

1. Obstacles subjectifs

Le premier obstacle est le niveau d'instruction et l'aptitude de s'adapter aux outils de protection. Dans la province du Nord-Kivu, plusieurs défenseurs des droits fonciers et défenseurs environnementaux n'ont pas des organisations bien répertoriées et connues par les partenaires de la société civile qui accompagnent des programmes de renforcément des capacités ou d'accès à l'information. Les défenseurs paysans sont nombreux et abattent un travail de géant en faveur de la sauvegarde des droits fonciers des communautés locales. Ils se battent par le bon sens et par le souci de protéger leur terroir, leur forêt, leurs champs, leurs régimes de pêche. Ils défendent les droits des agriculteurs et bien d'autres personnes intéressées. Le problème est que nombreux d'entre eux prennent ces risques en faveur de tous et pour la communauté alors qu'ils n'ont pas un niveau d'instruction élevé. Certains ne savent même ni lire ni écrire. Les outils et les voies pour accéder à une assistance sont plus favorable à une catégorie des gens qui savent lire et écrire à la limite, si tant est que l'on doit compléter des documents tels que des formulaires ou des fiches spécifiques.

Le deuxième défi est lié aux critères d'éligibilité qui exigent des references nationales et internationales pour que son travail soit connu ou pour que la qualité de défenseur des droits humains soit reconnue. Et pourtant du fait de leur faiblesse intellectuelle, les paysans ne peuvent pas être en mesure de consulter l'internet ni remplir des fiches. Leur travail parfois un grand impact mais demeure inconnu parce qu'ils n'élaborent pas des rapports standards. Ils ont des resultats à faire valoir mais ils restent dans l'ombre.

Un trosième défi c'est la langue utilisée et l'accès difficile à un interpréte d'une langue locale en langue des mécanismes. Certains défenseurs ne parlent que des langues locales tandis que les rélais des mécanismes s'expriment en français, anglais ou difficilement en Swahili. Par conséquent, il leur est difficile d'exprimer leurs idées et de se faire écouter. Dans ces conditions, nombreux n'ont pas accès aux services malgré la dispobilité de ces derniers. Il faut ajouter les conditionnalités très théoriques et difficiles à remplir pour avoir accès à une assistance. Il semble que les mecanismes agissent moins dans le format de l'accompagnement préventif que dans le format de constat post dégats. Dès lors, certains défenseurs se demandent si pour être éligible à une assistance en tant que DDEF, la condition principale ne serait-elle pas d'être déjà victime des menaces déjà concrétisées avec des pertes averées.

Lors d'une formation à Kitshanga dans le territoire de Masisi, un paysan a fait ce témoignage : « Nous, nous travaillons juste pour nos communautés et pour voir si nos terres et notre parc peut être protégé. Ceux qui connaissent que nous travaillons sont nos bourreaux, car ce sont eux qui nous font arrêter Comment nos collègues peuvent-ils accéder aux mécanismes de protection alors qu'ils ne savent pas lire ni ecrire ? Ceux qui savent écrire exigent parfois d'être payés alors que nous n'avons rien à donner. De même, nous ne savons pas utiliser l'internet qui, du reste, n'existe pas chez nous à Bishusha »[31]

Le quatrième défi c'est le rapport des faux cas ou des cas mensongers, le clientelisme et la camaraderie dans le processus d'accès aux appuis. En réalité, du fait des appuis financiers et des opportunités pour aller en exil en Europe pour y rester, certains cas des défenseurs des droits de l'homme auraient été vus comme faux, fabriqués et rapportés dans le but d'obtenir l'exil ou des moyens financiers.[32] Il existerait également des cas isolés des personnes jouissant de la credibilité des mécanismes qui exigent des contre-parties ou des recompenses pour témoigner en faveur des cas qui sont vrais. Si le défenseur n'est pas de son obédience éthnique ou de son réseau ou encore s'il a déjà eu des désaccords avec certains responsables des mécanismes dans le passé sur un sujet ou une idée donnés, son cas ne peut pas être rapporté alors qu'il fait face à des ménaces averées. L'on signale aussi que certains cas des conflits entre organisations ou acteurs jouent en défaveur d'accès aux services des défenseurs locaux. Certains ont dénoncé des cas isolés des « Kingia Pori », en quelque sorte un pont des vins ou une retrocommision pour certains acteurs ruraux qui sont souvent contactés pour vérifier des situations.

Le système pour reccueillir les renseignements ne joue pas en faveur des défenseurs des droits humains dès lors que cela passe par plusieurs personnes qui n'ont pas nécessairement un degré d'objectivité bien établi. N'est-il pas suffisant de s'adresser à un nombre limité des renseignants et surtout prendre en compte les actes objectifs, telle qu'une plainte déposée auprès d'une instance judiciaire, pour agir en faveur des défenseurs au lieu de s'adresser aux personnes dont la crédibilité reste douteuse. Limiter les faux cas devrait passer aussi par la mise en place des listes fichées, en y indéxant les défenseurs ayant été pointés comme étant à la base des faux cas.

---

[31] Débat général d'échange entre défenseurs des droits fonciers et défenseurs de l'environnement dans une réunions à Kitshanga en 2017, sous l'appui de protected défenders , Pi, réunion acteurs de la société civile de la sous coordination foncière et les défenseurs sans organisations formelle (défenseurs fonciers, les tradi praticiens, les défenseurs de l'environnement, les pêcheurs ....) salle Nyarusumba lodge

[32] Entretiens avec des acteurs des mécanismes locaux et régionaux sur la question des témoignages à Dar es salam ? Tanzanie en 2018

Le cinquième défi c'est la faible implication des défenseurs dans le choix et la décision à cause des coûts à allouer aux charges de leur protection et des cas des conflits d'intérêts. Les défenseurs sont satisfaits de la présence des mécanismes et des ressources disponibles. Cependant, certains émettent des critiques sur la manière de prise en compte des besoins bien qu'approuvés. D'une part, l'on accepte la situation de la victime et la gravité de son cas, mais, d'autre part, quand sa demande est approuvée, ses vrais priorités et la nature de sa situation ne sont pas pris en compte. Certaines demandes seraient même approuvées à moins de 30% des besoins exprimés. Et c'est la personne en charge de traiter le dossier qui décide parfois selon ce qu'il pense sans que des critères objectifs soient établis. Dans certaines décsions les rélations ou connexions personnelles entre acteurs comptent pour que la demande soit acceptée à 100% ou pas. Seul le donnateur ou sa personne contactée a le dernier mot sur la demande et l'aide à accorder au défenseur. Les mécanismes décident souvent sans tenir compte des vrais besoins des défenseurs. Certaines réfences sous estimés même les ménaces des défenesurs alors que la situation est très risquant. Deux exemples peuvent illistrés cette affirmation : a Ruthsuru , l'on a remporté un cas d'un défenseur qui était recherché par les rebelles et qu'il fallait l'aider et l'évacuer, selon une source locale, le mécanisme international saisi a arrêté le processus du fait qu'une référence locale aurait rapporté que le cas n'était pas juste et que c'est une un incident de sécurité. Deux jours après le défenseur a été arrêté par les rebelles du M23. Un deuxième cas , c'est un défenseur environnementaux ménacés , les bourreaux sont allés jusu'a empoisonner tous ses chiens de sécurité qui servaient de boulier de protection de sa cloture. Ce DDE a sollicité un appui, et son besoin exprimé était qu'on l'aide avec un chien pour sécuriser sa parcelle en terme de protection élargie à la falille. Le mécanime saisi après avoir demandé les dévis , a seulement gardé silence . Mais selon les informations , ce silence était un réjet de la demande avec pour raison qu'un chein ne peut pas coûter 500$. Ce ci démontre que le pourvoyeur de service de protection veut aider selon ce qu'il pense bien même si cela n'apporte en rien une solution car les chiens de sécurité et protection coûte plus de 4500$ bergers Allemands. Estimé que 500$ c'est beaucoup pour un chien de sécurité peut relever de fois de quel genre de chien on pense. Il est vrai qu'il y a un chien qui côute 20$ peut être pour les activités de braconnage et non pour la sécurité. La sécurité de défenseur de l'environnement merite un investissement important aussi au-delà des valeurs monnaitaires qu'on peut estimer débourser , l'important est de sauver la vie et améliorer la situation des DDE et DDF.

Certains acteurs des mécanismes de protection seraient également en relation famillaiale ou d'affaire ou autre avec des acteurs politiques, militaires ou des auteurs des ménaces. Il y a un besoin urgent d'arrêter des critères objectifs pour les assistances à apporter aux défenseurs des droits humains au lieu d'abandonner la question aux seules appréciations sentimentales de la personne chargée de faire le suivi des cas ; ce qui est une façon d'ouvrir la brêche aux magouilles et compromisssions de tout genre. Ici aussi il faut signaler de fois des cs de subjectivités de certaines personnes considérées des références internationales au niveau local qui, par mauavaise foi donnent des fausses informations démentissant que les défenseurs n'ont pas été menacés même si ils l'ont été . ce ci de fois à cause des conflits ou à cause d'autres motivations et très souvent, ces personnes de références sont les plus écoutées que les faits réels et c'est au préjudices des défenseurs en besoin.

Un sixième défi est constitué de l'ingorance de la loi et de sa qualité de défenseur. Nombreux défenseurs environnementaux et des droits fonciers sont des leaders, des acteurs investissant de manière pratique dans les fonciers, la protection, la promotion ou l'exploitation des ressources issues de l'environnement, avec un grand engagement. Certains sont des photographes paysans, d'autres des peintres bénévols, des artistes commediens, des artistes musiciens traditionnels, des syndicalistes agricoles, des pêcheurs, des femmes vendeuses des poissons, légumés, tomates et piments. Ils contribuent tous efficacement à la promotion de l'environnement même s'ils ne savent pas eux-mêmes qu'ils sont des défenseurs. Ces derniers sont parfois arrêtés, battus et discriminés du fait de leur action en faveur de la nature. Mais la société ne les reconnait pas parfois, tandis qu'eux-mêmes ne savent pas qu'ils sont des défenseurs de l'environnement de part le travail qu'ils rendent aux communautés et à l'humanité.

Le dernier défi sur le plan subjectif est le complexe d'infériorité vis-à-vis d'autres catégories des défenseurs. En réalité le fait que la dynamique environnementale et foncière soit de plus en plus réservée au monde rural, peu d'iniatives d'encadrement et de mouvements civiques s'interessent à la viabilisation des connaissances et à environnement institutionel des acteurs ruraux alors qu'il y a plus des problèmes de protection et de sécurité que dans le domaine des droits civils et politiques. La presse nationale et internationale, les acteurs onusiens et les ONG semblent plus focaliser leur attention sur les acteurs de la société civile travaillant sur les questions des droits civils et politiques et ceux évoluant dans des organisations structurées et répertoriées. Ainsi, ces acteurs locaux ont du mal de se considérer comme des défenseurs au même titre que les autres qu'ils estiment être des défenseurs des droits de l'homme.

Que retenir des obstaclrs objectifs ?

2. Obstacles objectifs

Parmi les défis objectifs, il convient de citer la prédominance bureaucratique et informatique pour la mobilisation des mécanismes de protection En fait, les mécanismes de protection sont des très bons programmes mais ceux-ci ont des outils, des critères et des conditionnalités très bureaucratisées qui ne sont pas adaptées aux réalités du terrain et de la vie sociale et économique des défenseurs de l'environnement. Pour soumettre une demande d'appui, il faut des outils qui exigent des études et l'accès à des outils informatiques. Ces connaissances et outils ne sont pas accessibles ni disponibles dans les perimètres de travail des défenseurs locaux. Dans certaines demandes, l'on exige, entre autres, des adresses é-mails, des adresses physiques, des numéros de compte, des partenaires finaniers, des réseaux d'affiliation, des factures proformats et le contact du fournisseur des services de protection avec numéro Banque.

En réalité, les procédures mises en place sont bonnes pour une bonne gouvernance des moyens et la justificaction au-près des partenaires, mais dans la réalité et du côté des défenseurs les plus vulnérables et locaux, certaines procédures sont des blocages et obstacles d'accès aux services.

Au Nord-Kivu, les défenseurs locaux de l'environnement prennent beaucoup de risques en défendant les droits des autres et les droits de la nature tout en résidant dans des coins recculés et des villages isolées, où toutes les transanctions fiancières se font de gré à gré. Une fois en difficulté et en besoin d'accès aux mécanismes de protection, leur exiger des documents qu'ils n'ont jamais vus et inexistants dans leur milieux constitue un grand obstacle d'accès aux services sollicités.

Un autre défi est l'obstacle géo-stratégiques, , sécuritaire, delais de l'offre de protection. De nombreux cas des défenseurs environnementaux et des droits fonciers exercent leur travail dans des milieux très réculés et à forte insécurité. Il n'y a pas souvent de services essentiels pour faciliter la récolte des données, le suivi et le traitement de leurs demande pour leur accorder un appui juste. Les milieux ne sont pas souvent accessibles à cause soit des mauvaises voies de communication, soit du non-accès aux nouvelles technologies de l'information et de la communication. Il est parfois difficile aux mécanismes de vérification saisi de bien documenter les faits ou même d'accéder aux informations. Il faut aussi ajouter la question des délais qu'on accorde pour une protection qui , au regard de la situation et environnement sécuritaire des DDE et DDF au Nord Kivu n'est pas adapté. Le délais de 3 mois renouvellable souvent prend fin sans que les conditions ne soient améliorées en faveur du DDE et DDF et cela fait qu'il est obligé de rentrer dans le même environnement et affronter les risques. Les delais devraient dépendre de la sitation et contexte du défenseur, la nature d'attaques subies, les auteurs et l'environnement global de son Pays. C'est par exemple un DDE, DDF de Rutshuru qui serait sous appui depuis Juin pour 3 mois , alors que juqu'en avril 2023, la situation ne s'améliore pas en sa faveur quel sera son sort ?

Un autre Obstacle est l'accès aux titres des voyages et maîtrise des langues internationales : en réalité, nombreux défenseurs environnementaux et fonciers n'ont pas des documents leur facilitant de voyager de la RDC vers un Pays étranger. Ce ci est un obstacle dans la mesure où, lors qu'il y a nécessité d'évacuer les DDEF , le mécanisme manque une option à prendre même si après analyse les cas nécessiteraent une évacuation. Nombreux défenseurs locaux aussi n'ont pas une forte capacité intellectuelle / Etudes leur permettant de parler des langues internationales comme l'Anglais et Français par exemple. Ceci leur limite d'user les mécanismes, d' acceder à d'autres opportunités en terme de capacitation et, c'est malgré le travail louable qu'ils mènent en faveur du monde entier et aux communautés locales en particulier.

Il faut reconnaître la difficulté d'accéder aux mécanismes publics locaux de protection au point suivant.

B. Accès difficile aux mécanismes publics locaux de protection

Pour les mécanismes publics de protection, notamment la police, l'Agence nationale des renseignements (ANR), la Commission nationale des droits humains (CNDH) et les services judiciaires, l'admnistration publique, l'immigration, les services consulaires .... sont très difficiles à accéder. ces obsetcles de plusieurs ordres et dictés par des imperatifs et paramètres divers. Il y a plusieurs obstacles. Si on se limite au système judiciaire, il faut faire observer qu'il est couteux et expose aux frais méconnaissables.

Certains défenseurs des droits environnementaux ou les organisations prennent des décisions courageuses en saisisant la police, la justice, les services de sécurité, voir même les autorités politico-adaminsitratives, en demandant comme en défendant. Cependant, en comparant avec les résultats obtenus par les mécanismes privés, les mécanismes publics font face à de nombreux défis. Les principaux obstacles sont :

- ✓ la corruption des certains agents dans la chaîne pénale et la multplication des frais judiciaires ;
- ✓ Des services et infrastructures innadaptés aux conditions physiques , mentales des DDE et DDF vivant avec handicape ;
- ✓ la mobilisation des procédures judiciaires soutenues à 100 % par les justiciables ;
- ✓ la longue distance entre les milieux des défenseurs environnementaux et les instances de protection ou d'application des lois ;
- ✓ la lenteur de l'administration judiciaire ;
- ✓ les bourreaux sont en grande partie des hommes économiquement, politiquement et militairement forts ;
- ✓ La Bureaucratie très complexe
- ✓ la culture de l'impunité ;
- ✓ absence d'un mécanisme d'accès à la justice à travers des procès à distance par exemple garantisant un accès sécurisé à la justice et reduisant les riesques sécuritaires et les obstacles géo stratégiques ;
- ✓ le trafic d'influence et l'injonction ;
- ✓ la pauvrété des défenseurs environnementaux face aux coûts que les voyages et les autres charges peuvent entrainer pour intenter une action légale ou judiciaire ;
- ✓ le cadre légal peu souple pour accorder une place de choix aux défis des défenseurs environnementaux ;
- ✓ l'absence d'une technoligie avancée et souple pour découvrir les numéros anonymes ou apprehender les criminels sur base des empruntes digitales ;
- ✓ l'utilisation des militaires et de certains chefs des groupes armés dans des questions environnementales et foncières ;
- ✓ la méconnaissance ou l'ingorance de la procédure et des lois de la République ;
- ✓ les difficulté d'accès aux informations d'intérêt public et des droits proceduraux environnementaux ;

A. Bureaucratie, informatique , accès à l'information et évolution technologique

Le mécanisme de protection publique et même privé évoluent sur base des indices de développement technologique assis sur une bureaucratie de fois très lourde et complexe. Bien que la technologie est très utile pour faciliter l'accès à l'information et rendre accessible le service en reduisant certains défis géo stratégiques et les risques sécuritaires. Cepandant, elle reste aussi un défi énorme pour les défenseurs environnementaux et défenseurs fonciers locaux qui ne sont pas préparés à affronter cette lourdeure administrative aux bureaucraties complexes usant la technologie informatique très avancée vis-à-vis du niveau de nombreux défenseurs environnementaux et fonciers vivant dans le monde rural et peu instruit. Ce défi est non seulement lié à la capacité d'usage de cette technologie mais c'est aussi la disponibilité ou accessiblité à celle-ci. Nombreux sont des endroits à forte besoin d'appui service des défenseurs environnementaux et fonciers où il est difficile d'accéder à l'électricité ; pourtant une des conditions préalables pour faire fonctionner un ordinateur portable ou faire fonctionner un téléphone portable par exemple. Les outils et langues utilisés pour faciliter l'accès à l'information liée aux mécanismes sont souvent innadaptés aux capacités et réalités des lieux. Ces réalités contradictoires face à un besoin d'une présence des DDE et DDF dans les endroits à forte biodiversité et très sensibles aux urgences climatiques rendent les options très compliquées dans le processus d'assurer une démocratisation des services de protection. Des procédures très fatiguant face à des besoins nécessitant des réponses urgentes....se sont là des défis que la bureaucratie, la technologie et l'informatique posent aux défenseurs locaux.

A1. Défenseurs ruraux face à la bureaucratie et au système informatique

Les mécanismes de protection publique comme privée se conforment de plus en plus à un système bureaucratique avec une administration plus structurée et parfois lente, jointe à des procédures complexes. Cette complexité, bien qu'utile pour renforcer la sécurité et la transparence dans les modes opérationnels des privés, il s'agit d'une stratégie soit de faire fatiguer les victimes, soit de solliciter des moyens ou de prendre beaucoup de temps aux fins de geler les cas au sein des institutions publiques.

Dans le secteur judiciaire, par exemple, bien que les procédures soient longues, coûteuses et très formalistes, des pratiques visant à retarder les affaires dans les circuits adminstratifs visent à solliciter la corruption de manière voilée. Un défenseur victime d'attaque ou des violations des droits introduit une plainte, mais il pourrait passer au Parquet ou à la police même 7 jours sans que la plainte soit arrivée sur la table du Procureur. Les pratiques sont telles que, pour que cette plainte avance, il faut donner des frais dits de transport ou la carte d'unités. Cette pratique est en réalité une forme de corruption ou de concussion, obligeant le justiciable à verser des sommes d'argent exigées en contrepartie d'un service public qui devrait être gratuit. Comme tels, les mécanismes judiciaires sont des obstacles d'accès aux services de protection par les défenseurs locaux, en majorité incapables de supporter, moins encore de s'adapter, aux procédures.

Une organisation traditionelle normale est parfois exigée par les bailleurs de fonds et les lois. La question serait de savoir comment réadapter les procédures aux niveaux et réalités des benéficaires des défenseurs.

Pour le problème de l'informatique ou le numérique, c'est aussi un défi pour les défenseurs locaux. Nombreux n'ont pas des notions en numérique, moins encore les possibilités d'accès à des ressources humaines capables de les épauler. Ceci les déclasse souvent carles formalités sont preque à 90% numériques, alors que les défesneurs locaux de l'environnement et du foncier sont estimés à plus de 90% sans des capacités d'utiliser les outils numériques usuels pour les demandes et les réquêtes de protection. Même s'il s'agit d'une révolution technologique, le retard en connaissance et en équipement est un défi majeur pour les DDF et DDE locaux .
Les lignes suivantes évoquent le difficile accès à l'information et à l'évolution technologique.

A.2. Accès à l'information et évolution technologique

L'accès à l'information est une étape importante d'auto-protection et de sécurité pour le défenseur lui-même. Certains défenseurs subissent des ménaces, sont torturés, arrêtés et maltraités et s'autoculpabilisent parfois car, selon eux, l'Etat ou l'autorité officiellement reconnue est le seul qui est compétent de définir l'illégal et le légal. Ceci est une conséquence du non-accès à l'information. Cet accès à l'information est un besoin global seulement pour les ménaismes de proction, mais aussi pour les procédures et leur utilisation suivant les lois, politiques et les pratiques dans le domaine de l'environnement et du foncier. Quan on est mal informé ou sous-informé, on s'expose aux risques lors des actions à mener, même que la nature et les communautés que l'on défend. Ce défi d'accès à l'information ne concerne pas seulement certains défenseurs de l'environnement et du foncier locaux mais aussi et surtout les acteurs publics chargés d'appliquer les lois et les débuteurs d'obligation de protection. Certaines autorités locales agissent contre les défenseurs locaux pas parcequ'elles veulent mais par ignorence des lois et des missions des défesneurs locaux vis-à-vis de la communauté et de l'humanité.

Conclusion

L'évolution technologique et le retard d'équipement et de la croissance des connaissances posent la question des capacités du monde rurale de s'inscrire dans cette révolution.L'informatique contribue plutôt à créer des fossés entre les défenseurs et les mécanismes de protection au lieu de faciliter leur protection efficace dans une province sans route.

Le monde devient de plus en plus numérique mais les conditions de démocratiser les outils numériques sont encore loin d'être réunies en faveur des défenseurs. La communauté des défenseurs et les mécanismes de protection devraient réflechir dans les deux sens où l'on utilise le numérique pour faciliter la bureaucratie et l'accès à l'information. Il convient aussi de savoir comment créer une transition dans le monde rurale où déjà l'énérgie et les apareils informatiques ne sont pas disponibles et accessibles alors que le besoin de protection est présent et permaent. Comment arriver à un équilibre entre la nécessité de sauvegarder l'environnement et la protection des droits de ceux qui fournissent les efforts de défense climatique ?

Chapitre III

Les options et les initiatives innovantes pour la protection des défenseurs

Ce chapitre a pour pierre de touche les options et les initiatives innovantes pour la protection des défenses.

En effet, l'avenir de la planète répose sur les efforts collectifs en matière de protection et de sauvegarde de l'environnement. Plusieurs réunions, conférences, résolutions et appels aux dirigeants mondiaux pour plus d'effort et d'action en faveur du climat sont une marque d'un souci global pour sauvegarder l'environnement et veiller au respect des normes et pratiques favorisant l'équilibre climatique. Cette stratégie impulsée par des grands décideurs mondiaux est capable de produire des effets que si les défenseurs environnementaux, les communautés et les leaders locaux qui défendent les droits fonciers et les aspects connexes sont entendus et sont protégés contre les violences et lorsqu'ils exercent leur travail dans un environnement juridique, sécuritaire et politique favorable, sûr et libre. Pour cela, il convient d'adopter des réformes juridiques et institutionnelles profondes, d'adapter les mécanismes de protection aux défis auxquels font face les défenseurs des droits environnementaux et fonciers et de mettre le droit à leur service en recourant aux mécanismes de protection privée.

Section 1.Nécessité et urgence des réformes juridiques et institutionnelles profondes

Il est important et urgent que les Etats, dont la RDC en particulier, et les mecanismes publics et privés de protection optent pour des reformes profondes, justes et globales pour assurer la liberté de penser, la liberté d'expression, la liberté d'action et la sécurité physique des défenseurs environnementaux et fonciers compte tenu de la croissance des ménaces présentes.

Il convient dès lors de travailler pour l'amélioration de la loi n°23/027 du 15 juin 2023 relative à la protection et à la responsabilité du défenseur des droits de l'homme en R.D. Congo, de l'adoption des directives et des mesures de suivi communautaire à travers les cadres mixtes existants et l'amélioration de la transparence dans l'administration en charge de l'application des lois et politiques existantes à différents niveaux.

A. Moblisation en faveur de l'amelioration de la loi n°23/027 du 15 juin 2023 relative à la protection et à la responsabilité du défenseur des droits de l'homme en République démocratique du Congo : Une légalisation de la criminalisation des activités des DDH en lieu et place d'une protection sollicitée

Problématique et historique du processus de la loi DDH en RDC : une question d'intérêt Public

Historique en bref et étapes

Bien que la RDC possède des lois et des politiques publiques écrites en matière de protection des personnes humaines, il faut cependant noter qu'au regard de la vulnérabilité des défenseurs environnementaux, une protection légale donnant un contour professionnel de leur tavail est d'une importance capitale. Il s'agit de sécuriser cette profession et de prévoir une base juridique solide et spéciale d'action en cas des violations des droits des défenseurs.

Pour rappel, en 2017, un processus visant à mettre en place une loi portant protection des défenseurs des droits de l'homme en RDC avait pris place. Cependant, le contexte électroral et les débats politiques et très politisés contre les défenseurs des droits humains et mouvements pro démocratie n'étaient pas favorables à une adoption plus démocratique et sécurisée d'un texte garentissant les doits et libertés des défeneseurs des droits de l'homme en RDC. Par contre le débat politique était plus orienté vers la limitation des libertés d'action des DDH et cela par une légalisation de cette limitation à travers cette iniative législative. L'agenda parlementaire de cette année était plus marqué par un contexte d'une tendance de report des élections présidentielles , un report accompagné par des contestations à grande partie soutenue par les iniatives des DDH .

L'Assemblée Nationale et le Sénat ne sont pas parvenus à s'entendre et la commission mixte paritaire (CMP) créée pour trouver un accord a échoué. Par la suite, les élections de 2018 ainsi que les tensions et pressions afférentes ont rendu difficile la reprise des travaux parlementaires[33]. Il importe de signaler que depuis 2010, la société civile congolaise se mobilise pour que la République Démocratique du Congo (RDC) se dote d'une loi de protection des défenseur·se·s des droits humains (DDH). Après une tentative avortée en 2017, un groupe de travail, composé d'organisations non-gouvernementales (ONG) internationales et de la société civile nationale, s'organise pour que la prochaine session parlementaire adopte cette loi essentielle[34].

La société civile a continué avec une forte mobilisation et plaidoyer. A la suite de cette mobilisation, le député Jean Paul Segihobe a endossé en mars 2021 la proposition de loi portant protection des DDH. En 2022 plusieurs structures de la société civile œuvrant pour la protection et promotion des DDH se sont mobilisées autours des groupes. Des alliances et des ateliers dits de légitimation ont été tenus aux fins d'une large appropriation du processus législatif autour du député endosseur. En 2023 entre 26 janvier à mars, plusieurs actions parlementaires et extra parlementaires ont été mises en mouvement en vue de faire adopter la loi portant protection et responsabilité du défenseur des droits humains en République démocratique du Congo (RDC). Les débats pléniers et les activités de lobby, plaidoyer, l'espoir est permis dans les jours à venir d'avoir un cadre juridique national de promotion et protection des droits et libertés des défenseurs des droits de l'homme en RDC

Plus de 10 ans de combat en faveur d'une protection et sécurité pour les défenseurs des droits de l'homme en RDC, après des morts, arrestations, disparitions, assassinat des journalistes et DDH, la RDC s'est doté d'une loi ;
La loi déjà adoptée et promulguée pose des défis majeurs en faveur des défenseurs et aux associations au lieu de promouvoir et faciliter le travail des défenseurs des DDH en RDC, c'est notamment la mise en place des normes de criminalisation contre les DDH ? article 26,27 et 28 de la loi ; mais aussi la mise en place des conditionnalités régressives et d'exclusion contre les défenseurs ruraux qui affectent plus de 70 % des défenseurs environnementaux (condition de soumission des rapports au Ministère national de la justice et CNDH , enregistrement et obtention d'une carte d'identification nationale délivrée par la CNDH ;
Pour certains DDH, bien que la loi était une demande globale, le résultat a été une loi liberticide et répressive vidant le caractère de protection et donc une

[33] https://acpcongo.com/index.php/2023/03/22/pour-ladoption-au-senat-de-la-loi-portant-protection-des-defenseurs-de-droits-humains/

loi qui met en place un droit pénal spécial des défenseurs des droits humains en RDC avec des infractions qui s'écarte de la logique du droit pénal ;
Aussi l'adoption et la promulgation de la loi ont violé la constitution dans le processus législatif, l'étape des travaux de la commission paritaire n'a jamais eu lieu mais la loi s'est retrouvée à la présidence et publiée au journal officiel, ce qui est une violation grave de la Constitution et une cause d'inconstitutionnalité.
Depuis sa publication, on peut dégager trois tendances : une partie des DDH qui estime que la loi aggrave la situation des libertés publiques des DDH en RDC et qu'il faut réformer la loi ; une autre tout en étant d'accord que la loi n'est pas bonne mais estime qu'il faut avancer avec elle comme elle est car elle a fait un long processus et a consommé beaucoup des ressources ;et une troisième tendance des DDH , n'a aucune information sur l'existence de cette loi-là.
Des actions déjà faites

- Deux réunions de consultations et mobilisation des défenseurs tenues dont une à Goma et une autre à Kinshasa pour amener les DDH à une harmonisation d'approche et action aux fins d'arriver à améliorer la loi ;
- Prise de position devant la presse et mise en place des Task force pour la modification de la loi
- Trois documents d'analyse faites (ACEDH au Nord Kivu, Protection Internationale Bruxelles et la coalition ASF, Diakonia , Agir ensemble pour les droits de l'homme France, SUWE Nord Kivu, SOS IJM Bukavu, Centre carter , VSV….)
- Une requête sous RConst 2116 Maître Bahemuke Ndoole Olivier en inconstitutionnalité contre la loi n°23/027 du 15 juin 2023 relative à la protection et à la responsabilité du défenseur des droits de l'homme en République démocratique du Congo déposée devant la Cour Constitutionnelle contre certains articles de la loi 3,7,11,26,27,28
- Les DDH de l'environnement estiment que la loi exclut et expose désormais des milliers des défenseurs environnementaux qui militent au prix de leur sang et liberté en faveur de la cause climatique

Toutefois, la loi elle seule ne suffirait pas pour accorder une garantie de sécurité et de protection. Il faut aussi mettre en place des institutions animées par des acteurs capables de mettre à leur disposition les efforts et l'intelligence pour la consolidation de l'Etat de droit.

La loi et la politique nationale de protection des défenseurs environnementaux et des droits fonciers devraient permettre d'améliorer la protection des défenseurs locaux en intégrant les réalités locales et les défis auxquels ils sont confrontés.

Dans la même optique, une déclinaison provinciale législative et une planifcation des politiques publiques de protection de l'environnement et du foncier, avec des plans locaux d'évaluation et d'encadrement des défenseurs environnementaux et des droits fonciers, devraient être envisagés. Des mesures d'application et d'harmonisation avec d'autres outils procéduraux liés à l'environnement, au foncier et aspects connexes devraient aussi venir clarifier et combler les vides aux fins de rapprocher les directives normatives aux faits et réalités sociaux .

Questionnement : le défi des défenseurs en RDC serait-il réellement une loi ? L'on peut se poser la question car à faire une petite analyse sur les grandes violations des droits et libertés des défenseurs des droits humains par les instances chargées de suivre et appliquer les lois, l'on peut se dire que les défis ne seraient pas forcément des lois. Aussi l'on peut dire que plus les mécanismes privés sont pourvus d'espoir de protection et sécurité que les mécanismes publics. Il y a eu des édits portant protection des DDH dans des provinces mais en réalité , la situation des droits et libertés des DDH ne s'est pas améliorée par contre elle semble se dégrader avant même. Il est vrai que les textes sont important comme référentiels mais dans un Etat où de fois même la parole d'un responsable peut être prise en considération que la loi, il y a lieu de s'interroger sur les mécanismes alternatifs pour renforcer l'application des lois et faire respecter au niveau de l'Etat dans la phase opérationnelle.

La loi DDH en RDC a le mérite d'être là , mais elle met en place un dispositif repressif spécial contre les DDH et renforce les conditionalités regressives ne facilitant pas les défenseurs non lettrés et les défenseurs ruraux de remplir leur dévoir. C'est une loi qui ne favorise pas les défenseurs environnementaux et fonciers car pour eux plus de 80% n'ont pas étudié. Le fait de pénaliser les devoirs , des devoirs qui ne sont pas érigés en infranctions en droit pénal congolais cela ne favorise pas les défenseurs. Par contre, la loi crée une situation de légalisation de la criminalisation des actions des défenseurs des droits de l'Homme en RDC. Ceci n'a jamais été l'objectif visé par les défenseurs des droits de l'homme en RDC. La législation devrait être là pour protéger , sécuriser et non pour réprimer les défenseurs des droits de l'homme. Ceci est loin une reflexion visant à garentir l'impunité en faveur des défenseurs des droits de l'homme ni une manière de promouvoir les désordres mais la logique serait que quiconque, défenseur des droits de l'homme auteur d'une infranction, celui-ci devrait être poursuivi en vertu du code pénal congolais.

Que dire de l'adoption des directives et des mesures de suivi communautaire à travers les cadres mixtes existants ?

B) Adoption des directives et des mesures de suivi communautaire à travers les cadres mixtes existants

Au Nord-Kivu, il y a des cadres de concertation et des mécanismes locaux mis en place dans le cadre de la politique de pacification et de stabilisation. Ces mécanismes traîtent et assurent le suivi de la résolution des conflits fonciers. C'est le cas du Comité local de paix et de développement (CLPD) ou de la coordination foncière. Ils assurent le suivi des activités des acteurs mais ne s'interessent pas au sort de ceux qui défendent les droits fonciers et environnementaux.

Il convient d'approfondir le diagnostic institutionnel aux fins d'accorder plus d'importance et de valeur à l'homme au niveau local en matière de protection et de sécurité communautaire. Les institutions locales déjà établies dans la société peuvent servir de cadre pour le renforcement des capacités, les échanges et la communication sur des questions de protection des défenseurs environnementaux. Elles peuvent être mises à profit pour assurer un plaidoyer afin d'influencer les pratiques et politiques à la base.

Il faut aussi envisager l'amélioration de la transparence dans l'administration en charge de l'application des lois et politiques existantes à différents niveaux.

C) Amélioration de la transparence dans l'administration en charge de l'application des lois et politiques existantes à différents niveaux

Les institutions en charge de l'application des lois en RDC sont pilotées par des personnes qui ne sont pas toujours animées par la volonté d'établir la vérité et la justice dans un environnement très transparent et responsable. La culture de la corruption semble entamer les institutions qui sont pourtant les seules habilitées à dire le droit et à établir la vérité et la justice en faveur de toute victime.

Au-delà du travail de la réforme juridique et de la structure, il faut un travail fondé sur la moralisation de la vie du système chargé de l'application des lois en RDC. Un travail de diagnostic du système fondé sur cet aspect devrait être effectué. La transparence devrait figurer parmi les conditionalités gouvernementales pour accéder à l'aide et aux fonds d'investissement publics par les entités publiques. A cet égard, quelques stratégies peuvent être recommandées.

Premièrement, mettre en place des options légales accordant d'office une assistance gratuite aux défenseurs locaux et de mettre la masse des frais à charge du trésor public au regad du travail collectif qu'ils font. Ceci se justifie par les harcèlements judiciaires dont les défenseurs sont victimes ou des actions qu'ils peuvent introduire pour se protéger. L'on ne peut pas défendre des cas d'intérêt public et mondial et manquer des moyens élementaires pour faire face à la difficulté d'avoir un appui judiciaire ou pour payer les frais lorsqu'on fait l'objet de pousuite judiciaire.

Les besoins d'aide légale et les exigences du cadre juridique régissant le Barreau, le Corps des défenseurs judiciaires et les mandataires publics rendent l'assistance gratuite un peu lourde. La procédure d'optention du certificat d'indigence de Service social pour être bénéficiaire d'une aide gratuite en justice ou devant d'autres mécanismes nécessitant l'accompagnement d'un avocat n'est pas facilement accessible aux défenseurs ruraux.

Il est souhaitable que la loi puisse prévoir que lors qu'un défenseur de l'environnement est confronté à des ennuis judiciaires liés à ses fonctions le tribunal ou le parquet peut désigner d'office un avocat qu'il met à sa disposition. De même, elle pourrait prévoir la masse des frais de justice sera mise à charge du Trésor public ou de mécanismes publics ou privés de protection assignés. Cette innovation permettra de valoriser le travail des défenseurs ruraux des droits environnementaux .

Il en est de même pour des cas d'arrestations et de détentions du fait du travail d'intérêt public. L'Etat devrait compenser cette souffrance endurée à travers une procédure plus souple de réparation, constatée par un procès-verbal après évaluation adminstrative ou technique, sans nécessairement passer par un tribunal.

Deuxièmement, mettre en place des centres de documentation et d'accès à l'information à l'échelle décentralisée et déconcentrée. Le besoin d'accès à l'information et aux ressources juridiques par les défenseurs environnementaux et des droits fonciers est un grand défi. L'engagement devrait être aussi accompagné par la possibilité d'accéder aux ressources et aux informations pouvant aider à faire évoluer le travail des défenseurs.

Certains défenseurs ruraux n'ont que le courage de plaider en faveur de la nature mais ils n'ont pas les ressources pour assurer la performence de leur travail ou leur défense en cas de blocage.

Comme les différentes COP Conférence des parties (Conference of parties) voudraient démocratiser le débat sur le climat, il faut arriver à élaborer des planifications rurales d'accès aux ressources liées à la sauvegarde de l'environnement et à la bonne gouvernance foncière.

Les centres susvisés de documentation pourraient progressivement aider les communautés rurales à se rapprocher des impératifs technologiques de cartographie et informatiques, y compris les aspects émergeants liés au numérique. Les centres de recherche et les praticiens pourront passer assister les défenseurs locaux et faciliter les jumellages avec défenseurs environnementaux. Ces centres peuvent être coordonnés dans les chartes foncières, les outils de gestion de la foresterie communautaire, la conservation communautaire et le régime des pêches.

Des directives volontaires locales et communautaires sur les défenseurs des droits environnementaux et fonciers doivent être mises en place en langage facile, en langue locale et en image pour faciliter la compréhension du public. Ça sera un outil de sensiblisation, d'éducation et d'accès à l'information par le public sur le travail des défenseurs ruraux de l'environnement et du foncier face aux ménaces mondiales liées à la justice climatique et à la sauvegarde sociale.

Trosièmement, mettre en place des livres verts et/ou un mémorial des défenseurs environnementaux ruraux et des sites historiques. Plus de 200 éco-gardes au Nord-Kivu ont été tués en défendant le Parc de Virunga. De même,bien d'autres leaders et des chefs locaux ont été liquidés à cause de la protection pacifique des terres, des espaces des pêches et de la sauvegarde environnementale. C'est malhereux que ces gens soient morts dans le silence collectif. Il est difficile d'apprendre aux générations présentes ceux qui se sont sacrifiés pour que nous puissons avoir cet héritage environnemental.

Créer le goût et l'amour pour la conservation de la nature, pour une bonne gestion des régimes fonciers ou de pêche, exige que ceux qui ont milité en faveur de ce qui existe soient reconnus. Dans les bureaux officiels dédiés à la sauvegarde de l'environnement, on devrait voir leurs histoires et leurs merites pour honorer les mémoires des défenseurs environnementaux et leur combat.

Il me semble important d'adapter les mécanismes privés de protection aux réalités et défis locaux pour plus d'éfficcité.

Section 2. Adaptation des mécanismes privés de protection aux réalités et défis locaux

Cette section évoque la démocratisation des outils modernes de mobilisation des mécanismes privés, l'urgence de renforcer des synergies d'actions en faveur des défenseurs environnementaux et des droits fonciers, la mise en place des caisses de solidarité et des cadres de réflexions sur les pratiques émergentes et les familles des défenseurs environnementaux et fonciers disparues ou éprouvées.

A. Démocratisation des outils modernes de mobilisation des mécanismes privés

En réalité, le monde évolue et la nouvelle technologie facilite la communication, la surveillance et le rapprochement entre les mécanismes et les défenseurs. Cependant, dans la réalité des faits, les leaders locaux ne sachant ni lire ni écrire sont confrontés aux problèmes informatiques. Ils n'ont pas de compte en banque et souvent dans leurs milieux de résidence, il n'y a pas des banques. C'est le cas pour les territoires de Masisi et Walikale ainsi que de certaines parties du territoire de Rutshuru. Par conséquent, il est difficile d'avoir une facture proformat, une banque dans des endroits où il n'y a même pas du courant, d'ordinateur et parfois même de connexion télephonique.

Les documents sollicités pour l'accès aux mécanismes et aux conditionnalités devraient être réadaptés aux réalités et aux défis locaux compte tenu du niveau actuel de la masse des défenseurs environnementaux. L'idéal sera les résultats, la qualité du travail et l'apport que la personne amène dans les efforts globaux de contribution sur l'avenir climatique. Un leader local a fait le commentaire suivant : « Quand vous me demandez des factures, des cartes d'électeur, des numéros de Banque ... il est impossible de vous les fournir puisque chez nous, tout ça nous a déjà été ravi. Nous ne sommes enrôlés qu'une seule fois après 5 ans, nous n'avons pas des photocopies. Dans nos boutiques on ne donne pas des facture, notre argent nous le gardons à la maison. Cette fiche que vous nous montrez, l'avoir ici expose au risque de se faire tuer. Est-ce qu'il n'y a pas moyen d'avoir ce qui est adapté pour nous ? ».[35]

Il faudrait que les mécanismes privés fassent une étude de référence sur le délai d'une transition bureaucratique en faveur des défenseurs environnementaux et les alternatives locales existantes pour influencer les politiques administratives et de gestion des ressources des mécanismes de protection. Ceci permettra d'amener les défenseurs environnementaux et fonciers progressivement vers la révolution numérique tout en leur donnant la possibilité d'acceder à des ressources selon des procédures très souples, simples et adaptées au contexte.

La plus part des défenseurs environnementaux et fonciers sont des leaders ruraux mais qui travaillent très fort et de manière digne en faveur de l'environnement. Mais ils sont limités par les connaissances technologiques et par le niveau d'étude. D'où la nécessité de réadapter certains mécanismes très bureaucratiques et les procédures aux réalités des contextes ruraux africains et des zones à conflits.

Eu égard à ce qui précède, il y a lieu de palider pour l'adoption d'un plan décentralisé de la démocratisation de l'informatique, des énergies renouvelables et du numérique. Le numérique et l'informatique deviennent une option impérative mais les défenseurs locaux de l'environnement et ceux des droits fonciers n'y sont pas préparés. Des plans de formation et d'accès aux ressources en informatiques devraient être envisagés de manière progressive. Il faudra aussi adapter les conditions au défi des Etats , c'est par exemple en RDC, à cause de l'insécurité et de l'instabilité , certains coins n'ont pas des pièces d'indentité moins encores des document correspondant, mais les mécanimes sont très exigeant et rigoureux pour qu'un défenseur soit soutenu.

Le cas dernier en date c'est la veuve et les orphelins du feu Obedi Karafuru, un mécanisme a deandé des formulaires pour soutenir la famille Obedi karafuru. Mais lors du processus , le mécanisme X a exigé les documents ci après : Carte d'identité , contrat qui montre que les femmes sont aussi des défenseurs, rapport , document de l'Etat civil pour prouver qu'elles se sont

[35] Entretiens avec des défenseurs des droits fonciers à Bishusha et Muongozi sur les ressources disponibles en faveur des défenseurs des droits fonciers et de l'environnement, 2018, MECA

mariées et que les11 enfants sont les leurs. Cette situation semble normale dans un Etat normal et stable. Imaginez vous dans une zone comme Rutshuru, Masisi, où le Gouvernement n'a pas réussi à organiser l'enrôlement. Donc personne n'a la carte d'électeur , les gens sont des déplacés , donc ils ont tout perdu comme archives. Les autorités ne sont pas présentes. Si elles sont là, elles n'ont aucune documentation. Aussi, dans certains villages en RDC. les mariages se prouvent pas forcément par les actes de l'Etat civil, les gens se marient de manière traditionnelle sans écrits. Les enfants ne sont pas enregirtrés .... Les veuves et orphelins de Obedi n'ont pas été appuiyés voilà des cas d'injustice du fait de conditions et contraintes sociales et différences géo stratégiques et culturelles. Quelle est la faute de ces veuves en ce cas ? ce que ceci devrait forcément être considéré comme condition dans le cas précis ? ces pauvres sont dans la nature sans appui aucun.

Au regard de la vulnérabilité des initiatives des défenseurs environnementaux et défenseurs des droits fonciers , c'est difficile de croire que dans les 25 ans sans appui ils seront aptes à s'inscrire dans la logique émergente de la nouvelle technologie et de l'informatique. Les ONG peuvent réflechir, avec les entités locales comment créer des programmes et des projets d'adaptation et de transition. De petites solutions énergétiques au niveau micro peuvent être envisagées aux fins de donner espoir aux défenseurs locaux d'user des outils et des centres sur la nouvelle technologie de l'information.

Il faut penser à l'urgence de renforcer des synergies d'actions en faveur des défenseurs environnementaux et des droits fonciers.

B. Nécessité de renforcer des synergies d'actions en faveur des défenseurs environnementaux et des droits fonciers

Au Nord Kivu, il existe de plus en plus des iniatives et coalitions naissantes visant à protéger l'environnement, les droits fonciers des communautés locales et la pêche. Mais leurs activités ne couvrent pas assez la question des défenseurs environnementaux et des droits fonciers. Si des mécanismes locaux travaillent donc sur ces aspects, le champ demeure vaste et les défis sont nombreux.

Les organisations des droits environnementaux et les leaders locaux doivent être accompagnés par les mécanismes de protection aux fins de mettre en place des synergies pour leurs propres droits et libertés d'actions. Ils créeraient des réseaux locaux, provinciaux et nationaux et des structures solides bien formées de la masse ouvrière pour des actions de plaidoyer et de lobby pour influencer les politiques et les pratiques de la mobilisation communautaire et internationale en faveur des droits des défenseurs des droits fonciers et de l'environnement.

Ces réseaux peuvent être plus informels mais basés sur cette philosophie de travail pour l'évolution des défenseurs environnementaux et la progression des droits et libertés pour une protection optimale de l'espace civique des défenseurs environnementaux et des droits fonciers.

Des feuilles de route avec des stratégies multi-acteurs oeuvrant sur des thématiques environnementales et foncières clées doivent être développées et déroulées pour influencer les options souhaitées pour l'avancement des droits et libertés des défenseurs environnementaux. Des plans de sécurité adaptés au contexte et prenant en compte les pratiques traditionelles locales de protection et de sécurité des peuples authoctones et des communautés locales. Ils devront être mis en contribution et servir dans l'élaboration des nouveaux manuels de protection et de sécurité.

Il convien en outre de penser à la mise en place des caisses de solidarité et des cadres de réflexions sur les pratiques émergentes et les familles des défenseurs environnementaux et fonciers disparues ou éprouvées.

C. Mise en place des caisses de solidarité et des cadres de reflexion sur les pratiques émergentes et les familles des défenseurs environnementaux et fonciers disparues ou éprouvées

Nombreux défenseurs environnemementaux et des droits fonciers locaux en Province du Nord-Kivu ont été tués, assassinés, exécutés sommairement. D'autres ont été kidnapés et portés disparus par des forces et groupes armés, des mouvements rebelles ou des gangs et réseaux de trafiquants illégaux et de contre-bande. Leurs famillles sont restées sans appui et se posent des questions pourquoi leurs parents, leurs mamans, leurs sœurs et leurs frères se sont engagés dans une histoire qui leur coûte la vie, laissant des enfants et d'autres personnes qui dépendaient d'eux sans moyen de survie. Au demeurant, les associations n'ont aucune capacité d'assurer même le payement d'un trimestre des frais scolaires pour les orphelins. Cette question soulève des interogations et inquiétudes sur l'avenir incertain des défenseurs des droits environnementaux en cas d'une situation incontrôlable. Il en est de même en cas d'évenements heureux et malhereux. Pour marquer leur solidarité, les défenseurs devraient être en mesure de se soutenir et se consoler . Ceci pourrait renforcer l'unité et le réseautage.

En définitive, le Nord-Kivu est actuellement affecté par les actes de kidnapping à grande échelle qui n'épargnent pas les défenseurs. Si l'on y ajoute la pratique des fausses charges ou du harcellement judiciaire et policière contre eux, il est nécessaire de mener des nouvelles réflexions pouvant déboucher à des stratégies adaptées à cette nouvelle forme de violation des droits des défenseurs dans les Etats en proie aux crises et conflits armés.

Les lignes qui suivent portent sur la mobilisation du droit au service des défenseurs environnementaux et du foncier par des méthodes propres aux mécanismes privés.

Section 3. Mobilisation du droit au service des défenseurs environnementaux et du foncier par des méthodes propres aux mécanismes privés

Les défenseurs environnementaux et fonciers du Nord Kivu bien que des défenseurs des droits de l'homme appart entier qui sont rangés dans la catégorie des défenseurs œuvrant sur les thématiques phares encadrant les objectifs du développement durable, les droits sociaux , économiques et culturels, il se dégage un constant que le droit et les acteurs juridiques se mobilisent peu à peu dans la sauvegarde et le déploiement d'une législation qui prend en compte cette catégorie des défenseurs des droits humains. Les initiatives et mécanismes privés de sauvegarde des droits et libertés des droits des DDF et DDE n'usent pas des instances judiciaires ou juridiques pour faire avancer les droits et le droit en faveur de cette catégorie des DDH. Il y a une nécessité d'assurer une grande mobilisation multi acteurs pour renforcer les droits et libertés par le droit en faveur des défenseurs environnementaux et fonciers. Une production législative interne et une promotion des instruments juridiques internationaux existants et leurs mécanismes institutionnels s'avèrent très nécessaires. La production des normes de sauvegarde des droits, libertés et actions des défenseurs des droits environnementaux et fonciers est aussi conditionnée par le renforcement des actions en faveur des actions législatives et juridictionnelles collectives ou individuelles aux fins de faire triompher la reconnaissance du travail des DDE et DDE. Des textes particuliers et mécanismes particuliers doivent être incités par les initiatives privées aux fins de consolider et réaffirmer les droits et libertés des DDE et

DDF et produire le droit spécifique applicable à cette catégorie des DDE et DDF.

Je préconise la promotion des iniatives collectives de saisire des instances, la senbilisation et formation des avocats et magistrats, la promotion des jumellages entre les acteurs des pays où la masse ouvrière a révolutionné les choses, la mobilisation de la presse en faveur des défenseurs environnementaux, l'implication des artistes musiciens et comédiens, des peintres et décorateurs, la mobilisation des personnalités leaders d'opinion

A. Promotion des iniatives collectiiives de saisine des instances

Les organisations ouevrant pour la protection des défenseurs des droits environnementaux et fonciers devront planifier des activités collectives communes sur des cas test et stratégiques à soumettre devant les instances administratives, judiciaires, régionales et internationales. Cette stratégie s'inscrit dans le cadre de la révolution des droits environnementaux car la sensibilité collective aux droits des défenseurs passe par des actions, même non réussies, devant ces instances afin de mobiliser l'opinion locale, nationale et internationale.

Des réseaux des victimes et des témoins des situations sur des crimes environnementaux et les violations des droits environnementaux grâves doivent être constitués, formés et coordonnés. Il faudrait canaliser leurs idées vers les actions publiques ou les actions privées des mouvements des défenseurs devant notamment les cours et tribunaux, les mécanismes des Nations unies et le Bureau du Procureur de la Cour pénale internationale (CPI).

Pour les cas d'aide légale, dans les cas d'intérêt public, les organisations et les défenseurs devraient être encouragés à se constituer parties civiles et faire forcer les instances à dire le droit.

Il faut impérativement la sensibilisation et formation des avocats et magistrats.

B. Sensilisation et formation des avocats et magistrats

Le droit de l'environnement est contenu dans des textes disparates en RDC et des textes sur les droits fonciers et les aspects connexes. Par exemple des textes en lien avec la justice climatique Loi 75-024 du 22 juillet 1975 relative à la création de secteurs sauvegardés ; Loi n° 11/009 du 09 juillet

2011 portant principes fondamentaux de l'environnement relatif à la protection de l'environnement ; Loi n° 15/026 du 31 décembre 2015 relative à l'eau, Loi n° 82-002 du 28 mai 1982 portant réglementation de la chasse ; Loi N°011/2002 du 29 août2002 portant Code Forestier ; Loi n°14/003 du 11 février 2014 relative à la Conservation de la nature, Convention sur le commerce international des espèces de faune et de flore sauvages menacées d'extinction (CITES), Washington, 3 mars 1973[36] ;

La vérité est que les avocats et les magistrats n'en ont pas une connaissance précise et parfois ignorent même leur existence. Sont rares des magistrats qui disposent ces instruments juridiques sur l'environnement ou les ont lus. En témoigne un chef de parquet lors d'un symposium des magistrats et inspecteurs tenu à Beni, hôtel Vihumu en date*du 22 au 24 Juin 2022…*, qui a affirmé que depuis qu'il était magistrat, c'était sa toute première fois de voir la loi sur la conservation de la nature et la loi sur la pêche. Selon lui, il n'a jamais eu un cas à traiter dans ce domaine.

Il est important que les juges, les procureurs et les avocats qui concourent à la production de la jurisprudence soient mobilisés, sensibilisés et formés pour promouvoir le droit de l'environnement dans le palais de justice. L'initiative de certaines organisations comme l'ACEDH au Nord-Kivu, à tarvers sa Clinique juridique environnementale et les avocats verts, devrait être encouragée. Avoir plus des magistrats et des avocats formés et sensiblisés sur l'importance de l'environnement et des défenseurs environnementaux est une des garanties de sauvegarde des droits et libertés des défenseurs environnementaux et fonciers au niveau de l'exercice des droits d'accès à la justice.

L'accès à la justice doit être une demarche qui couvre les deux aspects, l'accès au prétoire et l'accès aux informations de droit. Ceci passe ausssi par la formation, les échanges et discussions avec les acteurs judiciaires.

Il est souhaitable de promouvoir des jumellages entre les acteurs des pays où la masse ouvrière a révolutionné les choses comme je propose dans les lignes qui suivent.

---

[36] Sous la Direction de Me Olivier NDOOLE : Aide-mémoire à l'aide de l'acteur Judiciaire, droit pénal vert , inédit, encours de Publication ,ACEDH page 19

C. Promotion des jumellages entre les acteurs des pays où la masse ouvrière a révolutionné les choses

Les pays qui ont eu des mobilisations de la masse ouvrière pour révendiquer des droits fonciers et le respect des droits environnementaux ont fait réussir à institutionaliser des traditions juridiques et institutionnelles solides sur les questions de justice environnementale. Ce sont des modèles qui peuvent inspirer les autres collègues locaux en matière de mise en place des mouvements pacifiques d'influence sur les pratiques et politiques environnementales et de protection des défenseurs locaux. Les échanges entre ces acteurs peuvent faciliter la révolution de ce secteur.

Ainsi, l'expréience acquise grâce à l'appui de l'IUCN Pays-Bas, qui avait amené des acteurs du Nord-Kivu au Nigeria, en Ouganda, aux Etats-Unis en Califormie et en Ecuador pour apprendre des acteurs locaux de ces pays la question de l'exploitation du pétrole, mérite d'être renouvellée et étendue. Ces acteurs ont vu les dégâts et les conséquences de l'exploitation du petrole et se sont entretenus avec les communautés locales. Ils ont compris notamment les rôles que les pêcheurs, les agriculteurs, les chefs coutumiers, les handicapés, la société civile et les églises ont joué dans la protection et la défense des droits de la nature et des droits de communautés locales. Ils ont compris également l'importance de l'implication des communautés locales et de la masse ouvrière dans la production et protection des droits et du droit dans le combat en faveur de l'environnement et la justice énergetique. Ceci leur a donné une nouvelle approche d'intervention globale et communautaire sur les questions environnementales et de transition énergetique.

Il faut la mobilisation de la presse en faveur des défenseurs environnementaux.

D. Mobilisation de la presse en faveur des défenseurs environnementaux

Imposer les droits des défenseurs environnementaux dans nos communautés et au niveau international exige une stratégie de communucation efficace. Cela a été le cas en ce qui concerne les questions de lutte contre les violences sexuelles. La lutte est allée au niveau global aujourd'hui. Pour les droits environnementaux, les droits des défenseurs des droits fonciers et environnementaux, il y a lieu de mettre en place des actions de synergie avec des médias de toute nature aux fins de faire passer le message. Il existe quelques médias et des journalistes qui s'intéressent à l'environnement. Cependant, les journalistes qui font de la question des défenseurs environnementaux et des droits fonciers leur angle de travail ne sont pas encore nombreux. Il est temps de les impliquer et de leur donner l'information sur la situation des défenseurs environnementaux et fonciers. C'est une priorité importante à ce moment où la politique environnementale et les options sur la politique énérgetique du pays sont vagues. Il faudrait que des médias engagés pour faire influencer la politique et les pratiques économiques en matière d'investissement et justice énergetique soient mobilisés.

Il faut l'implication des artistes musiciens et comédiens, des peintres et décorateurs.

E. Implication des artistes musiciens et comédiens, des peintres et décorateurs

D'autres pontentiels sociaux qui existent au Nord-Kivu sont notamment les artistes musiciens, les peintres, les décorrateurs et les comédiens Ce sont des acteurs clés pour une moblisation coordonnée et généralisée. Ils devraient être impliqués pour mettre l'art au service de droit de la nature et de la protection des DDE et DDF. Ces acteurs dans l'art populaire et public sont importants dans la moblisation et conscientisation du monde et des communautés en faveur du travail des DDE et DDF. C'est un travail sur lequel l'humanité doit se pencher urgemment car autant le climat est une urgence autant la situation de ces derniers constitue une priorité pour la promotion d'un monde juste et une transition climatique et énergétique juste et équitable. Les DDF et DDE dvraient amener des leaders d'opinion comme des artistes mondialement et localement reconnus à changer pour les défenseurs, à parler de la situation et des besoins des DDF et DDE. Ce sont des voies pour faire passer la voix des défenseurs environnementaux.

Il faut penser à la mobilisation des personnalités leaders d'opinion.

F. Mobilisation des personnalités leaders d'opinion

Le Nord-Kivu traverse des situations difficiles qui obligent les forces sociales à se mobliser pour réclamer des changements et la justice. Cependant peu de mobilisations couvrent la délicate question de la situation des défenseurs de l'environnement et des droits fonciers, alors que ce sont des acteurs naturels importants pour l'avenir climatique et l'équilibre mondial. Il faudrait capitaliser et mutualiser les efforts en mobilisant des leaders d'opinion et des personnalités d'envergure nationale, régionale et internationale bien connus, comme le Docteur Denis Mukwege. Les acteurs devraient chercher à avoir son appui pour qu'il porte la voix des défenseurs ruraux des droits fonciers ruraux et environnementaux. Cette stratégie doit s'élargir sur les anciens Chefs d'Etat, les rapporteurs spéciaux, les chefs des institutions régionales et internationales. Au niveau International des hautes personnalités qui ont eu des grandes pensées pour mettre en place des structures comme FRONTE LINE DEFENDER, Amnesty International, ELAW, des professeurs d'université, des stards en foot, en musique, en d'autres arts doivent être moblisés pour la cause des militants environnementaux et fonciers. Des personnalités comme les rapporteurs spéciaux , les experts et autres fonctionnaires des Nations unies pour qu'ils ou qu'elles insistent sur la cause des défenseurs environnementaux et fonciers. Des plates formes géantes comme ALLIED (alliance pour les défenseurs fonciers, Indigènes et défenseurs environnementaux) doivent être mises en contribution

Conclusion générale

Les défenseurs des droits environnementaux et fonciers sont des acteurs clés pour la promotion des droits liés aux ODD et les droits fondamentaux et fitaux des communautés locales dans le monde. Leur travail est utile pour l'humanité, pour la communauté et pour la planète terre, c'est un travail d'intérêt général. Les défenseurs environnementaux et fonciers sont des défenseurs des droits humains à part entier. Ils (elles) exercent le travail des droits humains sur des thématiques stratégiques et importantes pour l'avenir des communautés et l'humanité toute entière. Ce sont des personnes physiques ou morales qui défendent, promouvent, protègent les droits humains individuellement ou collectivement de manière pacifique et conformément aux lois de la république et conventions internationales. Ils travaillent sur des questions foncières, énergies, agricultures, pêches, élevage, conservation de la nature, questions minières, aménagement du territoire, investissment immobilier et agricole, lutte contre la déforrestation, lutte contre les déchets et les produits plastics, la gestion des forêts, des eaux ,droits des communautés locales et peuples autochones ……

En RDC en général et au Nord Kivu , le travail de protection de l'environnement et les droits fonciers est un travail à haut risque qui expose les défenseurs locaux aux prix de leur sang, vie, libertés. La sensibilité et l'importance économique des enjeux fonciers et environnementaux dans les phénomènes d'exploitation et trafic illicite des ressources naturelles sauvages et les acteurs impliqués, les défenseurs environnementaux et fonciaux vivent des situations ténebreuses. la profession de défenseurs environnementaux et fonciers est une profession bien que très importante pour l'humanité et les communautés locales, mais c'est un travail à haut risque dans la Province du Nord-Kivu. Les mécanismes privés sont de plus en plus considérés comme le seul espoir pour les défenseurs de l'environnement et des droits fonciers non seulement pour une assistance extra institutionnelle mais aussi pour forcer ou influencer une protection institutionelle publique dans le pays.

La protection , sécurité et accès aux services pour les DDE et DDF est problèmatique et pose des serieux enjeux et défis majeurs. Des problèmes de protection , sécurité et défense des droits et libertés des défenseurs des droits environnementaux et fonciers se posent du fait des insuffisance , pauvreté et méconnaissance des textes juridiques, l'ingnorance des mécanismes et textes existant par les acteurs , l'environnement sécuritaire et politique, l'impunité , non accès aux informations d'intérêt public, les faiblesses techniques, technologiques et bien d'autres natures.

Des faiblesses importantes obstacles à la sauvegarde des droits et libertés des défenseurs des droits environnementaux et fonciers sont d'une extrême énormité. Ces faiblesses qui s'ajoutent aux défis exisgent des réfomes nécessaires pour assurer une bonne sauvegarde des droits et libertés des DDEet DDF. Des défis liés à la circulation illicite des armes légères et petits calibles dans les espaces de travail de défenseurs locaux, l'instabilité et insécurité grandisssante, difficulté d'accès aux informations législatives et d'autres natures, le défi de la faiblesse de l'autorité de l'Etat, l'impunité et les amnisties en faveur des chefs des groupes armés, une justice peu sensible aux défis de protection et sécurité des défeseurs environnementaux et fonciers mais également aux urgences climatiques, l'implication des autorités de l'accaparement des espaces fonciers d'intérêt public et à forte biodiversité, la corruption et trafic d'influence dans certains mécanismes de protection des DDE et DDF, le faible niveau d'instruction et maîtrise de la technologie par nombreux acteurs locaux défenseurs environnementaux, cadre juridique incomplet et de fois portant confusion de l'interprétation, une planification législative orientée plus vers le foncier, l'environnement, climat sans plus d'implication sur ceux là qui défendent l'environnement et le foncier...... Au niveau des faiblesses et l'accès au service des mécanismes, l'on doit citer des aspects entre autre liés au développement d'une bureaucratie énorme très évoluée par rapport au niveau des défenseurs environnementaux et fonciers qui sont en grande majorité des paysans moins formés, l'usage des langues et technologies moins accessibles aux défenseurs locaux , les outils et stratégies mis en place par les mécanismes ne sont pas alignés sur les défis subjectifs des défenseurs locaux, des cas d'interférence politique et armées dans les questions foncières et environnemenetales, faible mobilisation locale, nationale et internationale en faveur de la cause des DDE et DDF , trop d'initiatves en termes des réformes juridiques et institutionelles en faveur des droits et libertés des défenseurs environnementaux et fonciers , marginalisation de la catégorie des DDH travaillant sur les ODD par rapport aux DDH travaillant sur les droits civils et politiques , méconnaisance des lois et directives de sauvegarde des DDH par les acteurs judiciaires , la non démocratisation du processus d'appui aux DDEet DDF, sont plus les mécanismes qui décident de la nature et type d'appui à accorder aux DDE et DDF sans tenir compte de fois des besoins et requêtes soumis au départ, la difficulté d'accès aux appuis collectifs bien que l'insécurité, ménaces affectent la masse ou la famille biologique et ou professionnelle des DDH à prendre en charge , les questions géostratégiques et infrastructurelles , les liens de référence et les conditions d'accès telles que : compte bencaire, adresses emails, infomatiques, organisations types reconnues par l'Etat, rapportage, soumission des projets ou demande en ligne, …..

Si les défenseurs critiquent les mécanismes de protection, dénoncent des obstacles et relèvent de leur accès, c'est pour qu'il y ait des améliorations à l'avenir à travers des réformes adaptées aux réalités locales. Au régard des réalités , faiblesses et échanges, les recommandations en synthèse suivantes sont très utiles selon les acteurs impliqués dans le secteur de l'environnement, fonciers et aspects connexes.

Aux mécanismes Publics de sauvegarde des droits et libertés des DDE et DDF

Gouvernement RDC et le parlement de la RDC

Parachever les initiaves parlementaires et gouvernanementales visant à mettre en place et améliorer un cadre juridique et institutionel complet et cohérant en matière de protection , promotion et défense des droits et libertés des défenseurs des droits humains du secteur de développement durable en RDC ;

- L'urgence actuelle est la révision de la loi n°23/027 du 15 juin 2023 relative à la protection et à la responsabilité du défenseur des droits de l'homme en République démocratique du Congo : Une légalisation de la criminalisation des activités des DDH en lieu et place d'une protection sollicitée

- Mettre en place des programmes et normes spécifiques d'adaptation pour faciliter l'accès aux services de protection et aux formations pour les DDE et DDF vivant avec handicaps et les femmes DDH
- Mettre en place des cadres juridiques et institutionnels facilitant l'accélération de la promotion des droits et libertés des défenseurs environnementaux et défenseurs des droits fonciers locaux, ces cadres doivent être déploiyés sur base d'un modèle plus démocratique et dans une approche décentralisée ;

- Faciliter l'accès à l'information législative et reglementaire régissant le secteur foncier, environnement , énergie, mines, agriculture, pêche , élèvage , forrêt, faune et flore ….et autres textes et politiques à incidence sur les urgences climatiques et protection des DDH ;
- Assurer un suivi de l'application effeficace et effective des textes des lois existants et renforcer le cotrôle de la moralisation de l'action judiciaire en matière des normes de développement durable, transparence , droits à un procès juste et équitable ;
- Vueiller à l'exécution des décisions judiciaires et administratives ou les avis perlementaires contre l'Etat en matière de protection des droits et libertés des défenseurs des droits de l'homme du secteur de l'environnement, foncier et aspects connexes ;
- Assurer le suivi de la situation des défenseurs des droits fonciers et environnementaux dans les zones d'instabilité et guerre en RDC et promouvoir des sanctions contre les auteurs des violations de ces droits ;
- Sanctionner les fonctinnaires de l'Etat (Exécutif, défense et sécurité, législatif, judiciaires) auteurs ou complices des violations des droits de l'homme contre les DDE et DDF
- Encourager l'Ouverture des dossiers disciplinaires et judiciaires contre les acteurs judiciaires auteurs ou complices d'acte d'harcellement judiciaire contre les DDE et DDF ;
- Mettre en place un cadre de concertation et dialogue aux procédures souples et simplifiées dans le suivi des situations et cas des violations des droits et libertés des DDE et DDF au niveau national , ceci sur base d'un plan multi acteur concerté ;
- Doter la Commision nationale des droits de l'homme CNDH des moyens importants avec un agenda spécifique axé sur la situation des DDE et DDF dans les milieux ruraux et autour des écosystèmes forrestiers ;
- Engager ou faire engager des actions judiciaires de poursuite contre les auteurs des violations des droits et libertés des DDE et DDF ;
- Faciliter l'accès aux titres de voyage de service, plaidoyer et lobby et autres événements à tavers des assouplissements et directives consulaires en faveur des communautés locales, peuples authoctones, défenseurs des droits fonciers et envitonnementaux ,
- Renforcer la sécurité et l'autorité de l'Etat dans les endroits à forte biodiversité, de concentration des intérêts fonciers locaux et les espaces de conservation ;

- ❖ Réformer le cadre juridique en matière de droit et procédure civile et pénale en matière d'aide légale et assistance gratuite, en élargissant ceci sur les matières de poursuite des défenseurs locaux qui seraient poursuivis, arrêtés du fait de ses actions en faveur de la protection des droits environnementaux, les ligiges d'intérêt public ou des droits fonciers locaux. La masse des frais judiciaires y compris les frais d'assistance judiciaire peuvent être supportés par la République, élargir le champ d'application des crimes graves (crimes contre l'humanité, crimes de guerre , crimes de génocide et d'aggression) sur les questions des crimes environnementaux , atteintes aux biens d'intérêt public mondial , les attaques , exploitation , destruction contre les écosystèmes aux valeurs environnementales exceptionelles acceptées ou prouvées, les atteintes collectives contre les vies des défenseurs ruraux des droits environnementaux et fonciers ;

Aux mecanismes publics internationaux

- ❖ Produire des instruments juridiques, politiques sectoriels et des directives pour orienter et encadrer l'action publique et privée en matière de justice climatique et sauvegarde des droits et libertés des DDE et DDF dans le monde ;
- ❖ Mettre en place des cadres de suivi spécifique et multi acteur sur les questions des défenseurs des droits environnementaux , fonciers et l'évolution des ODD au niveau des Etats Nord et sud ;
- ❖ Rendre accessibles les ressources , procédures et droits liés aux mecanismes en les adaptant aux réalités des défenseurs environnementaux et fonciers africains qui sont dans une grande majorité moins instruits , sans accès à la nouvelle technologie , sans accès à l' électricité mais qui font un travail important en faveur de la sauvegarde de la nature au niveau universel et paradoxalement victimes des injustices et atteintes aux droits et leurs libertés ;
- ❖ Renforcer le cadre opérationnel et le dispositif en format des directives normatives universelles sur la facilitation d'accès aux services de protection, l'accès à l'information d'intérêt public et à la formation intellectuelle en faveur des personnes vivant avec handicape et les femmes défenseuses environnementales;
- ❖ Prendre des sanctions contre les auteurs des violations des droits et libertés des défenseurs des droits et libertés des DDE et DDF ;

- ❖ Organiser des cadres des audiences ou enquêtes mobiles (format audiences foraines)des cours et organes des différents traités en vue de faciliter l'accès à la justice des citoyens locaux à travers les mécanismes internationaux à incidence sur l'environnement, le foncier et aspects connexes ;
- ❖ Dans les programmes d'aide au développement, insérer la close de conditionalité d'accès à l'aide au developpement par la sauvegarde des droits et libertés des DDE et DDF et la libération de l'espace civique en faveur de l'action climatique comme des facteurs clés d'accès aux appuis ;
- ❖ Assouplir les conditions de participations aux événements sur le climat tout en priorisant les acteurs locaux qui se battent dans le contexte très pénible en faveur de l'environnement et droits des communautés locales ;
- ❖ Assurer le suivi des déclarations et résolutions émises en faveur de l'action des défenseurs environnementaux et fonciers au niveau des Etats ;
- ❖ Instituer un observatoire multi acteur de suivi, évaluation de la situation des DDE et DDF et de proposition des normes d'adaptation juridique et institutionelle à l'échelle mondiale, régionnale et sous-régionnale et, avec des possibilités nationales selon les zones :
- ❖ Réadapter le dispositif des instances judiciaires , les offices des structures d'appui social et administratifs aux besoins et capacités des DDE et DDF vivant avec handicap aux fins de faciliter l'inclusion professionnelle et organisationnelle
- ❖ Doter des moyens les mécanismes de promotion et protection des défenseurs environnementaux et fonciers au niveau local, national et international ;
- ❖ Soutenir des programmes d'action et de formation capable à une transition technologique et scientifique entre les acteurs de défense des forêts ruraux de l'Afrique en général et de la partie Est Paysage Virunga en particulier et le monde de promotion des actions climatiques attachées et habitué à la nouvelle technologie de l'information . Il faut des moyens d'investissment en faveur des équipements technologiques et les savoirs scientifiques pour bien gérer l'équilibre Nord –Sud dans les activités du climat et ressources naturelles …..

Aux mécanismes privés nationaux et internationaux (ONG, Médias, Barreaux):

- L'alliance mondiale pour les défenseurs environnmentaux , indigènes et fonciers doit promouvoir et défendre les droits et libertés des DDE et DDF dans toutes les instances décisionnelles , mécanismes privés de protection pour un engagement modial en faveur de la cause des DDE et DDF ;
- Mobiliser les services des Barreaux d'avocats , Magistrats en faveur de la sauvegarde des droits et libertés des DDE et DDF dans le contexte d'urgence climatique ;
- Proposer des réformes profondes en matière d'aide légale gratuite pour la faune et flore sauvage mais aussi en faveur des défenseurs locaux en situation d'harcellement judiciaire :
- Vulgariser les textes des lois et politiques de protection existant ;
- Mobiliser les défenseurs des droits de l'homme pour un plaidoyer en faveur de la modification de la Loi n°23/027 du 15 juin 2023 relative à la protection et à la responsabilité du défenseur des droits de l'homme en République démocratique du Congo : une légalisation de la criminalisation des activités des DDH en lieu et place d'une protection sollicitée
- Soutenir les actions diverses visant à faire réviser la loi n°23/027 du 15 juin 2023 relative à la protection et à la responsabilité du défenseur des droits de l'homme en République démocratique du Congo ;
- Influencer des réformes juridiques et institutionelles pour des services, politiques et pratiques favorables à la promotion et protection des droits et libertés des DDE et DDF ;
- Mobliser plus des moyens en faveur de la protection globale en faveur des défenseurs environnementaux et fonciers de la province du Nord Kivu :
- Initier des recherches approfondies sur l'efficacité des services rendus , les défis, forces et faiblesses des références et les grandes orientations des défenseurs locaux en Province du Nord Kivu ;
- Intenter des actions judiciaires contre des violations des droits et libertés des défenseurs des droits fonciers et environnementaux au Nord Kivu
- Assurer le monitoring des procès des DDF et DDE devant les cours et tribunaux ;

- Accompagner des programmes de surveillance des droits et libertés et d'appui en faveur des défenseurs locaux ;
- Organiser des activités de monitoring, repporting sur la situation des défenseurs des DDE et DDF ;
- Assurer un appui logistic, énergetique et technologique en vue de faciliter une transition technologique juste et favorable aux DDF, DDE locaux et à la sauvergarde environnementale ;
- Mobliser les acteurs fonciers et environnementaux contre la dikephobie et les amener à saisir toutjours à affronter la justice pour recouver leurs droits et contribuer à l'amélioration de la gouvernance judiciaire en faveur des DDH locaux ;
- Organiser des travaux de réflexion , consultation et concertation en vue de réadapter les appuis accordés aux DDF et DDE ;
- Faciliter la démocratisation et adaptation des protocoles de l'aide en faveur des DDE et des DDF en tenant compte des réalités locales, besoins et avis des acteurs à aider ;
- Alerter le monde par rapport à la situation des défenseurs environnmentaux et fonciers locaux ;
- Mettre en place des strétagies numériques à distance pour organiser des procès aux fins de reduire les risques sécuritaires , l'impunité et les obstacles géo stratégiques ; des procès virtuels en manière des violations des droits et libertés des défenseurs environnementaux et fonciers ;
- Revisiter les procédures d'accès aux moyens et services de protection en les réadaptant sur les situations , niveaux intellectuels et le retard technologique des DDE et DDF ;
- Documenter la situation spécifique des DDE et DDF vivant avec handicap et les femmes aux fins d'analyser leur besoins et défis particuliers en matière d'accès aux services de protection et de formation dans la vie professionnelle ;
- Vulgariser les textes des lois en matière de sécurité, protection et défense des droits des DDH et les autres textes sur le foncier et la justice climatique en RDC ;
- Mener un plaidoyer au niveau de la Cour Pénale Internationale pour que le Burau du Procureur puisse mener des enquêtes sur les questions des crimes environnementaux dans le Parc des Virunga et les massacres contre les DDE et DDF dans le Paysage virunga y compris les éco-gardes ……

Cet ouvrage résume quelques idées forces pouvant faciliter les défenseurs des défenseurs de l'environnement d'améliorer les processus et services. C'est un travail humain qui peut soulever des critiques et débats utiles pour faire avancer le secteur en ce qui concerne la définition pratique et professionnelle d'un défenseurs environnementaux et défenseurs des droits fonciers dans sa conception d'un défenseur des droits de l'homme, les approches et mécanismes de sauvegarde des droits et libertés des défenseurs des droits fonciers et environnemetaux , les défis et faiblesses dans les activités de protecion des droits et libertés, la question de la gouvernance judiciaire, mécanisme privé de protection des DDE et DDF , les procédures et lois, la technonologie , Bureaucratie , bancarisation et l'informatique comme des enjeux solutions et de fois problèmes dans les activités de promotion et protection des droits et libertés des DDE et DDF au Nord Kivu. Ce sont des questions objectives soulévées pour une première fois dans un document de référence scientifique issues des experiences pratiques qui vont provoquer un débat utile pour des réformes et productions scientifique dans le monde des droits de l'homme, justice et développement durable.

Des leaders paysans, des éco-gardes, des acteurs de la société civile y ont perdu leur vie dans la défense de l'environnement et de la terre... Ils sont morts dans des circonstances intolérables, tués ou massacrés à cause de l'intélorance de leur opinion ou de leur action. Certains acteurs puissants sont réfractaires à la protection de la nature et des terres des paysans. Ils sont animés par la volonté d'exploiter, d'occuper et d'investir dans la nature et sur les terres des paysans, de chasser ces derniers et les animaux et de détruire la forêt. Leur opposer un autre discours en faveur de la protection de l'environnement et des communautés locales c'est s'exposer à la mort ou à des harcellements judiciaires et policiers.

Il est étrange que des personnes engagées pour la conservation de la nature, la question énergétique, l'accès sécurisé à la terre, les droits fonciers non-titrés, les révendications sur la redevances minière, la protection des animaux, la lutte contre le trafic illicite de la faune et flore sauvage, la transparence dans la gestion des questions d'intérêts public, sont payés par la mort, les arrestations arbitraires et les détentions illégales ainsi que des condamnantions judiciaires iniques. Pourtant, il est dans l'intérêt de tous de prévenir les risques climatiques auxquels l'humanité est exposée. Les défenseurs des droits environnementaux et fonciers méritent, à juste titre, la protection, singulièrement celle de la justice pour rétablir leurs droits souvent violés.

Cependant, les mécanismes de protection ont encore beaucoup de faiblesses, tandis que très peu d'initiatives portent actuellement sur les réformes juridiques et institutionnelles visant à améliorer les stratégies de protection des défenseurs et adapter les différents mécanismes aux réalités et contexte locaux. Cette publication est donc un appel à des révues et des réformes profondes pouvant faciliter la mise en place d'un systsème de protection plus adéquat et démocratique.

La justice congolaise est la voie de la solution que la loi donne aux défenseurs environnementaux et des droits fonciers pour protéger ou réclamer les droits. Mais certains acteurs puissants l'instrumentalisent pour exrecer la coercition et la pression sur les défenseurs. Des acteurs judiciaires sont utilisés pour maltraiter les paysans défenseurs des droits fonciers et les défenseurs de l'environnement aux fins de créer la peur et les pousser à abandonner leur travail. A cet égard, ils sont victimes des procès iniques et des actes de tortures psychologiques et physiques .

Le monde qui tire bénefice des actions des défenseurs devrait les écouter et les protéger en mettant en place des mécanismes et des stratégies plus adaptés à la gravité des menaces et des situations auxquelles ils sont exposés. Il n'est pas juste de se mobiliser plus en faveur de l'environnement et du climat et abadnonner sans réponse la question de la protection des défenseurs qui se battent jour et nuit au péril de leur vie. Pourtant, il ne s'agit pas des criminels, car les défenseurs sont des bons citoyens à qui le monde devrait reserver une place de choix car l'avenir de la planète dépend de leur engagement.

Il est vrai que les besoins des puissants, tels que les entreprises, les politiciens, les militaires, les membres des forces et des groupes armés, les institutions publiques, les concessionnaires et les étrangers convoitent parfois violemment la terre aux fins de l'exploitation des ressources environnementales et foncières au mépris des lois et droits des paysans locaux. Les défenseurs environnementaux sont une alternative efficace et crédible pour assurer la protection de la nature et les droits locaux. Mais comme eux-mêmes méritent d'être protégés, la mobilisation, le renforcement des capacités, l'adaptation des procédures, le jumellage, la transparence, la limitation de la bureaucratie et la numérisation du système d'accès aux mécanismes sont des questions fondamentales à approfondir pour démocratiser les mécanismes de protection.

Une synergie décentralisée et bien pensée en faveur des défenseurs environnementaux et défenseurs des droits fonciers est une urgence aux fins de sauver les défenseurs, leurs droits et accorder une valeur à leur engagement. Les faiblesses à constater et celles déjà consatées des mécanismes de protection feront l'objet d'analyses ultérieures aux fins d'impulser des réformes profondes qui pourront corriger les injustices et les inégalités que subissent les défenseurs ruraux. Ces corrections mettront en place un système qui s'adapte aux réalités des défenseurs et à leurs défis au lieu d'exiger à ces paysans de s'adapter à un système qu'ils ne maîrtisent pas et dont les capacités et les moyens pour arriver à le maîtriser ne sont pas disponibles. L'accès au prétoire et l'accès au droit sont des élements très importants pour faire avancer les droits des défenseurs locaux de l'environnement et c'est parmi les piliers ultimes à joindre à la lutte contre la corruption et l'insécurité.

Bibliographie

LOI n°23/027 du 15 juin 2023 relative à la protection et à la responsabilité du défenseur des droits de l'homme en République Démocratique du Congo

Note de positionnement des acteurs de l'environnement sur la loi ddh et les besoins des dde face au processus legislatif en République Démocratique du Congoc ,

Lettre ouverte adressee a la commission nationale des droits de l'homme en rapport avec la loi ddh en République Démocratique du Congo

Analyse de la loi ddh par protection internationale

Lettre demande d'enquête sur les violations des droits et libertés des DDE et DDE au Nord Kivu

Lettre au ministre de l justice en rapport avec les harcellements judiciaires contre les d de kitshanga .

Lettre demande d'enquête sur l'assassinat du Sieur Obedi Karafulu

Déclaration publique sur les menaces contre les défenseurs de l'environnement

1. https://flambeauestrdc.com/2022/03/nord-kivu-le-projet-credit-troc-foncier-applaudi-et-accueilli-par-les-populations-sans-terre-de-kitshanga-les-anciens-ouvriers/nord-kivu-et-lutte-contre-la-fraude-miniere/
2. https://www.radiookapi.net/2022/05/11/actualite/justice/goma-lacedh-denonce-la-detention-illegale-de-5-paysans-la-prison

3. OBK : Un représentant des défenseurs des droits fonciers dans le Masisi : nous savons que même si nous allons devant la justice , nous n'aurons pas raison car les juges , la police , les différentes autorités sont tout le temps avec les grands concessionnaires , ils leur donnent des fonds, des véhicules pour venir nous arrêter , nous continuer à déposer des plaintes et des lettre peut être un jour nous seront écouter , ici c'est la force et l'argent que facilitent les gens d'être attendu : entretien du 23 mars 2021, après séance de travail
4. Michelle Bachelet, Haut-Commissaire des Nations Unies aux droits de l'homme : Cet événement virtuel a été organisé conjointement par la Suède et le Haut-Commissariat des Nations Unies aux droits de l'homme (HCDH) durant la 49e session du Conseil des droits de l'homme à Genève, en Suisse., 23 Mars 2022 , évènement virtuel in https://www.ohchr.org/fr/stories/2022/03/environmental-human-rights-defenders-must-be-heard-and-protected#:~:text=Protection%20et%20principe%20de%20re
5. L IUCN NL (IUCN National Committee of The Netherlands) Plantage Middenlaan 2K 1018 DD Amsterdam T + 31 (0) 20 626 17 32 mail@iucn.nl www.iucn.n,LES DÉFENSEURS DE L'ENVIRONNEMENT ET LEUR RECONNAISSANCE SELON LE DROIT INTERNATIONAL ET RÉGIONAL: -UNE INTRODUCTION, page 5, in https://www.iucn.nl/app/uploads/2021/03/les_defenseurs_de_lenvironnement_et_leur_reconnaissance_selon_le_droit_international_et_regional.pdf
6. GENEVA ENVORONNEMENT NET WORK : Droits de l'homme et Environnement : in https://www.genevaenvironmentnetwork.org/fr/environnement-geneve/domaines-cles-odd/domaines-cles/droits-humains-environnement/
7. Nord-Kivu , ONU HABITAT ; Coordination foncière : Réunion mensuelle des activités de la Coordination foncière , Ficher cartographie des acteurs et interventions , Groupe de travail terre , propriété et logement , inédit , liste des membres 2019 ,

8. FAO Organisation des Nations unies pour l'alimentation et l'agriculture : Base de données FAOLEX : in https://www.fao.org/faolex/results/details/fr/c/LEX-FAOC109785/
9. RDC , Présidence de la République, cabinet du Président : Loi n°15/015 du 25 août 2015 fixant le statut des chefs coutumiers, JOURNAL OFFICIEL de la République Démocratique du Congo, in https://www.leganet.cd/Legislation/Droit%20Public/Administration.ter/Loi%2015.015.2015.html
10. FAO : Organisation des Nations Unies pour l'alimentation et l'agriculture ; République démocratique du Congo (Niveau national) : Loi n°22/30 du 15 juillet 2022 portant protection et promotion des droits des peuples autochtones pygmées., inhttps://www.fao.org/faolex/results/details/fr/c/LEX-FAOC213451/
11. Cabinet du Président de la République : Loi organique *n°13/011-B* du 11 avril 2013 portant organisation, fonctionnement et compétences des juridictions de l'ordre judiciaire, in bulletin officiel de la RDC, 2013
12. Paulin MBALANDA KISOKA : Recueil de texte juridique en matière environnementale en République Démocratique du Congo, 2ième édition revue et augmentée, Avocats verts, Pages 474 -476 ;
13. ACEDH : rapport de l'atelier de sensibilisation des acteurs judiciaires, les autorités coutumières, les agents de l'administration foncière, journalistes, leaders pygmées et acteurs de la société civils sur la Transparence dans la gestion des régimes fonciers et lutte contre les crimes environnementaux dans le Paysage Virunga ; Avril 2017 ; Inédit, Page 12 ;
14. ACEDH : Crimes environnementaux : Aide-mémoire à l'usage du praticien du droit pénal vert, la faune et flore congolaise ont droit à une protection légale ; que dit le cadre légal, en attente de publication, page 20
15. HCDH : Le HCDH et les changements climatiquesDéfenseuses des droits humains et défenseurs des droits des femmesPrincipes directeurs relatifs aux entreprises et aux droits de l'hommeLe HCDH et les peuples autochtones in https://www.ohchr.org/fr/stories/2022/03/environmental-human-rights-defenders-must-be-heard-and-protected
16. IDPE : Alerte Société Civile sur l'interpellation et privation des libertés du sieur J Chef d'antenne de l'IDPE à Kiwanja, inquiétude in Groupe Watsapp Question URGENTE GLA ;
17. Une grande partie sur les faits est une partie des éléments des rapports des Avocats Verts de l'ACEDH et des reçues des défenseurs de

l'environnement, acteurs de la société civile du Nord Kivu et autres informations tirées des conservations orales

18. Echange avec les prévenus, Conseils et autres défenseurs des droits fonciers et de l'environnement et des droits fonciers dans la Zone du Paysage Virunga
19. Débat général d'échange entre défenseurs des droits fonciers et défenseurs de l'environnement dans une réunions à Kitshanga en 2017, sous l'appui de protected défenders , Pi, réunion acteurs de la société civile de la sous coordination foncière et les défenseurs sans organisations formelle (défenseurs fonciers, les tradi praticiens, les défenseurs de l'environnement, les pêcheurs ....) salle Nyarusumba lodge
20. Entretiens avec des acteurs des mécanismes locaux et régionaux sur la question des témoignages à Dar es salam ? Tanzanie en 2018
21. Entretiens avec des défenseurs des droits fonciers à Bishusha et Muongozi sur les ressources disponibles en faveur des défenseurs des droits fonciers et de l'environnement, 2018,

Quelques adages, maximes et pensées fortes

- Défendre les victimes des violations des droits humains: « Cela veut dire beaucoup pour les personnes opprimées, de savoir qu'elles ne sont pas seules. Ne laissez jamais personne vous dire que ce que vous faites est insignifiant » Desmodes Tutu

- « Quand le droit d'accès à la terre (principal moyen de subsistance pour l'Homme) est menacé, quand le droit de vivre dans un environnement sain est ménacé, quand la génération actuelle a perdu conscience de son devoir à utiliser durablement les ressources naturelles de façon à léguer aux générations futures un monde capable de garantir leurs vies sur terre, se léver pour dénoncer devient un impératif pour les défenseurs des droits humains ».Jovial Bakulu Ngabo
- La sécurisation du patrimoine foncier des communautés locales, la protection des défenseurs des droits fonciers et de l'environnement sont des facteurs clés pour la préservation de l'environnement et des droits de l'homme dans une région où la terre est la principale ressource des membres de la communauté (Olivier Bahemuke Ndoole).
- Une Gouvernance juste, transparente, responsable, durable et juste des régimes fonciers applicables aux terres, forêts, eaux, pêche dans le contexte de développement durable suppose agir avec une

sensibilité, amour sur la trilogie ; protéger, défendre, respecter et promouvoir les droits et libertés défenseurs environnementaux et fonciers locaux : Olivier Ndoole

- « A la fin nous nous souviendrons non pas des mots de nos ennemis mais du silence de nos amis » Martin Luther King.
- « Le monde divient dangereux à vivre, non pas tant à cause de ce qui font le mal mais à cause de ceux qui regardent et laissent faire ». Albert Einstein
- « Garder silence face à une oppression c'est en devenir un complice ».
- « Prendre position même par simple pensée en faveur des pauvres vulnérables menacés de déguerpissement fondé sur un système féodal bien organisé de spoliation, d'accaparément des terres et de corruption des instances judiciaires tel que mis en place par la classe bourgeoise composée des puissants politiciens, commerçants et commandants militaires et policiers, n'a jamais été une tâche facile sur un terroire au sol et sous sol riches et convoités comme celui de la RDC ».
  « Défendre un pauvre spolié c'est s'exposer à la colère du puissant riche spoliateur, du puissant commandant qui tire avantages de l'exploitation illicite des ressources naturelles et la destruction de l'environnement »-
- Assurer un accès sûr, durable et sécuriser à la terre aux petits exploitatnts et aux faibles est une des garenties pour protéger la nature ;
- « On reconnaît l'humanisme et la noblesse d'un homme puissant de la façon par laquelle il traite les faibles »

Annexes

- Loi N°23-027 du 15 juin 2023- DDH – RDC

- Requête inconstitutionnalité Loi défenseurs des DH Version FINALE Maitre Olivier Ndoole Avocat DDEF RDC

- Déclaration d'appel à l'autorité provinciale du Nord-Kivu à assuré la sécurité des défenseurs de l'environnement
- Note de position
- Harcèlement judiciaire contre 5 défenseurs paysans DDF, la R.D.Congo doit agir

- Lettre Ministre de Justice Assassinat de Obed

- RDC Lettre Ouverte adressée à Monsieur à l'équipe CNDH de la République Démocratique du Congo

- Déclaration assassinat de Obedi
- Demande enquête sur l'assassinat d'Obedi Karafuru défenseur des droits fonciers
- Note de position, d'analyse et PLAIDOYER (1

- Récépissé requête en inconstitutionnalité contre la loi DDH R.D.CONGO

Journal officiel de la République Démocratique du Congo du Président de la République

SOMMAIRE

2

PRESIDENT DE LA REPUBLIQUE

Loi n° 231027 du 15 juin 2023 relative à la protection et à la responsabilité du défenseur des droits de l'homme en République Démocratique du Congo

Exposé des motifs

Les droits de l'homme résultent d'une construction historique. Enracinés dans des convictions philosophiques, obtenus souvent à l'issue de combats politiques ou de luttes sociales, ils se fondent sur des valeurs qui guident la vie au sein d'une société.

Plusieurs articles du titre Il de la Constitution du 18 février 2006 telle que modifiée et complétée à ce jour, portent sur les droits de l'homme et les libertés fondamentales des citoyens dont les droits civils et politiques, les droits économiques, sociaux et culturels ; ce qui constitue l'expression de la volonté du Constituant de faire obligation à I Etat d'assurer la promotion et la protection de ces droits.

Cette volonté est également exprimée par les instruments juridiques internationaux et régionaux relatifs aux droits de l'homme ratifiés par la République Démocratique du Congo dont la Déclaration universelle des droits de l'homme, le Pacte international relatif aux droits civils et politiques, le Pacte intemational relatif aux droits économiques, sociaux et culturels, la Charte africaine des droits de l'homme et des peuples qui constituent l'expression de la volonté de la communauté humaine de promouvoir et de protéger les droits de l'homme.

La défense de ces droits relève notamment des obligations internationales des Etats qui sont tenus de les respecter et d'en assurer une jouissance effective. De ces engagements internationaux découlent également les droits et les devoirs des individus, des groupes d'individus ou des organes de la société engagés dans la promotion et la défense des droits de l'homme.

La résolution 53/144 de l'Assemblée générale des Nations-Unies, adoptée le 9 décembre 1998 portant « Déclaration des Nations-Unies sur les droits et la

responsabilité des individus, groupes et organes de la société de promouvoir et de protéger les droits de l'homme et les libertés fondamentales universellement reconnus », de même que la

Résolution 69 (XXXV) du 4 juillet 2004 de la Commission africaine des droits de l'homme et des peuples sur la protection des défenseurs des droits de l'homme en Afrique, demandent aux Etats membres des Nations-Unies et de l'Union - Africaine de prendre des mesures pertinentes; en vue de la protection des défenseurs des droits de l'homme et des libertés fondamentales.

Ces mesures garantissent aux défenseurs des droits de l'homme et des libertés fondamentales un environnement propice à l'exercice de leurs activités sans crainte d'actes de violence, menaces, représailles, discriminations, arrestations et détentions arbitraires et autres persécutions-de la part de l'Etat ou des acteurs non étatiques.

Le contexte dans lequel travaille le défenseur des droits de l'homme en République Démocratique du Congo rend nécessaire l'existence d'une loi relative à sa protection.

Ainsi, la présente loi trouve son fondement dans les articles 122, point 1 et 203 point 1 de la Constitution du 18 février 2006.

Elle opte pour une définition plus large de l'expression défenseur des droits de l'homme ; il peut s'agir des personnes du secteur public ou du secteur privé.

Elle détermine également les droits reconnus au défenseur des droits de l'homme, ses devoirs, les obligations de l'Etat ainsi que le mécanisme de protection des défenseurs des droits de l'homme.

La protection vise tous ceux qui, d'une manière ou d'une autre, participent à la promotion, à la protection et à la défense des droits de l'homme et des libertés fondamentales telles que proclamées par la Constitution, les Conventions Internationales, les Lois et les Règlements en vigueur en République Démocratique du Congo.

La présente Loi s'articule autour de six chapitres:

Chapitre I: Des dispositions générales ,
Chapitre II Des droits et des devoirs du défenseur des droits de l'homme ;

Chapitre III : Des obligations de l'Etat ;
Chapitre IV Du mécanisme de protection du défenseur des droits de l'homme ;

Chapitre V : Des dispositions pénales ; Chapitre VI : Des dispositions abrogatoire et finale

Telle est l'économie générale de la présente Loi.

Loi

L'Assemblée nationale et le Sénat ont adopté ;

Le Président de la République promulgue la loi dont la teneur suit :

CHAPITRE I : DES DISPOSITIONS GENERALES

Section 1 : De l'objet et du champ d'application

Article 1

La présente Loi fixe les règles relatives aux droits, aux devoirs et à la responsabilité du défenseur des droits de l'homme et aux obligations de l'État à son égard ainsi qu'aux mécanismes de protection du défenseur des droits de l'homme.

Elle détermine la responsabilité de l'Etat et du défenseur des droits de l'homme. Section 2 : Des définitions

Article 2

Au sens de la présente Loi, on entend par :

1 . Assistance judiciaire : accompagnement de la victime par un avocat ou défenseur judiciaire en vue d'une assistance ou d'une représentation de celle-ci devant les instances judiciaires ;

2. Assistance juridique : accompagnement de la victime par un expert de droit en vue d'apporter des réponses ou solutions personnalisées ;
3. Confidentialité : caractère de ce qui ne peut être divulgué et dont la divulgation causerait un préjudice à la victime ;
4. Défenseur des droits de l'homme .
   a. Toute personne, individuellement ou en association avec d'autres, travaillc pour la protection et la promotion des droits de l'homme ;
   b. Toute personne identifiée ou groupe de personnes qui agit en fonction de ses attributions, de sa profession ou de son état physique, travaille à la réalisation des droits de l'homme et des libertés fondamentales ;
   c. Toute institution ou tout organisme légalement constitué qui travaille à la promotion, à la protection et à la réalisation des droits * de l'homme et des libertés fondamentales tels que garantis par la Constitution, les lois de la République, les instruments nationaux, régionaux et internationaux en fonction de ses attributions;

5. Promotion : ensemble de mécanismes mis en place par l'Etat en vue d'améliorer la connaissance et la pratique des droits de l'homme ;

6. Protection : ensemble des mesures concrètes qui permettent de faire bénéficier aux personnes ou groupes de personnes des droits et des secours prévus par la Constitution, les conventions internationales, les lois et règlements ;

7. Réaliser : mettre en œuvre des prérogatives par l'adoption des mesures administratives, réglementaires et législatives en vue de donner effets aux droits de l'homme ;

8. Responsabilité : l'ensemble des devoirs, des comportements attendus de l'État et du défenseur des droits de l'homme ainsi que les conséquences juridiques y rattachées ;

9. Secret professionnel : devoir qu'a un défenseur des droits de l'homme de ne pas partager les informations confidentielles obtenues dans le cadre de ses activités.

CHAPITRE II : DES DROITS ET DES DEVOIRS DU DEFENSEUR DES DROITS DE L'HOMME

Section 1 : Des droits

Article 3

Le défenseur des droits de l'homme exerce librement ses activités sur toute l'étendue du territoire national dans le respect des Lois et Règlements de la République.

A ce titre, il a le droit de :

1. constituer, avec d'autres personnes, des organisations ou des associations et de s'y affilier ;
2. participer à des réunions et à des rassemblements pacifiques, en public ou en privé ,
3. communiquer avec des personnes, associations ou organisations gouvernementales, non-gouvernementales ou inter-gouvernementales qui poursuivent le même but ;
4. accéder librement aux informations liées aux droits de l'homme et aux libertés fondamentales et les conserver confidentiellement ;
5. rechercher, obtenir, recevoir, détenir, publier, communiquer et diffuser librement ses idées, informations et rapports sur les droits de l'homme et les libertés fondamentales ;
6. procéder à l'évaluation des droits de l'homme et des libertés fondamentales ;
7. former et sensibiliser le public sur les droits de l'homme et les libertés fondamentales ;
8. fournir conseil, offrir une assistance juridique ou autre, orienter les victimes des violations des droits de l'homme auprès des instances judiciaires compétentes.

Il peut également dénoncer les violations des droits de l'homme auprès des mêmes autorités judiciaires ;

9. visiter les lieux de détention, accéder sans entrave aucune aux détenus et constater les conditions carcérales.

7

Un Arrêté du Ministre ayant les Droits de l'Homme dans ses attributions délibéré en conseil des ministres fixe les modalités d'exercice des activités des défenseurs des droits de l'homme.

Article 4

Le Défenseur des droits de l'homme formule librement des critiques et •propositions quant aux entraves à la promotion, à la protection et à la réalisation des droits de l'homme et des libertés fondamentales qu'il adresse aux organes, organismes et institutions tant nationaux qu'intemationaux.

Il fait des suggestions pertinentes à l'autorité publique compétente concernant les changements législatifs ou règlementaires relatifs aux droits de l'homme et libertés fondamentales.

Il signale à l'autorité publique compétente tout aspect du travail des acteurs publics ou privés qui risque d'entraver ou d'empêcher, par action ou par omission, la promotion, la protection et la réalisation des droits de l'homme et des libertés fondamentales.

Article 5

Le défenseur des droits de l'homme peut, pour l'accomplissement de ses activités, bénéficier de la formation, des subventions de l'Etat ou de tout autre appui financier, matériel ou technique, d'origine licite, de la part de toute personne physique ou morale, tant nationale qu'internationale.

Article 6

Le défenseur des droits de l'homme vulnérable bénéficie également d'une protection spécifique en raison de sa situation personnelle.

La femme défenseur des droits de l'homme bénéficie d'une protection contre toute sorte de menace, de violence ou de toute forme de discrimination liée à son genre, conformément aux instruments juridiques internationaux et nationaux relatifs à la protection des droits de la femme.

8

Section 2 : Des devoirs

Article 7

Le défenseur des droits de l'homme a le devoir de respecter la Constitution, les conventions régionales et internationales ainsi que les lois et règlements en vigueur.

Il exerce ses droits et libertés en toute responsabilité, neutralité et impartialité, dans le respect de la loi, de l'ordre public, de bonnes mœurs et de l'intérêt général.

Pour raison de fiabilité, le défenseur des droits de l'homme qui exerce en dehors d'une association légalement constituée, s'enregistre sans frais, auprès de la Commission Nationale des Droits de l'Homme en vue d'obtenir un numéro national d'identification.

La Commission Nationale des Droits de l'Homme dresse un répertoire des défenseurs des droits.de l'homme.

Toutefois, le défenseur des droits de l'homme reste indépendant vis-à-vis de la Commission Nationale des Droits de l'Homme dans l'exercice de ses activités.

Article 8

Le défenseur des droits de l'homme contribue au développement, à la sauvegarde de la démocratie, à la préservation et au renforcement de la solidarité nationale, ainsi qu'au renforcement de l'indépendance, de la souveraineté nationale et de l'intégrité territoriale de l'Etat.

Article 9

Le défenseur des droits de l'homme a l'obligation de respecter ses pairs et [A] d'entretenir avec eux des relations qui permettent de promouvoir et de renforcer la tolérance réciproque.

Il est tenu au respect de bonnes mœurs et de la vie privée.

Article 10

Le défenseur des droits de l'homme est tenu au secret professionnel et au respect de la confidentialité des sources d'informations dans

9

l'intérêt des victimes et des témoins.

Article 11

Le défenseur des droits de l'homme visé à l'article 2 point 4 litera a, de cette Loi, présente chaque année, un rapport de ses activités à la Commission Nationale des Droits de l'Homme, avec copie pour information au Ministre de la Justice et au Ministre ayant les Droits de l'Homme dans ses attributions ainsi qu'au Secrétariat général rattaché à ce dernier.

Toutefois l'envoi du rapport et l'identification ne mettent pas le défenseur des Droits de l'Homme sous tutelle de la

Commission Nationale de Droits de l' Homme.

CHAPITRE III : DES OBLIGATIONS ET DE LA RESPONSABILITE DE L'ETAT

Article 12

L'Etat a l'obligation d'appliquer et de faire appliquer, les lois de la République et les engagements découlant des

Article 16

instruments juridiques internationaux et régionaux ratifiés en matière de protection des défenseurs des droits de l'homme.

Article 13

L'Etat facilite l'exercice des activités du défenseur des droits de l'homme et lui garantit la confidentialité de ses sources d'information.

Il ne peut faire obstacle à son droit d'informer, en toute responsabilité, l'opinion publique de tout cas de violation des droits de l'homme.

Article 14

L'Etat assure la protection du défenseur des droits de l'homme, de ses collaborateurs et des membres de sa famille en cas de risque ou de danger lié à l'exercice de ses activités.

Article 15

L'Etat veille à ce que les violations commises contre le défenseur des droits de l'homme à l'occasion de l'exercice de ses activités soient punies conformément aux lois et règlements en vigueur.

Sans préjudice des compétences dévolues au Gouvernement et aux cours et tribunaux, la Commission Nationale des Droits de l'Homme veille à l'effectivité des droits, des devoirs et des obligations définis dans la présente Loi.

A cet effet, elle reçoit chaque année les rapports annuels d'activités du défenseur des droits de l'homme et des associations légalement constituées en République Démocratique du Congo.

Article 17

Dans l'exercice de ses compétences régaliennes, l'Etat encourage ses fonctionnaires et agents à respecter et à faire respecter les droits de l'homme conformément aux lois et règlements de la République.

Nul ne peut subir les représailles de quelque forme soit-elle, du fait de la dénonciation de la violation des droits de l'homme.

Article 18

Les autorités politico-administratives assurent la protection des défenseurs des droits de l'homme dans l'exercice de leurs activités.

CHAPITRE IV : DU MECANISME DE PROTECTION DU DEFENSEUR DES DROITS DE L'HOMME

Article 19

Sans préjudice des lois particulières, le défenseur des droits de l'homme ne peut être poursuivi, recherché, arrêté, détenu ou jugé du seul fait des [A] opinions émises ou des rapports publiés dans l'exercice de ses activités.

Article 20

Aucune perquisition ne peut être, sauf cas de flagrant délit, effectuée au siège ou au domicile du défenseur des droits de l'homme sans autorisation expresse du Procureur de la République près le Tribunal de Grande Instance territorialement compétent.

Article 21

Sera puni d'une peine de trois à cinq ans et d'une amende de 3.000.000 à 5.000.000 de Francs congolais ou de l'une de ces peines seulement quiconque aura exposé par lui-même ou par autrui un défenseur des droits de l'homme à toute forme de représailles ou de harcèlement du fait de ses activités.

Si les représailles entraînent à travers des actes de violence, l'altération, l'amputation d'une partie du corps humain ou un handicap permanent d'un défenseur des droits de l'homme la peine sera portée à dix ans de servitude pénale principale.

Article 22

Sera puni d'une peine de servitude pénale à perpétuité, quiconque aura donné la mort à un défenseur des droits de l'homme du fait de ses activités.

Article 23

Sera puni d'une peine de servitude pénale principale de six mois à deux ans et d'une amende de 2.000.000 à 7.000.000 de Francs congolais ou de l'une de ces peines seulement, tout agent de l'État qui aura porté atteinte à l'intégrité physique d'un défenseur des droits de l'homme dans l'exercice de ses activités.

Article 24

Sera punie d'une peine de servitude pénale principale de six mois à une année et d'une amende de 1.000.000 à 3.000.000 de Francs congolais ou de l'une de ces peines seulement, toute personne qui porte atteinte à l'un des droits reconnus aux articles 3 et 4 de la présente Loi.

Article 25

Est puni d'une peine de servitude pénale principale de trois à cinq ans et d'une amende de 5.000.000 à 10.000.000 de Francs congolais, tout agent de l'Etat ou toute personne agissant au nom de l'État, Officier du Ministère public, agent de sécurité et de renseignement, officier de la police judiciaire,

12

membre des Forces armées de la République Démocratique du Congo ou de la Police Nationale Congolaise qui se sera rendu coupable de l'arrestation arbitraire, séquestre ou enlèvement d'un défenseur des droits de l'homme en raison de ses activités.

La peine sera portée au double si à l'occasion des actes répréhensibles énumérés à l'article précédent, le défenseur des droits de l'homme est soumis à des actes de torture ou à un traitement cruel, inhumain ou dégradant, en dehors ou en milieu carcéral.

Article 26

Sera puni d'une servitude pénale principale de deux à cinq ans et d'une amende dont le montant varie entre 1.000.000 à 5.000.000 de Francs congolais, tout défenseur de droits de l'homme ou tout membre de l'association légalement constituée qui se livre, pendant l'exercice ou à l'occasion de l'exercice de ses activités, aux actes de représailles, de vandalisme consistant en la destruction des biens publics ou privés ou de tout autre acte contraire à la

Article 27

Est puni d'une servitude pénale de six mois à un an, tout défenseur des droits de l'homme qui viole intentionnellement dans l'exercice de ses activités les devoirs qui lui sont prescrits par les dispositions pertinentes de la présente Loi.

Les associations légalement constituées qui se rendent coupables des mêmes faits sont punies d'une amende de 5.000.000 à 10.000.000 de Francs congolais. Et si les faits reprochés sont d'une extrême gravité, le juge peut prononcer la suspension des activités pour une durée allant de 1 à 3 ans.

Article 28

Sans préjudice des dispositions du Code pénal congolais, est puni d'une servitude pénale de six mois à deux ans ou d'une amende de 500.000 à 2.000.000 de Francs congolais, ou de l'une de ces peines seulement, le défenseur des droits de l'homme qui divulgue des informations diffamatoires, injurieuses ou calomnieuses.

Est puni de la même peine, tout défenseur des droits de l'homme qui se rend coupable de violences verbales, d'atteinte à l'intégrité morale ou physique d'un individu ou d'un groupe d'individus.

CHAPITRE VI : DES DISPOSITIONS ABROGATOIRE ET FINALE

Article 29

Sont abrogées toutes les dispositions antérieures contraires à la présente Loi.

Article 30

La présente Loi entre en vigueur trente jours après sa publication au Journal officiel.

Fait à Kinshasa, le 15 juin 2023.

Félix-Antoine TSHISEKEDI TSHILOMBO

Loi n° 231028 du 15 juin 2023 déterminant les principes fondamentaux relatifs au régime pénitentiaire

Exposé des motifs

De nos jours, le régime pénitentiaire est régi par des textes réglementaires, notamment, l'Ordonnance n°344 du 17 septembre 1965 portant régime pénitentiaire, les arrêtés d'organisation judiciaire n ° 87-025 du 13 mars 1987 portant création des comités de gestion des établissements pénitentiaires et n ° 029 du 28 janvier 2013 portant création, organisation et fonctionnement des comités locaux d'encadrement de la gestion du budget des prisons centrales, provinciales et camps de détention.

Par ailleurs ; la Loi n°023/2002 du 18 novembre 2002 portant Code judiciaire militaire organise, au titre Il de son Livre IV, une administration pénitentiaire militaire, instituant ainsi une dualité de gestion de l'administration pénitentiaire en République Démocratique du Congo, préjudiciable au système pénitentiaire dans son ensemble.

Requête en inconstitutionnalité des articles 7 alinéa 3, 11 alinéa 1er, 26, 27 et 28 de la Loi n°23/027 du 15 juin 2023 relative à la protection et à la responsabilité du défenseur des droits de l'homme en République démocratique du Congo

Requérant : Maitre Olivier BAHEMUKE NDOOLE, avocat au Barreau du Nord-Kivu ONA11149, Prix International Front line defenders 2023, zone Afrique pour l'environnement et foncier et Défenseur des droits de l'homme, de nationalité RD Congolaise Passe port OP1419542, résidant à l'avenue Présidentielle, n°087, Quartier Himbi, Commune de Goma, Ville de Goma, République démocratique du Congo.

Monsieur le Président de la Cour constitutionnelle,
Madame et Messieurs les membres de la Cour constitutionnelle,

J'ai l'honneur de saisir la Cour constitutionnelle en inconstitutionnalité de certaines dispositions de la Loi n°23/027 du 15 juin 2023 relative à la protection et à la responsabilité du défenseur des droits de l'homme en République démocratique du Congo.

I. FAITS DE LA CAUSE

Le Président de la République a promulgué le 15 juin 2023 la loi susmentionnée relative à la protection et à la responsabilité du défenseur des droits de l'homme en RDC. Celle-ci a été publiée dans le numéro spécial du Journal officiel de la République démocratique du Congo, première partie, colonnes 3 à 14, du 8 juillet 2023.

Tout en saluant cette avancée du droit applicable en RDC, le requérant estime que le législateur a adopté un texte liberticide, discrétoire contre les défenseurs paysans de la terre et de l'environnement qui, à plus de 90% n'ont pas étudié ,mais lutte aux prix de leur vie et liberté et rendent un travail exceptionnel à la nation Congolaise et à l'humanité de manière globale, de telle manière qu'après cette loi risque d'être pire qu'avant sa promulgation pour la communauté des défenseurs des droits de l'homme. Une politique jamais voulue par la RD Congo, moins encore le Président de la République Démocratique du Congo. A cet effet, la présente requête met en cause les articles 7 alinéa 3, 11 alinéa 1er, 26, 27 et 28 de la Loi n°23/027 du 15 juin 2023 pour violation des articles 1er, 12, 13, 17 alinéas 3 et 4, 23 alinéa 1er et 37 alinéa 1er de la Constitution de la République démocratique du Congo telle que modifiée à ce jour.

II. COMPETENCE DE LA COUR

Le requérant saisit la Cour constitutionnelle sur pied des articles 160 alinéa 1er et 162 alinéa 2 de la Constitution du 18 février 2006 telle que modifiée à ce jour ; 43 et 48 de la Loi organique n°13/026 du 15 octobre 2013 portant organisation et fonctionnement de la Cour constitutionnelle ainsi que 54 et 59 de son Règlement intérieur du 10 août 2018. Aux termes de ces dispositions constitutionnelles, légales et réglementaires, la Cour est chargée du contrôle de constitutionnalité notamment des actes législatifs et règlementaires des autorités administratives.

Par conséquent, elle est compétente pour statuer sur la présente requête qui vise la violation de la Constitution par les articles 7 alinéa 3, 11 alinéa 1er, 26, 27 et 28 de la Loi n°23/027 du 15 juin 2023, qui est un acte législatif.

III. RECEVABILITE

Les articles 88 de la Loi organique de la Cour constitutionnelle et 91, alinéas 2 et 3 de son Règlement intérieur prescrivent que la requête doit être dactylographiée et signée par la partie elle-même ou par un avocat dûment mandaté. Sauf lorsqu'elle émane du Procureur général, elle mentionne, sous peine d'irrecevabilité, les nom, qualité et adresse du requérant ainsi que l'objet et les moyens de la demande.

Il faut également noter le délai prescrit par les articles 50 de la Loi organique n°13/026 du 15 octobre 2013 portant organisation et fonctionnement de la Cour constitutionnelle et 59 alinéa 2 de son Règlement intérieur, aux termes desquels le recours en inconstitutionnalité doit être introduit dans les six mois suivant la publication de l'acte attaqué au Journal Officiel ou suivant la date de sa mise en application.

En outre, pour être reçue, toute action en justice doit répondre à certaines conditions d'ordre général. En l'occurrence, le requérant doit être capable, avoir qualité et justifier d'un intérêt.

En l'espèce, vous constatez, Monsieur le Président, Madame et Messieurs les membres de la Cour constitutionnelle que la présente requête est bel et bien dactylographiée et signée par moi-même. Elle mentionne clairement mon nom, ma qualité et mon adresse ainsi que l'objet et les moyens de la demande.

Cette requête est aussi recevable car elle a été introduite dans le délai, à savoir, le 29 novembre 2023, soit moins de six moins suivant la publication de la Loi n°23/027 du 15 juin 2023 au Journal officiel de la RDC.

Par ailleurs, le requérant fait savoir qu'il est majeur et partant capable de saisir la Haute Cour. Il a également qualité car le pouvoir de saisir la Cour en inconstitutionnalité d'une loi est reconnu à « toute personne » par les articles 162 alinéa 2 de la Constitution du 18 février 2006 telle que modifiée à ce jour ; 48 de la Loi organique de la Cour constitutionnelle ainsi que 59 alinéa 1er de son Règlement intérieur.

En ce qui concerne l'intérêt d'agir dans la présente cause, le requérant estime qu'en matière de contrôle de constitutionnalité par voie d'action, il n'est pas nécessaire de démontrer un intérêt personnel, l'invocation de la violation de la Constitution, spécialement des droits fondamentaux, étant une question d'intérêt public ou général pouvant être soulevé par quiconque, sauf évidemment en matière des droits politiques qui sont reconnus aux seuls congolais. Le requérant ne poursuit donc pas la violation de ses propres droits mais saisit la Cour en défense d'une cause d'intérêt public qui concerne particulièrement la communauté des défenseurs des droits de l'homme, dont il fait partie. Ainsi, en tant que défenseurs des droits de l'homme œuvrant dans le domaine de la protection des droits fonciers et environnementaux, mon intérêt d'agir devant la Haute Cour, dans cette espèce, ne fait l'ombre d'aucun doute.

IV. MOYENS D'INCONSTITUTIONNALITE

La présente requête repose sur cinq moyens d'inconstitutionnalité.

1. Violation de l'article 1er de la Constitution

Cet article dispose que « la République Démocratique du Congo est, dans ses frontières du 30 juin 1960, un Etat de droit (…) ». Parmi les caractéristiques d'un Etat de droit il y a lieu de citer la soumission de tous à la loi. Or, pour que la loi soit observée il faut que ses dispositions soient intelligibles. Dans son arrêt R.Const.622 du 2 février 2018, la Cour a admis qu'une disposition d'une loi soumise à son contrôle peut être déclarée contraire à la Constitution dès lors que sa formulation est inintelligible. L'intelligibilité suppose le défaut de clarté requise et de bonne lisibilité des dispositions mises en cause de l'acte attaqué ainsi que de leur cohésion normative, en sorte que lesdites dispositions laissent présager la violation de la Constitution au moment de leur application. Comme tel, le manque d'intelligibilité de l'acte attaqué enfreint l'article 1er de la Constitution.

Il en va ainsi de la Loi n°23/027 du 15 juin 2023 en son article 11 alinéa 1er. En effet, cette disposition prévoit que « le défenseur des droits de l'homme visé à l'article 2 point 4 litera a de cette Loi présente chaque année un rapport d'activités à la Commission nationale des droits de l'homme, avec copie pour information au Ministre de la Justice et au Ministre ayant les droits humains dans ses attributions ainsi qu'au Secrétaire général rattaché à ce dernier ».

Il faut noter que la présentation du rapport annuel d'activités est un devoir à charge du défenseur des droits de l'homme, dont l'inobservation est une infraction passible des peines prévues à l'article 27 alinéa 1er de la même loi. Or, au fond, l'article 11 alinéa 1er sus-évoqué est en réalité inintelligible pour défaut de clarté et de cohérence normative avec un autre aspect de la même loi, en l'occurrence l'article 2 point 4, litera a. Cette disposition définit, entre autres, le défenseur des droits de l'homme comme étant toute personne qui, individuellement ou en associations avec d'autres, travaille pour la protection et la promotion des droits de l'homme. Elle institue ainsi deux catégories de défenseurs des droit de l'homme sur qui pèserait le devoir prescrit par l'article 11 alinéa 2, à savoir, ceux qui travaillent individuellement et ceux qui travaillent en association avec d'autres. Or, dans les associations, les personnes y travaillant et/ou les associés ne sont que des individualités qui n'exercent pas des activités propres pour lesquelles ils peuvent être en position de présenter des rapports annuels à la Commission nationale des droits de l'homme. De tels rapports sont plutôt élaborés pour le compte desdites associations et sont leur propriété. La loi ayant omis d'exiger aux associations de défense des droits de l'homme, visiblement visées à l'article 2 point 4, litera c, de la même Loi, de présenter chaque année leurs rapports d'activités à la Commission nationale des droits de l'homme, elle manque de clarté quant à la portée du devoir qui incombe à leurs membres défenseurs des droits humains (associés et/ou agents) dès lors qu'ils ne peuvent pas présenter à cette institution d'appui à la démocratie des rapports qui ne leur appartiennent pas.

En tout état de cause, l'article 11 alinéa 1er de la Loi n°23/027 du 15 juin 2023 est inintelligible en ce que son application présage la violation de la Constitution, car le devoir de présenter les rapports annuels d'activités incomberait en fait à une catégorie des défenseurs des droits humains, à savoir ceux qui travaillent individuellement, étant donné que les membres des associations des droits de l'homme seraient dans l'impossibilité juridique de s'exécuter, à moins de violer le droit de propriété desdites associations sur les documents produits en leurs noms et pour leur compte. De cet état des choses émerge l'inégalité devant la loi des défenseurs des droits humains ainsi que la discrimination de ceux qui travaillent individuellement en raison de leur condition sociale, au mépris des articles 12 et 13 de la Constitution. Cette discrimination est encore plus perceptible à leur égard dès lors que les associations de défense des droits de l'homme ne sont pas paradoxalement soumises au même devoir légal alors qu'elles font partie de la même communauté des défenseurs des droits de l'homme.

Pour toutes ces raisons, il plaira à la Haute Cour de déclarer l'article 11 alinéa 1er de la Loi n°23/027 du 15 juin 2023 relative à la protection et à la responsabilité du défenseur des droits de l'homme en République démocratique du Congo non conforme à la Constitution.

2. Violation des articles 12 et 13 de la Constitution

L'article 12 de la Constitution prévoit : « Tous les Congolais sont égaux devant la loi et ont droit à une égale protection des lois ». Il se lit souvent en combinaison avec l'article 13 suivant qui dispose : « Aucun Congolais ne peut, en matière d'éducation et d'accès aux fonctions publiques ni en aucune autre matière, faire l'objet d'une mesure discriminatoire, qu'elle résulte de la loi ou d'un acte de l'exécutif, en raison de sa religion, de son origine familiale, de sa condition sociale, de sa résidence, de ses opinions ou de ses convictions politiques, de son appartenance à une race, à une ethnie, à une tribu, à une minorité culturelle ou linguistique ».

Ce moyen comprend deux branches. La première branche est tirée de la violation des articles 12 et 13 de la Constitution par l'article 11 alinéa 1er de la Loi n°23/027 du 15 juin 2023 pour les raisons qui sont exposées en appui au premier moyen ci-dessus. Il en est de même de l'article 27 alinéa 1er de la même loi qui prévoit que : « Est puni d'une servitude pénale de six mois à un an, tout défenseur des droits de l'homme qui viole intentionnellement dans l'exercice de ses activités les devoirs qui lui sont prescrits par les dispositions pertinentes de la présente Loi ». La raison est celle-ci : l'application de cette disposition légale sera discriminatoire dès lors que la loi traite différemment, sans motif valable, différentes catégories de défenseurs des droits de l'homme, de telle manière que pour certains devoirs, seuls les personnes exerçant leurs activités à titre individuel sont visées. En plus, dans le fait, la disposition en cause inspire de la discrimination en raison de la condition sociale à l'égard des défenseurs environnementaux, fonciers et agriculteurs dans les milieux ruraux, qui sont généralement des paysans ne réunissant pas les conditions matérielles et parfois intellectuelles pour présenter des rapports écrits à la Commission nationale des droits de l'homme.

La deuxième branche repose sur la violation des mêmes dispositions constitutionnelles par l'article 7 alinéa 3 de cette loi qui dispose que « pour des raisons de fiabilité, le défenseur des droits de l'homme qui exerce en dehors d'une association légalement constituée, s'enregistre sans frais, auprès de la Commission nationale des droits de l'homme en vue d'obtenir un numéro nationale d'identification ». Il s'agit également d'un devoir dont l'inobservation est une infraction passible des peines prévues à l'article 27 alinéa 1er de la même loi.

Comme tel, l'obligation de faire enregistrer et identifier apparait comme une restriction aux droits du défenseur des droits humains travaillant à titre individuel et constitue une inégalité et une discrimination à son égard par rapport à ses collègues qui travaillent dans le cadre des associations de défense des droits de l'homme qui ne sont pas soumis à la même obligation. Le motif mentionné par la loi, à savoir la « fiabilité » du défenseur des droits de l'homme, pour justifier un tel traitement discriminatoire n'est pas persuasif, la notion de fiabilité étant plutôt liée à la qualité du travail ou aux données sur lesquelles s'appuient les activités accomplies ou les documents produits. En réalité, il s'agit d'une sorte de loi de « police » pour contrôler les défenseurs des droits de l'homme, voir même les contrer, au lieu de promouvoir leur travail.

Par conséquent, ledit motif ne peut davantage justifier la discrimination à l'égard de seuls défenseurs des droits de l'homme travaillant à titre individuel, car il est en retrait par rapport à l'obligation général qui incombe aux pouvoirs publics de promouvoir, de protéger et de respecter les droits humains en RDC, conformément aux articles 45 alinéas 5 et 6, 50 alinéa 1er et 60 de la Constitution.

En outre, il contrevient à l'article 37 alinéa 1er de la Constitution qui garantit la liberté d'association. En effet, en obligeant les défenseurs des droits humains travaillant en dehors des associations de se faire enregistrer et identifier, en criminalisant le défaut d'enregistrement et d'identification, la loi est en train en réalité de forcer lesdits défenseurs à exercer dans le cadre d'associations des droits de l'homme pour échapper à cette sorte de « police légale » qui se déploie contre eux. Le droit d'association est violé en ce que le défenseur des droits humains n'a plus toute la latitude d'accomplir librement son travail s'il n'intègre pas un cadre ou un mouvement associatif.

Ainsi, pour les raisons sus-évoquées, la Cour déclarera les articles 7 alinéa 3, 11 alinéa 1er et 27 alinéa 1er anticonstitutionnels.

3. Violation de l'article 17 alinéas 3 et 4 de la Constitution

Cet article consacre le principe sacro-saint de la légalité des infractions et des peines en ces termes : « Nul ne peut être poursuivi pour une action ou une omission qui ne constitue pas une infraction au moment où elle est commise et au moment des poursuites. Nul ne peut être condamné pour une action ou une omission qui ne constitue pas une infraction à la fois au moment où elle est commise et au moment de la condamnation ».

C'est le principe de la légalité des incriminations et des peines. Il suppose, entre autres, que les infractions et les peines qui y sont rattachées sont clairement définies par la loi. Il en va de la prévisibilité de celle-ci car « le justiciable doit pouvoir savoir, à partir du libellé même de la disposition pertinente (…) quels actes et omissions engagent sa responsabilité pénale et quelle peine il encourt de ce chef » (CEDH, Guide sur l'article 7 de la Convention européenne des droits de l'homme. Pas de peine sans loi : principe de la légalité des délits et des peines, mis à jour au 31 août 2022, p.14).

A cet effet, l'article 17 alinéas 3 et 4 de la Constitution est précisément violé par l'article 26 de la Loi n°23/027 du 15 juin 2023 qui prescrit ce qui suit : « Sera puni d'une servitude pénale principale de deux à cinq ans et d'une amende dont le montant varie entre 1.000.000 à 5.000.000 de Francs congolais, tout défenseur des droits de l'homme ou tout membre de l'association légalement constituée qui se livre, pendant l'exercice de ses activités, aux actes de représailles, de vandalisme consistant en la destruction des biens publics ou privés *ou de tout autre acte contraire à la loi* » (sic).

Ce bout de phrase « ou de tout autre acte contraire à la loi » manque notoirement de clarté de telle manière qu'il impossible que le défenseur des droits de l'homme sache exactement les actes ou omissions qui engagent sa responsabilité pénale de ce chef. Une telle disposition est susceptible d'ouvrir la voie à l'arbitraire pour réprimer certains défenseurs des droits humains.

Ainsi, faute de clarté et de prévisibilité, il plaira à la Cour de faire des réserves par correction ou soustraction à l'article 26 de la Loi n°23/027 du 15 juin 2023, suivant sa pratique constante en matière de contrôle de constitutionnalité et en vertu de sa compétence implicite à ce contrôle, en déclarant cette disposition conforme à la Constitution, sauf le bout de phrase « ou de tout autre acte contraire à la loi ».

4. Violation de l'article 23 alinéa 1er de la Constitution

Cette disposition constitutionnelle garantit le droit à la liberté d'expression à toute personne. Selon le principe 10 de la Déclaration de principes sur la liberté d'expression et l'accès à l'information en Afrique du 10 novembre 2019, la liberté d'expression constitue un droit fondamental et inaliénable et un élément indispensable en démocratie. Le principe 9 du même texte prévoit que ce droit ne peut être restreint que si cette restriction est prévue par la loi, répond à un objectif légitime et constitue un moyen nécessaire et proportionné pour réaliser le but visé dans une société démocratique. C'est à la lumière de ces trois critères que la constitutionnalité de toute restriction à ce droit devrait être examiné, étant entendu que ladite Déclaration a été adoptée par la Commission africaine des droits de l'homme et des peuples en application de la Charte africaine des droits de l'homme et des peuples, ratifiée par la RDC et constituant une source de droit congolais aux termes des articles 153 alinéa 4 et 215 de la Constitution.

En effet, l'article 23 alinéa 1er de la Constitution est violé par l'article 28 de la Loi n°23/027 du 15 juin 2023 en ce qu'il prévoit : « Sans préjudice des dispositions du Code pénal congolais, est puni d'une servitude pénale de six à

deux ans ou d'une amende de 500.000 à 2.000.000 de Francs congolais, ou de l'une de ces peines seulement, les défenseurs des droits de l'homme qui divulgue des informations diffamatoires, injurieuses ou calomnieuse.
Est puni de la même peine, tout défenseur des droits de l'homme qui se rend coupable de violences verbales, d'atteinte à l'intégrité morale ou physique d'un individu ou d'un groupe d'individus ».

Comme on peut le constater, cet article comprend deux alinéas qu'il convient d'analyser successivement.

a) Cas de l'article 28 alinéa 1er de la Loi n°23/027 du 15 juin 2023

Cette disposition incrimine la diffamation ou imputation dommageable, l'injure et la dénonciation calomnieuse à charge du défenseur des droits humains. Le Code pénal congolais livre II prévoit pratiquement les mêmes infractions. Du point de vue de la sanction, le Code pénal punit la diffamation de 8 jours à un an et/ou d'une amende, l'injure publique de 8 jours à deux mois et/ou d'une amende, et la dénonciation calomnieuse de 5 ans maximum et/ou d'une amende, spécialement en ses articles 74 à 78. Sauf en ce qui concerne la dénonciation calomnieuse, l'article 28 alinéa 1er de la Loi n°23/027 du 15 juin 2023 est donc plus sévère que les dispositions du Code pénal congolais livre II. Dans l'ensemble, il aggrave donc la restriction pénale à la liberté d'expression.

Toutefois, c'est en violation de l'article 23 alinéa 1er de la Constitution dès lors que toutes les trois conditions requises à une restriction justifiable du droit à la liberté d'expression ne sont pas réunies. En effet, il est vrai que les restrictions pénales relatives à la diffamation, à l'injure et à la calomnie sont prévues par la loi, en l'occurrence l'alinéa 1er de l'article 28 de la Loi n°23/027 du 15 juin 2023. Elles répondent également à un motif légitime, car, on peut bien s'en rendre compte, elles visent à protéger le droit d'autrui, en l'occurrence le droit à l'honneur et/ou à la réputation d'un tiers, surtout quand il s'agit d'une autorité ou d'une personnalité publique. Ceci est parfaitement compatible avec les droits de l'homme dans la mesure où le respect du droit d'autrui, de l'ordre public, des bonnes mœurs et de l'intérêt commun ou général constitue les motifs admis en matière de restriction à la liberté d'expression.

Cependant, le moyen pénal privilégié par l'alinéa 1er de l'article 28 de la Loi n°23/027 du 15 juin 2023 ne répond pas à la condition de la nécessité de la restriction. A cet effet, il y a lieu de s'approprier la jurisprudence de la Cour africaine des droits de l'homme et des peuples dans *l'affaire Lohé Issa Konaté c. Burkina Faso* (arrêt du 5 décembre 2014), dans laquelle elle s'est elle-même prononcée par un arrêt de principe sur la liberté d'expression prévue par la Charte africaine des droits de l'homme et des peuples et le Pacte international relatif aux droits civils et politiques, deux instruments ratifiés par la RDC.

Premièrement, la Cour africaine a dit qu'une autorité publique devrait faire preuve de tolérance car elle est plus exposée qu'un individu ordinaire et susceptible de faire l'objet de critiques plus nombreuses et sévères dans une société démocratique (paragraphe 156). A plus forte raison, dans les circonstances de cette cause devant la Haute Cour, il est plus que normal qu'il en soit ainsi dans le domaine des droits de l'homme car les critiques positives ou négatives sont consubstantielles au travail même des défenseurs des droits de l'homme, notamment celui de surveiller, de rapporter et de dénoncer des violations des droits humains.

Deuxièmement, la Cour africaine a rappelé l'Observation générale n°34 du Comité des droits de l'homme concernant l'article 19 du Pacte international relatif aux droits civils et politique qui garantit la liberté d'opinion et la liberté d'expression, selon laquelle les Etats parties sont appelés à dépénaliser la diffamation tandis que l'emprisonnement ne constitue jamais une peine appropriée de ce chef (para.161). L'alinéa 1er de l'article 28 de la Loi n°23/027 du 15 juin 2023 va donc à l'encontre de cet objectif de la dépénalisation visant à consolider la liberté d'expression.

Troisièmement, la Cour africaine a indiqué que les restrictions pénales à la liberté d'expression doivent concerner des circonstances graves et très exceptionnelles pour justifier leur nécessité. Il s'agit en particulier des cas d'apologie de crimes internationaux, d'incitation publique à la haine, à la discrimination ou à la violence ainsi que de la menace contre les personnes, fondée sur la discrimination en raison des critères spécifiques tels que la race, la couleur, la religion ou l'origine nationale (para.165). Pourtant, l'alinéa 1er de l'article 28 de la Loi n°23/027 du 15 juin 2023 reste dans la généralité.

Quatrièmement, la Cour africaine a dit que le recours aux procédures civiles, notamment en matière de diffamation, devrait être préféré aux procédures pénales (para.156). Il devrait en être de même concernant les incriminations d'injure et de calomnie qui restreignent le même droit à la liberté d'expression.

De ce qui précède, la Cour devrait censurer l'alinéa 1er de l'article 28 de la Loi n°23/027 du 15 juin 2023 pour violation de l'article 23 alinéa 1er de la Constitution dans la mesure où le moyen de la pénalisation de la diffamation, de l'injure et de la calomnie à charge des défenseurs des droits de l'homme ne répond à aucune nécessité. La Cour constatera que les procédures civiles suffisent en ces cas. En tout état de cause, les peines prévues du chef de ces infractions par la disposition légale en cause sont anormalement disproportionnées par rapport à celles qui sont prévues par le Code pénal congolais livre II, notamment en ce qui concerne la diffamation et l'injure, à l'encontre des justiciables ordinaires, alors que les défenseurs des droits de l'homme ne devraient pas être sanctionnées plus lourdement que ces derniers, eu égard à la spécificité, à la délicatesse et à la sensibilité de leur travail.

b) Cas de l'article 28 alinéa 2 de la Loi n°23/027 du 15 juin 2023

Cette disposition incrimine, entre autre, les violences verbales à charge du défenseur des droits de l'homme. Pour les raisons spécifiées ci-dessus, inspirées de la jurisprudence de la Cour africaine, la pénalisation des violences verbales ne constitue pas un moyen nécessaire pour restreindre la liberté d'expression, sauf dans le cas de circonstances graves et très exceptionnelles. Le requérant considère ainsi que cette pénalisation ne pourrait se justifier qu'en cas, par exemple, de menace de mort ou d'atteinte à la propriété privée ou à l'intégrité physique d'une personne. Du reste, de telles infractions sont déjà prévues par le Code pénal congolais, spécialement en ses articles 159 et 160, qui leur commune également des peines plus importantes que celles qui sont prévues du chef de violences verbales en général par l'article 28 alinéa 2 de la Loi n°23/027 du 15 juin 2023.

Ainsi, il plaira à la Haute Cour de déclarer cette disposition conforme à la Constitution, sauf en ce qui concerne l'incrimination de « violences verbales » en général.

5. Violation de l'article 37 alinéa 1er de la Constitution

Comme indiqué ci-dessus dans l'exposé du deuxième moyen d'inconstitutionnalité, cette disposition constitutionnelle garantit la liberté d'association, celle d'en créer, d'y adhérer ou non et celle de s'en retirer.

Elle est violée par l'article 27 alinéa 2 de la Loi n°23/027 du 15 juin 2023 qui érige en infraction à charge des associations de défense des droits de l'homme le fait violer intentionnellement dans l'exercice de leurs activités les devoirs qui leur sont prescrits par cette loi, contre lesquelles celle-ci prévoit une peine d'amende de 5.000.000 à 10.000.000 de Francs congolais, ou une suspension d'activités par décision du juge pour une durée pouvant aller de 1 à 3 ans « si les faits reprochés sont d'une extrême gravité ». Il y a violation de la Constitution précisément parce que l'article 27 alinéa 2 de la Loi n°23/027 du 15 juin 2023 traite les associations de défense des droits de l'homme d'une manière inégale et discriminatoire, sans motif valable, par rapport au régime général des associations sans but lucratif prévu par la Loi n°004/2001 du 20 juillet 2002, spécialement en ses articles 20 et 23, qui n'incriminent pas pareils faits. Pourtant, ce sont les associations de défense des droits de l'homme qui auraient pu bénéficier de l'allègement de la loi compte tenu de la spécificité, de la délicatesse et de la sensibilité de leurs activités. Une telle restriction à la liberté d'association est, pour ainsi dire, injustifiée car elle est dénouée de tout motif légitime dans la mesure où elle repose sur la discrimination et le défaut de proportionnalité des sanctions pénales qu'encourent les associations de défense des droits de l'homme par rapport aux autres types de mouvements associatifs aux termes du régime général prévu par la loi susmentionnée du 20 juillet 2002.

Ainsi, le requérant demande à la Cour de déclarer l'article 27 alinéa 2 de la Loi n°23/027 du 15 juin 2023 non conforme à la Constitution.

V. DISPOSITIF

De ce qui précède, qu'il plaise à la Cour constitutionnelle de :

- Se déclarer compétente ;
- Dire la présente requête recevable ;
- Déclarer les articles 7 alinéa 3, 11 alinéa 1er, 27 et 28 alinéa 1er de la Loi n°23/027 du 15 juin 2023 relative à la protection et à la responsabilité du défenseur des droits de l'homme en République démocratique du Congo non conformes à la Constitution ;

- Déclarer, par contre, l'article 26 de la même loi conforme à la Constitution, sauf le bout de phrase « ou de tout autre acte contraire à la loi » ;
- Dire également que 28 alinéa 2 de la même loi est conforme à la Constitution à l'exception de l'incrimination de « violences verbales » en général ;
- Dire en outre qu'il n'y pas lieu à paiement des frais d'instance ;

Et ce sera justice.

Fait à Goma, le 28 Novembre 2023

Maitre Olivier BAHEMUKE NDOOLE
Avocat au Barreau du Nord-Kivu ONA 11149
Défenseur des droits de l'homme/ Prix Mondial Front line defender 2023/
Alerte Congolaise pour l'Environnement et le Droit de l'Homme (ACEDH)

Inventaire des pièces

1. Pièce d'identité : Passeport n°0P1419542
2. Tableau et liste du Barreau du Nord-Kivu, le requérant étant au numéro 266.
3. Carte professionnelle d'avocat du requérant délivrée par Ordre National des Avocats ONA 11149 ;
4. Carte des défenseurs des droits de l'homme délivrée par l'organisation internationale Front line defenders 2417
5. Carnet de bord LAUREAT MONDIAUX 2023 Prix font line defenders pour les défenseurs en danger ;
6. Statuts et annexes de l'organisation Alerte Congolaise pour l'Environnement et le Droit de l'Homme, dont le requérant est membre fondateur
7. Arrêt de la Cour africaine des droits de l'homme et des peuples du 5 décembre 2014 dans l'*affaire Lohé Issa Konaté c. Burkina Faso*
8. Cour européenne des droits de l'homme, Guide sur l'article 7 de la Convention européenne des droits de l'homme. Pas de peine sans loi : principe de la légalité des délits et des peines, mis à jour au 31 août 2022.
9. Commission africaine des droits de l'homme et des peuples, Déclaration de principes sur la liberté d'expression et l'accès à l'information en Afrique du 10 novembre 2019.

ACEDH
ALERTE CONGOLAISE POUR L'ENVIRONNEMENT ET LES DROITS DE L'HOMME
https://acedhrdc.org
acedh.alerte@gmail.com
(+243) 82 24 16 100 - (+243) 999 038 894

N/Réf : 05/ACEDH 2024 **Goma, le 02 février 2024**

A/R

PNVI
02/02/2024
Joséphine

POUR RÉCEPTION CONFORME
02 2 2024
13 H 52'

AUDITORAT MILITAIRE SUPÉRIEUR DU NORD-KIVU
POUR RÉCEPTION CONFORME
LE 02/02/2024
N° CL

Accusé de Réception
Secrétariat Administratif du Gouverneur de Province
02 FEB 2024
Heure:
N° d'enregistrement:
Reçu par:
Signature:

SOCIETE CIVILE – FORCES VIVES DE LA R.D. CONGO – Coordination Provinciale du NORD-KIVU

Vu pour la Réception du 02/02/2024 à la CPSC-FVNK par Aimable sec. perm.

Copies pour information à :

- *L'Honorable, Monsieur le Président de l'Assemblée Nationale ;*
- *Son Excellence Monsieur le Ministre des Droits Humains ;*
- *Son Excellence Monsieur le Premier Ministre, Chef du Gouvernement ;*
- *Son Excellence, Madame le Ministre d'Etat et ministre de l'Environnement et développement durable ;*
- *Son Excellence, Ministre d'Etat et Ministre en charge de Justice et garde des sceaux ;*
- *Son Excellence le Ministre de la défense et anciens combattants ;*
- *Monsieur le Président de la Cour Constitutionnelle ;*
- *Monsieur le Procureur Général près la Cour de Cassation ;*
- *Monsieur l'Auditeur Général des Forces Armées de la RDC ;*
- *Monsieur le Directeur Général de l'Institut Congolais pour la Conservation de la Nature ;*
- *Monsieur le Général-Major et Commandant CorPPN*

Tous à Kinshasa

- *Monsieur le Procureur Général près la Cour d'Appel du Nord-Kivu ;*
- *Monsieur l'Auditeur Militaire Supérieur près la Cour Militaire du Nord-Kivu ;*
- *Monsieur le Président de la Société Civile Forces vives du Nord-Kivu ;*

Tous à Goma

- *Monsieur le Directeur Provincial* de l'ICCN Nord-Kivu à ***Rumangabo***

A Son Excellence Monsieur le Gouverneur de la Province du Nord-Kivu à Goma

Concerne : Transmission de la Déclaration d'Appel à l'Autorité provinciale du Nord-Kivu à assurer la sécurité des défenseurs de l'environnement-Affaire spoliation du PNVi dans la zone dite « Nzulo »

Excellence ;

ACTES OFFICIELS : F92.28.705 N°JUST/SG/20/259/2017 enregistré sous le Certificat d'enregistrement établi par la Division provinciale de la Justice N°JUST 568/GS/CAD/DP-NK/2009, accusant réception de la demande de la personnalité juridique du Ministère National de la Justice, droits humains et garde des sceaux, Acte de Fonctionnement n°76/COORPRO/ECN-DD/NK2017 Ministère de l'Environnement et Conservation de la nature, acte notarié n°227/2008 du 30 décembre 2008, établi à Goma, ADRESSE : RDC, Nord Kivu, C.GOMA, Himbi, Avenue du 30juin N°11, Kitshanga, Masisi, rond PointNyamulisi, Route Kitombo, en face de Nayarusumba Lodge
Adresses emails: acedh.alerte@gmail.com, info@acedhrdc.org , www.acedhrdc.org

ACEDH

ALERTE CONGOLAISE POUR L'ENVIRONNEMENT ET LES DROITS DE L'HOMME

(+243) 82 24 16 100 - (+243) 999 036 894

Les Organisations de la Société Civile Environnementale, nous charge de vous transmettre en annexe le document intitulé « **Spoliation du Parc National des Virunga Kasengesi-Nzulo : Menaces des morts contre les défenseurs environnementaux du fait de leur travail, un comportement inacceptable et condamnable ».**

Nous vous en souhaitons bonne exploitation afin de prendre des mesures urgentes pour sécuriser les défenseurs de l'environnement.

Veuillez agréer, Excellence Monsieur le Gouverneur, l'expression de notre parfaite considération.

Pour l'ACEDH

Me Olivier NDOOLE
Secrétaire Exécutif.
Lauréat Afrique du Prix HRD/Frontline2023.

ACTES OFFICIELS : F92.28.705 N°JUST/SG/20/259/2017 enregistré sous le Certificat d'enregistrement établi par la Division provinciale de la Justice N°JUST 568/GS/CAD/DP-NK/2009, accusant réception de la demande de la personnalité juridique du Ministère National de la Justice, droits humains et garde des sceaux, Acte de Fonctionnement n°76/COORPRO/ECN-DD/NK2017 Ministère de l'Environnement et Conservation de la nature, acte notarié n°227/2008 du 30 décembre 2008, établi à Goma, ADRESSE : RDC, Nord Kivu , C.GOMA, Himbi, Avenue du 30juin N°11, Kitshanga, Masisi , rond PointNyamulisi, Route Kitombo, en face de Nayarusumba Lodge

Adresses emails: acedh.alerte@gmail.com, info@acedhrdc.org , www.acedhrdc.org

UFAREP

S.J.D.D.H

SORADEC

DECLARATION :

SPOLIATION DU PARC NATIONAL DES VIRUNGA KASENGESI-NZULO : MENACES DES MORTS CONTRE LES DEFENSEURS ENVIRONNEMENTAUX DU FAIT DE LEUR TRAVAIL, UN COMPORTEMENT INACCEPTABLE ET CONDAMNABLE

APPEL A L'AUTORITE PROVINCIALE DU NORD-KIVU A ASSURER LA SECURITE DE DEFENSEURS DE L'ENVIRONNEMENT

Les Organisations de la Société Civile Environnementale alertent sur des menaces de mort provenant du numéro **+243997563142** dont le titulaire est non identifié, lesquelles menaces ont un lien direct avec la communication adressée au Gouverneur de la Province du Nord-Kivu dans l'Intérêt Public et respect des lois.

Elles constatent avec déception et regret que les messages promettant la mort interviennent quelques jours après avoir adressé au Gouverneur Militaire du Nord-Kivu une communication faisant appel à la vigilance face aux fausses informations qui étaient en train d'être véhiculées par les envahisseurs de cette partie intégrante du PNVi au motif qu'ils auraient gagné une décision devant le Conseil d'Etat.

Après cette communication de la Société Civile, le CorPPN a aussi dénoncé le silence des autorités provinciales par rapport à cet envahissement et aux mépris des lois, conventions et décisions judiciaires existantes en faveur de la sauvegarde de la nature.

Les dernières menaces en date, ont été proférées par voie des messages téléphoniques au travers lesquels les auteurs menacent de mort les défenseurs de l'environnement ayant dénoncé leurs manœuvres en ces termes : ***« Tuko nasoma ile bupumbafu yenu kuingiya mubyenye hamujuwe, NZULO haiko byenye munawaziya kama munapenda maisha yenu mutoke muile ujinga. Hamushindiye benye bako na franga kubashinda mais banakufa bila suite »*** *qui peut être traduit comme suit* ***« On est en train de lire vos imbécilité, vous ingérez dans les affaires qui ne vous concernent pas, NZULO n'est pas ce que vous pensez être, si vous avez encore besoin de la vie abandonnez cette histoire. Vous n'est pas plus importants que ceux qui sont en train d'être tués sans qu'il y ait des enquêtes. »***

Sans céder à la peur, ni abandonner leur rôle que les lois leur reconnaissent, les Organisations de la Société Civile environnementale condamnent ces tentatives malsaines et demandent aux autorités de prendre toutes les mesures nécessaires pour que ces menaces ne puissent pas être exécutées à l'encontre des défenseurs environnementaux ;

Les Organisations de la Société Civile environnementale remettent officiellement la sécurité et protection de leurs membres qui font face aux menaces graves qui pèsent sur leur vie dès hier entre les mains de l'autorité provinçiale et réaffirment leur détermination à continuer leur lutte dans le respect des lois et conventions sur la justice climatique et dénonceront tout comportement contraire aux lois quel qu'en soit l'auteur

De ce qui précède, elles émettent les recommandations suivantes :

Au Gouverneur de la Province du Nord-Kivu :

-Comme autorité politique et autorité foncière, éviter tout acte qui viserait à faire croire au peuple qu'il y aurait une mesure ayant modifié les limites du Parc National de Virunga ;

-Eviter tout attitude de complicité et réserver une attention particulière à la question du PNVi dans la Zone de « Nzulo » en faisant appliquer la loi et exécuter la décision judiciaire rendue sur cette affaire ;

-Contribuer dans le processus visant à mettre fin en toute urgence aux activités illégales en cours dans la zone par les personnes de mauvaise foi pourtant bien identifiées mais aussi se référer aux Gouverneurs antérieurs et services techniques avant d'agir sur les questions de la conservation au Nord-Kivu;

-Vérifier les allégations/ rumeurs selon lesquelles certaines autorités politiques et officiers militaires auraient des espaces dans le Parc National des Virunga dans cette partie spoliée ;

-Assurer la sécurité pour tous les acteurs défenseurs de l'environnement qui interviennent dans cette affaire ;

Aux Autorités judiciaires

-Exécuter en toute urgence la décision rendue in RCA 074/4493 en mettant fin à l'envahissement du PNVi « Nzulo » ;

-Mener des enquêtes afin d'identifier les auteurs des menaces contre les défenseurs de l'environnement intervenant dans cette affaire ;

A la Société Civile

-Continuer de s'impliquer dans les questions de la protection de l'environnement et surtout celles relatives à l'envahissement du PNVi ;

-Alerter la Présidence de la République, Ministère de la Justice, Ministère de l'Environnement et le Ministère de la Défense sur la situation qui se passe sur terrain et solliciter des enquêtes ;

-De ne céder à aucun acte d'intimidation visant à empiéter ses actions de protection de l'environnement ;

LISTE DES ORGANISATIONS SIGNATAIRES

N°	NOM DE L'ORGANISASATION	LOGOS	CONTACT/ADRESSE
01	Innovation pour le Développement et la Protection de l'Environnement. «IDPE»		idpe_kc@yahoo.fr; bantulukambo@gmail.com + 243997704042
2	Coopérative des Apiculteurs et Vendeur3s du Miel au Kivu, C.A.V.M.K		coopérative-apicole @gmail.com + 243993303834
3	Forum des Engagés pour le Développement Durable, FORED		foredbunia@gmail.com jhntoly@gmail.com +243 824632835, 979434949
4	Synergie de Jeunes pour le Développement et la Défense de Droits Humains, *SJDDH*	S.J.D.D.H	synergie2jeunes@gmail.com +243995878168
5	Union de Familles pour la Recherche de la Paix, « *UFAREP* »	UFAREP	ufarep_asbl@yahoo.fr +2439 98734140
6	Solidarité pour la Réflexion et Appui au Dèveloppement Communautaires "SORADEC"	SORADEC	soradec@yahoo.fr +2439 97842594
7	Synergie des Vanniers et Amis de la Nature, SVAN		svanature@gmail.com
8	Ensemble pour la Justice climatique et la Protection des Défenseurs de l'Environnement, E.J.P.D.E		Environmentdefender2@gmail.com +243859010926
9	Synergie des Ecologistes pour la Paix et le Développement, SEPD		sepdrdc@gmail.com +243995180570
10	Alerte Congolais pour l'Environnement et le Droit de l'Homme. "ACEDH"	ACEDH	meolivieracedhrdc@gmail.com, acedh.alerte@gmail.com +243822416100 +243999036894
11	Centre de Recherche pour la l'Environnement, Démocratie et le Droit de l'Homme,		creddhocoordin@gmail.com

	CREDDHO		
12	Foyer de Développement pour l'Autopromotion des Pygmées et Indigènes Défavorisés, FDAPID		fdapidrdc@gmail.com +243810127090
13	Programme d'Intégration et Développement des Peuples Pygmée, PIDP		pidpnordkivu@rocketmail.com +243994305172
14	Bureau d'Ecologistes Impacts Environnementaux, BEIE		beienature003@gmail.com +243999097676 +243815201097

I. CONTEXTE, FONDEMENT ET JUSTIFICATION DU POSITIONNEMENT DE L'ACEDH

L'Alerte Congolaise pour l'Environnement et les Droits Humains (ACEDH En sigle) structure légalement reconnue et travaillant dans le secteur de la Protection de l'Environnement, salue le processus législatif encours devant aboutir à l'adoption et la mise en place d'une Loi relative à la protection et responsabilité du Défenseur de Droits de l'Homme en République Démocratique du Congo.

Tout d'abord recevez nos encouragements pour l'initiative et la volonté de l'Etat Congolais à voir la situation des défenseurs des droits humains évoluer sur le plan juridique, ce qui est rassurant pour ces derniers et nous offre une opportunité à vous partager nos réflexions quant à ce, dans l'unique souci d'améliorer les conditions de protection des défenseurs des droits Environnementaux et fonciers visiblement ignorés dans le texte sous examen au Sénat.

L'activité des défenseurs des droits de l'homme en général et en particulier celle des défenseurs ruraux des droits fonciers et des droits de l'environnement en RDC, se passe dans un contexte très critique et des sacrifices sans justes mesures.

Cette loi constituera un cadre juridique important au niveau national dans la préservation et protection des droits et libertés des défenseurs de droits de l'homme et ce, d'une façon générale. Et son application après promulgation devra constituer une urgence, dans l'Etat comme la RDC qui a traversé des périodes cruelles liées aux différentes guerres qui ont eu et continuent à occasionner des conséquences néfastes sur la promotion et la protection des droits de l'homme.

L'évolution législative en termes de mise en place des cadres juridiques et institutionnels des droits et libertés des défenseurs des droits de l'homme en RDC, les réformes juridiques en droits et droit centrés sur les ODD en RDC, les questions émergentes en termes d'urgence climatique et les soucis de sauvegarde sociale et climatiques ont provoqué des nouvelles revendications. Ces dernières sont des plus en plus orientées sur des droits socio - économiques et culturels et d'autres droits civils à incidence sur l'espace civique impactant les questions des ressources naturelles en RDC .
Ces nouveaux questionnements, la responsabilité des acteurs, le besoin de rompre avec les erreurs du passé et rétablir l'équilibre rompus entre l'homme, nature et les normes ; des mouvements légitimes et organisations de la société civile environnementale, foncières sont vite développer. Des bases légales et constitutionnelles, des conventions, déclarations, directives volontaires, accords importants justifient la naissance de ce courant d'acteur mais aussi l'urgence climatique.

D'une part ces mécanismes juridiques reconnaissent les droits environnementaux, droits fonciers, droits à l'énergie , droits au développement et autres droits connexes comme des droits inter connectés aux autres droits humains mais aussi garantissent les droits et libertés d'actions aux acteurs environnementaux et l'accès à un espace civique pacifié, sûr et protégé. La question de l'espace civique en matière des droits liés aux ODD, la protection et défense des militantes pro-sauvegardes sociales et justice climatique devient une question d'urgence, importante bien que de fois négligée.

Des intérêts et acteurs fortement déterminés, les uns plus forts visant à exploiter et détruire l'environnement et les ressources naturelles dans une injustice climatique et les défenseurs environnementaux défendent au nom de l'intérêt général la sauvegarde des droits fonciers locaux, l'environnement, une transition juste, justice climatique et autres aspects connexes. Entre devoir constitutionnel de sauvegarder l'environnement, les terres et intérêt des forts les Défenseurs fonciers et environnementaux paient de leurs vies, libertés et patrimoines pour protéger la nature.

Hormis plus de 200 gardiens de la Biodiversité parc des Virunga dans les 10 années passées , des cas d'exécution extra judiciaires , meurtres , assistanats , arrestations, détention, et autres graves violations contre des paysans défenseurs des droits fonciers et environnementaux se sont effectués sans que justice soit rendue.

Le rapport de monitoring sur la situation des défenseurs environnementaux et fonciers publiés entre janvier et Mai 2023 produit par l'ACEDH a fait état de 21 cas d'atteintes graves aux droits et libertés des défenseurs environnementaux au Nord Kivu situation confirmée par nombreux rapports nationaux et internationaux , articles de presse sur 21 cas des violations des libertés des DDH , presque 17 concerne les défenseurs des droits sur les ressources naturelles.

Il faut souligner aussi que la question foncière et les enjeux environnementaux à l'Est deviennent de plus en plus des sujets sensibles car mettant en avant des aspects de souveraineté nationale et protection de l'intégrité du territoire depuis l'avènement de la guerre d'agression et l'inflation des forces et groupes armés. Cette réalité fait à ce que plusieurs défenseurs fonciers ont été tués, assassinés, exécutés sommairement, torturés, enlevés, arrêtés, condamnés c'est comme par exemple plus de 200 éco gardes ont été tués et bien d'autres paysans massacrés au niveau rural. Ces faits démontrent que le travail de défense et protection de l'environnement et foncier est un métier à haut risque et nécessite des politiques et approches de protection globale.

Cependant tout en saluant l'existence de la mouture de ce Projet de loi et la poursuite de son examen au niveau parlementaire, l'ACEDH voudrait au travers cette note, donner son positionnement en se basant sur la situation et conditions des défenseurs environnementaux et fonciers qui sont caractérisés par des éléments spécifiques. Loin de faire des critiques sur certaines dispositions légales déjà adoptées par l'Assemblée Nationale, L'ACEDH est dans l'optique de solliciter une considération expresse des conditions et situations des défenseurs des droits de l'homme ruraux et en particuliers les défenseurs fonciers et environnementaux en proposant des reformulations et les ajouts sur certains points.

II. POINTS A REFORMULER POUR LA PROTECTION DES DDEF[37] LOCAUX RURAUX

La reformulation des points suivants peuvent renforcer la protection des défenseurs fonciers et environnementaux ruraux :

1. Clarification et nécessité d'étendre la définition du Concept Défenseur des Droits de l'Homme aux défenseurs des secteurs de l'Environnement, du Foncier rural y compris les secteurs des ODD pour la rendre globale.

L'ACEDH estime que la définition du Concept *« Défenseurs des droits de l'Homme »*la plus intégratrice et exemptée de toute condition est celle reprise dans la Déclaration des Nations Unies sur le droit et la responsabilité des individus, groupes et organes de la Société de promouvoir et protéger les droits de l'homme et les libertés fondamentales universellement reconnus au travers la RESOLUTION 53/144 de l'Assemblée Générale des Nations Unies. Cette déclaration à laquelle la loi à venir fait référence dans son exposé de motif ne pose d'ailleurs *aucune condition d'identification* pour qu'on devienne défenseur des droits de l'homme.

Et dans la pratique, l'ACEDH pense qu'un défenseur est toute personne morale ou physique agissant pacifiquement, collectivement ou individuellement selon les nomes légalement établies aux fins de contribuer à la sauvegarde des droits et libertés en faveur de l'humanité y compris la nature par des actions diverses ou des réformes juridiques et institutionnelles. Le seul critère objectif c'est le travail, le caractère pacifique, agir pour l'intérêt général ou pour autrui en solo ou en groupe et dans le respect des lois en vigueur.

La définition contenue dans le texte adopté par l'Assemblée Nationale et transmis au Sénat, est de nature à exclure plusieurs défenseurs fonciers et environnementaux ruraux qui, au regard des réalités infrastructurelles, intellectuelles,... ils n'auront pas la possibilité de pourvoir à cette condition d'identification.

La définition faite dans le texte adopté à l'Assemblée Nationale et actuellement soumis à la lecture du Sénat (cfr l'Article 2 litera 1 a, b) mérite d'être révisé. Cette révision permettra la prise en compte de toutes les catégories des défenseurs dont ceux œuvrant dans les secteurs du foncier et de l'environnement dont les actions sont accomplies dans des zones beaucoup plus reculées

---

[37] Défenseurs Des droits Environnementaux et Fonciers

A titre d'exemple, les défenseurs des droits fonciers situés dans les zones reculées comme Kitshanga, leur soumettre à la condition d'identification, bien que gratuite, c'est rendre beaucoup plus difficile leur travail alors qu'il est déjà au regard de la gravité des menaces auxquelles ils font face dans leur travail. Pareille identification ne ferait qu'exposer ces défenseurs vis-à-vis de ceux qui les menacent. Les lois ne doivent pas être l'obstacle d'exercice de travail ou la limitation d'action pour un défenseur des droits humains par contre, la législation devrait ouvrir la porte le champ pour que les citoyens congolais tous soient acteurs défenseurs des droits humains et cela consoliderait l'Etat de droit et la Démocratie.

2. Vulnérabilité des défenseurs fonciers ruraux :
Les conditions de travail des défenseurs locaux ruraux font d'eux des vulnérables en ce sens que non seulement, ils ont plus des difficultés d'accéder aux mécanismes de protection par rapport aux défenseurs des droits de l'homme classique mais aussi c'est la seule catégorie des défenseurs pour laquelle on répertorie plusieurs morts chaque année.

Au regard de l'émergence des questions liées aux conséquences d'accès aux ressources naturelles dont les principales font partie du foncier et dont les demandes d'accès sont de plus en plus nombreuses. Le degré de la vulnérabilité des défenseurs fonciers et environnementaux ne pourrait plus être à démontrer, si l'on se réfère aux rapports des monitorings sur les violations de leurs droits et libertés.

Outre les femmes on devra considérer les défenseurs fonciers ruraux comme vulnérable et leur réserver aussi une protection spéciale.

3. Elaguer la condition d'enregistrement (telle que reprise à l'Article 7, al 3), une nécessité de justice en faveur des défenseurs locaux ruraux : légiférer en prenant en compte les normes et standards internationaux en la matière.

L'obligation d'enregistrement pour tous les défenseurs des droits de l'homme exerçant en dehors d'une association constitue une entorse et un défi qui pourra décourager les défenseurs des droits de l'homme.

Même si cette condition semble être relativisée, en rendant cet enregistrement gratuit, elle ne tiendrait pas compte des cas ou situations des défenseurs locaux ruraux qui se retrouvent dans des zones reculées qui ne sont pas accessibles. Aussi elle est discriminatoire étant donné qu'elle cherche à décourager les personnes qui peuvent agir personnellement pour la protection des droits de l'homme sans qu'elle soit nécessairement en association. Cette condition semble ne pas être conforme à d'autres textes internationaux existants auxquels pourtant le Projet de loi a fait référence dans sa partie, exposé de motif.

Imposer la condition d'enregistrement aux défenseurs ruraux est une autre façon de dire ou de faire croire que face à une menace de violation de son droit de l'homme, la victime doit d'abord respecter des formalités puis se défendre après, tandis que la violation des droits humains procède toujours d'un caractère imprévisible dans la plupart des cas. En maintenant pareille condition, serait- on en train d'affirmer qu'une dénonciation des cas de violation des droits humains faite par un individu non enregistrée serait déclarée nulle ? Bien que fondée sur des faits vérifiables. Alors là c'est garantir plus de sécurité aux bourreaux, si non leur ajouter les moyens de défense pour échapper à la justice et perpétrer leurs actes en toute impunité, étant donné que pareille disposition laisse l'action pénale au dépourvu tout en fournissant des fins de non-recevoir aux bourreaux qui n'hésitera pas de l'exploiter abusivement face à des défenseurs n'ayant pas étudié suffisamment.

4. L'exigence d'une production du rapport d'activités par le DDH à la CNDH (Article 11)

Cette obligation découragerait plusieurs défenseurs ruraux dont la plupart n'ont pas accès à la nouvelle technologie mais aussi n'ont pas étudié.

On serait en train de limiter le travail des défenseurs des droits de l'homme aux seuls intellectuels et citadins. Et pourtant tout comme la jouissance et l'exercice des droits humains, la protection et la défense de ces derniers devrait se faire sur une base d'égalité comme cela est reconnu à l'article 1er de la Déclaration Universelle des Droits de l'Homme. Toute forme de préalable imposée à une personne pour défendre son droit serait de nature à limiter ses droits mais aussi et surtout laisser libre court à ses bourreaux qui, en prenant l'initiative de violer ses droits n'ont pas eu besoins de s'enregistrer ou à déposer un rapport devant qui que ce soit.

Le rapport des défenseurs des droits humains, bien qu'important n'a pas besoin d'être déposé auprès de la CNDH, d'autant plus que cela impliquerait des frais d'expédition et d'impression à la charge du défenseur qui, dorénavant manque de niveau d'étude suffisant pour la plupart. La rédaction du rapport à classer pouvait juste être une recommandation faite aux défenseurs instruits sans que cela ne soit prise pour une condition à l'exercice du travail de DDH ;

III. DES POINTS SPECIFIQUES A INTEGRER DANS LA LOI POUR LA PROTECTION EFFICACE DES DEFNSEURS FONCIERS ET ENVIRONNEMENTAUX PAR LA LOI DONT l'examen EST ENCOURS.

Dans une certaine mesure le Gouvernement Congolais a une grande responsabilité dans la situation des défenseurs paysans des droits fonciers. Les autorités semblent ne pas être sensibles face à la situation des défenseurs paysans de l'environnement et des droits fonciers. L'Etat, de par son inaction dans la prise des mesures de sécurité et protection, est tenu responsable de ces arrestations arbitraires et détentions illégales commises sur les DDH par ses préposés. Bien plus, le fait pour lequel certaines personnes profitent de leur position politique et économique pour utiliser la justice contre les paysans, est une atteinte grave au droit à l'accès à la justice.

Le principe de l'égalité des armes voudraient que même les plus faibles soient aussi sécurisés par le pouvoir judiciaire. Pour les Eco-Gardes tués et les défenseurs des droits de pêche, la justice marche à pas de tortues alors que la population et les proches des victimes ont besoin de la vérité sur les morts et manifestent le besoin de voir les auteurs des tueries être traduits en justice et qu'ils répondent de leur actes.

1. La mise en place d'un fond de prise en charge d'urgence pour les DDH vulnérables :

Ayant l'obligation primaire de protéger les DDH, l'Etat doit prendre *conscience de l'urgence de la mise en place d'un fond réservé pour la prise en charge des défenseurs des droits de l'homme surtout ceux œuvrant dans des zones reculées.*

Aussi la loi devra prévoir et décider sur la mise en place des partenariats publics et privés pour le fonctionnement et gestion de cette caisse des urgences. Il est important que cette loi puisse instituer la création de ces fonds d'appuis aux défenseurs menacés. En dehors des obligations de l'Etat dans la protection des défenseurs des droits de l'homme, il devra réserver dans son budget annuel la partie relative à leur sécurisation. Les fonds spéciaux pour la délocalisation et hibernation des défenseurs locaux devront être fournis par l'Etat.

2. Stricte application du principe constitutionnel de la liberté comme règle et la détention exception, nécessité d'y insister dans la loi en faveur des DDH

Il a été constaté que leurs bourreaux ont tendance à blanchir leurs actions illégales dont les harcèlements judiciaires vis-à-vis des défenseurs en recourant à la justice qui, aussi est comme nous le savons, confrontée à plusieurs défis liés à la corruption et autres sortes d'antivaleurs. Ils sont accusés de plusieurs faits infractionnels imaginaires souvent graves et sont trainés innocemment devant des Parquets Civils et Militaires. Sans que l'on viole les dispositions relatives en la mise en détention provisoire prévues par le Droit Judiciaire congolais, la loi relative à la protection et responsabilité des défenseurs des droits de l'homme aurait dû tenir compte de cette situation.

En cas des poursuites judiciaires contre les défenseurs des droits fonciers et environnementaux, le principe de la primauté de la liberté doit être d'application par le Magistrat instructeur après des garanties faites par au moins deux Organisations reconnues intervenant dans la thématique. Les défenseurs des droits de l'homme, de par ses qualités et sa lutte pacifique, ils ne pourront pas violer les conditions auxquelles il serait soumis pour l'obtention d'une liberté provisoire car il doit être modèle.

Cela va permettre à minimiser les harcèlements judiciaires contre les défenseurs qui font qu'ils soient maintenus pour longtemps en prison pour des faits relatifs à leur travail, dans l'unique but de les intimider et les museler.

3. Rendre obligatoire des enquêtes judiciaires sur des cas graves d'atteintes à l'intégrité physique des DDH

Nombreux sont généralement des défenseurs des droits de l'homme et particulièrement les défenseurs environnementaux et fonciers qui ont été assassinés sans qu'il y ait des enquêtes pouvant permettre d'identifier leurs bourreaux. L'Etat congolais semble cautionner cette situation car les organes judiciaires sont passifs vis-à-vis des cas d'assassinats qui sont enregistrés.

Si la loi pouvait rendre obligatoire l'organisation des enquêtes judiciaires pour tous les cas graves d'atteintes aux droits des défenseurs, cela pourrait permettre en ce qu'il y ait procès et réparation des préjudices.

Cette exigence est issue d'un constat selon lequel, on a enregistré plusieurs assassinats des défenseurs environnementaux (Eco-gardes) sans que l'on fournisse un effort de vouloir identifier les auteurs.

4. Création des fonds d'indemnisation pour les DDH

Les menaces contre les DDH causent des préjudices graves non seulement pour eux mais aussi pour leurs familles.

Le projet de loi qui est dans le processus d'adoption doit tenir compte des préjudices émanant des attaques contre les défenseurs lorsqu'ils ont comme cause les menaces et attaques en lien avec leur travail. Nombreux sont torturés, tués au dépend de leurs familles qui ne sont aucunement prises en charges. Un fond d'indemnisation des victimes des attaques contre les DDH.

5. Renforcer le cadre légal par un article spécifique complétant les mécanismes d'accès gratuit à la justice et possibilité d'être attendu par un officiel judiciaire en ligne en faveur des défenseurs environnementaux et fonciers spécifiquement

Le droit judiciaire et numérique ont évolué, le numérique devrait servir de cadre d'appui à l'accès à la justice et protection des défenseurs travaillant sur des questions très sensibles comme les questions de la terre, l'environnement, transition énergétique , lutte contre l'exploitation et trafic de la faune et flore sauvages , la lutte contre les politiques économiques très dévastatrices de la nature ….. : Des audiences et chambres qu'enquête en virtuelle facilitant les défenseurs ruraux et les paysans à amener ses dépositions devant un acteur judiciaire.

Au regard de l'intérêt général qu'ils défendent, après avoir été interrogés sur les faits lui reproché, si les conclusions administratives préliminaires de la justice, le service administratif technique compétent ou le CNDH confirment que la cause porte sur un litige d'intérêt général, la loi devrait adjoindre au juge ou Ministère Public de designer d'office un Avocat qui sera payé par l'Etat. Les audiences peuvent se passer en ligne ou en physique et cela au compte de la République.

6. Renforcer la loi par des mesures d'adaptation, capacitation et d'inclusion des services administratifs et judiciaires ;

Plusieurs catégories des défenseurs environnementaux et fonciers, personnes vivant avec handicap ont des défis d'accès aux services, à l'information et formation et au prétoire. Les installations ne sont pas de nature à garantir une sécurité ou protection des handicapés physiques par exemples. C'est le cas des palais de justice, nombreux sont construit de manière qu'ils ne sont pas physiquement faciles à y accéder pour des personnes handicapées physiques.

Il en est de même pour les cas des normes et langages utilisés dans les palais, ces derniers sont des obstacles d'accès à la justice et au service pour les handicapés sourds muets, aucun service dédié aux sourds muets n'est disponible dans les administrations, hôpitaux, écoles, universités moins encore dans les services judiciaires. Pourtant parmi les Défenseurs environnementaux et fonciers, il y en a nombreux.

C'est aussi les cas des personnes frappés d'un handicap mental, en réalité des écoles spécifiques et adaptés à cette catégorie des personnes devraient être promues par l'Etat et les services de promotion des DDH. Des questions, langues spécifiques adaptées à cette catégorie des DDH victimes des injustices environnementales qui sont tellement engagées doivent être mis en protocole pour assurer l'inclusion. Une obligation des infrastructures respectueuses des paramètres d'inclusion et genre doivent être imposée par la loi.

7. Eriger en crime contre l'humanité, infraction non amnistiable, crime imprescriptible le fait d'attaquer de manière délibéré et systématique un ou des défenseurs paysans défendant la cause environnementale ou les droits fonciers de la collectivité.

L'importance de la question d'agir en faveur de la justice climatique et justice foncière pour la masse, est l'une des causes qui font exposer les DDH à la mort, assassinats et exécutions extra-judiciaire, arrestations, tortures et autres mauvaises pratiques. Ces pratiques sont commises par des chefs de guerre ou commanditées par des autorités hautement placées. Ces crimes sont restés impunis, les auteurs connus, amnistiés et les victimes n'ont jamais eu accès à la justice. Une qualification dissuasive et des peines importantes devraient être prévues par la loi en vue de participer à la prévention des crimes mais aussi pour lutter contre l'impunité. La compétence universelle vis-à-vis aux faits infractionnels dit à la qualité de la victime faciliterai cette dernière d'accéder à la justice et rendre justice à l'humanité à son tour.

C'est une garantie légale de sécurité et de protection pénale. Le DDH pour des raisons de sécurité et secret professionnels peut refuser de comparaitre ou des témoigner après un avis motivé par écrit ou par appel téléphonique sans qu'il ne soit poursuivi du fait de son refus *de comparaître*.

Si l'on ne peut que se limiter à ces cas spécifiques qui sont encore frais, il faut rappeler que dans les années passées, plusieurs autres cas d'attaques contre les défenseurs des droits de l'homme avaient été rapportés. Si ces cas infractionnels sont soumis aux principes généraux de la procédure pénale générale comme celui de la prescription des poursuites, ils risqueront de demeurer impunis.

L'ACEDH estime que tous ces actes ne devront pas restés impunis quel que soit le temps qui s'écoulera.

8. Instituer un cadre de concertation et de dialogue entre acteurs avec des secteurs thématiques aux fins de faciliter les échanges, dialogues, capacitation ,analyse et rapportage sur la situation des défenseurs et les protocoles de sécurités communautaires ou institutionnelles mis en place par rapport aux défis actualisés.

Des chartes locales de sauvegarde des droits et libertés des DDH devront être élaborées et complétées par des édits provinciaux en vue de rendre décentralisé l'approche de protection et sécurité des DDH. Les mécanismes privés de protection et les mécanismes publics devront être mis en contribution et légalisés en cette loi.

IV. QUELQUES CAS ILLUSTRATIFS ET JUSTIFICATIFS

Tels sont les cas des protecteurs des Aires Protégées notamment les Eco-gardes, qui sont les cibles des groupes armés. A titre d'exemple :

1. Attaque meurtrière contre la patrouille des Eco-gardes dans le Secteur Centre du PNVi dans la Zone de CHONDO avec un bilan de 2 morts et 3 blessés, le vendredi, 23 décembre 2022

2. Attaque contre la patrouille des Eco-gardes à Kabasha en plein Parc National des Virunga en date du 06 février 2023. Un bilan d'un éco-garde tué et de deux autres blessés avait été enregistré ;
3.Trois Eco-gardes et un Agent de la Société Virunga-Energie périssent dans une embuscades des inconnus armés sur l'axe Ivingu-Lubero, Territoire de Luberoen date du 18 mai 2023. On avait enregistré la mort de 4 personnes, toutes des défenseurs environnementaux.

4.Attaque contre une patrouille des Eco-gardes à Nyamusengera en plein PNVi, en date du 28 mai 2023. Au cours de cette attaque deux éco-gardes avaient péri et trois autres blessés.

Outre les attaques contre les Eco-gardes, celles dirigées contre d'autres défenseurs des droits de l'homme. Plusieurs cas d'assassinats ont été enregistrés et l'on attend que la justice puisse être rendue pour les victimes défenseurs des droits de l'homme. On peut citer les cas notamment :

5. Attaque meurtrière contre le camps des déplacés de Kizimba , en Groupement Bishusha, Territoire de Rutshuru. C'est en date du 04 mai 2023 que cette attaque de masse avait été perpétrée contre les familles des défenseurs fonciers vivant dans le Camp des déplacés fonciers de Kizimba dans la Zone de Kitshanga en date du 04 mai 2023.

6. Assassinat d'un acteur de la Société Civile au Village de Rugarama, Groupement Busanza, Territoire de Rutshuru .C'est en date du 14 mai 2023, que cet Acteur de la Société Civile répondant au nom de KIRINGA, avait été abattu en plein journée par les inconnus armés qui seraient des éléments du M23.

V. INSTRUMENTS JURIDIQUES DE REFERENCE DU POSITIONNEMENT

A. AU NIVEAU INTERNATIONAL

1. La Déclaration universelle des droits de l'homme et le Protocole international relatif aux les droits civiques et politiques, reconnaissant aux défenseurs le droit et liberté de s'exprimer, de penser, se réunir, publier, de créer une association, et revendiquer sur les questions foncières.....

2. Le Pacte International relatif aux droits économiques, sociaux et culturels ;
3. La Convention sur l'élimination des discriminations à l'égard des femmes ;
4. La Convention 169 de l'organisation internationale du Travail (OIT) concernant les peuples indigènes et tribaux ;
5. Les directives volontaires sur la gouvernance responsable et transparente des régimes fonciers, forêts et pêches de la FAO ;
6. Protocole d'Ouagadougou créant la Cour africaine des droits de l'homme et des peuples (1998) ;
7. Charte des droits et du bien-être de l'enfant ;
8. La charte africaine des droits de l'homme et des peuples ;
9. Le Protocole à la Charte de Banjul sur les droits des femmes en Afrique, prévoient des droits relatifs à l'accès et à la possession des ressources naturelles telles que la terre :
10. Le Cadre et lignes directrices de l'Union africaine (UA) sur les politiques foncières en Afrique ;
11. La Convention de Kampala sur les droits des personnes déplacées (2010).
12. La Déclaration sur les problèmes et enjeux fonciers en Afrique,
13. les Principes directeurs relatifs aux investissements fonciers à grande échelle en Afrique
14. La Déclaration de Malabo sur la croissance et la transformation accélérées de l'agriculture en Afrique reconnaissent la complexité des questions foncières sur le continent et fournissent des orientations pour des politiques et une gouvernance foncières adaptées et efficaces.
15. Rés.60/147 du 16 décembre 2005 sur les principes fondamentaux et directives concernant le droit à un recours et à la réparation des victimes de violations flagrantes des droits de l'homme et des violations graves du droit international humanitaire,
16. Déclaration et programme d'action issus de la Conférence mondiale de Vienne sur les droits de l'homme tels qu'adoptés par la Rés.48/141 du 20 décembre 1993,
17. Principes directeurs sur les entreprises et les droits de l'homme (2011);
18. Rés.41/128 du 4 décembre 1986 sur le droit au développement;
19. Rés.61/295 du 13 septembre 2007 portant Déclaration des Nations unies sur les droits des peuples autochtones; etc.
20. La Résolution 2997 (XXVII) (1972) de l'Assemblée générale des Nations Unies. Il a pour mission de diriger et stimuler les partenariats destinés à protéger l'environnement en incitant les nations et les peuples à améliorer leur qualité de vie sans compromettre celle des générations futures, en les informant et en leur donnant des moyens d'agir ;
21. La résolution sur les droits de l'homme et l'environnement du Conseil des droits de l'homme des Nations Unies, dont la plus récente, la Résolution 34/20, demande au PNUE de renforcer sa coopération avec d'autres

organisations dans le but d'échanger des informations et de créer des synergies en matière de protection de l'environnement et des droits de l'homme

22. Décision 27/9 PNUE du Conseil d'administration sur la promotion de la justice, de la gouvernance et du droit en faveur de la durabilité environnementale ;
23. Déclaration de Rio stipule que « La meilleure façon de traiter les questions d'environnement est d'assurer la participation de tous les citoyens concernés, au niveau qui convient ….. Chaque individu ……. doit avoir la possibilité de participer aux processus de prise de décision en son principe 10 ;
24. La Charte mondiale de la nature de 1982 déclare dans son article 23 que « Toute personne aura la possibilité, en conformité avec la législation de son pays, de participer, individuellement ou avec d'autres personnes, à l'élaboration des décisions qui intéressent directement son environnement et au cas où celui-ci subirait des dommages ou des dégradations, elle aura accès à des moyens de recours pour en obtenir réparation
25. La Convention sur la diversité biologique ;
26. La Convention des Nations Unies sur la lutte contre la désertification ;
27. la Convention-cadre des Nations Unies sur les changements climatiques,
28. La Convention de la CEE/NU de 1998 sur l'accès à l'information, la participation du public au processus décisionnel et l'accès à la justice en matière d'environnement ;
29. Déclaration de 1972 de la Conférence des Nations Unies sur l'environnement humain (Déclaration de Stockholm) : « L'homme a un droit fondamental à la liberté, à l'égalité et à des conditions de vie satisfaisantes, dans un environnement dont la qualité lui permette de vivre dans la dignité et le bien-être. Il a le devoir solennel de protéger et d'améliorer l'environnement pour les générations présentes et futures
30. 53/144. Déclaration sur le droit et la responsabilité des individus, groupes et organes de la société de promouvoir et protéger les droits de l'homme et les libertés fondamentales universellement reconnus
31. Résolution 40/11 du Conseil des droits de l'homme sur la « reconnaissance de la contribution des défenseurs des droits de l'homme liés à l'environnement à la jouissance des droits de l'homme, à la protection de l'environnement et au développement durable[38] ;

[38] HCDH : Le HCDH et les changements climatiquesDéfenseuses des droits humains et défenseurs des droits des femmesPrincipes directeurs relatifs aux entreprises et aux droits de l'hommeLe HCDH et les peuples autochtonesin https://www.ohchr.org/fr/stories/2022/03/environmental-human-rights-defenders-must-be-heard-and-protected

B. AU NIVEAU NATIONAL

1. Constitution de la RDC , tel que modifiée et complété par la loi n'11/002 du Janvier 2011 portant révision de certaines dispositions de la Constitution de la RDC du 18 février 2006 ;
2. LOI N° 004/2001 DU 20 JUILLET 2001 portant dispositions générales applicables aux associations sans buts lucratifs et aux Etablissement d'Utilité Publique ;
3. La loi organique n° 13/011 du 21 mars 2013 portant institution, organisation et fonctionnement de la Commission Nationale des Droits de l'Homme ;
4. .*LOI* 73-021 portants régimes généraux des biens, régime *foncier* et immobilier et régime des sûretés. PREMIÈRE PARTIE DU RÉGIME GÉNÉRAL DES BIENS du 20 juillet 1973.
5. La Politique nationale foncière adopté 15 avril2022 par le Gouvernement de la République Démocratique du Congo ;
6. La loi sur le peuple autochtone pygmées en RDC
7. Loi n° 16/008 du 15 juillet 2016 modifiant et complétant le Loi n°87-010 du 1er août 1987 portant Code de la Famille
8. - Loi n° 16/010 du 15 juillet 2016 modifiant et complétant la Loi n° 015-2002 portant Code du travail
9. Décret n° 14/018 du 02 août 2014 fixant les modalités d'attribution des concessions forestières aux communautés locales ;
10. La loi n° 11/008 du 09 juillet 2011 portant criminalisation de la torture en RDC

11. Décret n° 14/019 du 02 août 2014 fixant les règles de fonctionnement des mécanismes procéduraux de la protection de l'environnement
12. Loi n° 11/022 du 24 décembre 2011 portant principes fondamentaux relatifs à l'agriculture[39].
13. Loi n°15/015 du 25 août 2015 fixant le statut des chefs coutumiers, Kinshasa 31 août 2015[40]
14. Loi n°22/30 du 15 juillet 2022 portant protection et promotion des droits des peuples autochtones pygmées.[41]

---

[39] FAO Organisation des Nations unies pour l'alimentation et l'agriculture : Base de données FAOLEX : in https://www.fao.org/faolex/results/details/fr/c/LEX-FAOC109785/

[40] RDC, Présidence de la République, cabinet du Président : Loi n°15/015 du 25 août 2015 fixant le statut des chefs coutumiers, JOURNAL OFFICIEL de la République Démocratique du Congo, in https://www.leganet.cd/Legislation/Droit%20Public/Administration.ter/Loi%2015.015.2015.html

[41] FAO : Organisation des Nations Unies pour l'alimentation et l'agriculture ; République démocratique du Congo (Niveau national) : Loi n°22/30 du 15 juillet 2022 portant protection et promotion des droits des peuples autochtones pygmées., inhttps://www.fao.org/faolex/results/details/fr/c/LEX-FAOC213451/

15. Loi organique*n°13/011-B* du 11 avril 2013 portant organisation, fonctionnement et compétences des juridictions de l'ordre judiciaire [42]......
16. *Edit* N°04/2019du 30 Novembre 2019 *portant. Protection des* défenseurs *des droits* humains en. province du *Nord-Kivu.* Cet édit est plus capital dans la mesure où elle constitue l'assiette principale sur le plan juridique en province, la volonté de protéger et sécuriser les défenseurs de droits de l'homme
Conclusion :

La protection législative des défenseurs des droits de l'homme en RDC est d'une importance capitale. Malgré l'existence des instruments juridiques internationaux protégeant les défenseurs des droits de l'homme sont nombreuses mais peinent à être évoqués et utilisés par les DDH dans leur défense.

Ce pendant la mise en place d'un cadre ne doit pas être en soit la finalité mais l'important serait de savoir si la qualité de cette norme là et son contenu favorisent la promotion et progression des droits et libertés des défenseurs de tous les défenseurs des droits humains sans discrimination aucune. Il faut des lois qui font avancer et sui sécurisent les défenseurs et son travail.

Les libertés et les droits de défenseurs droits de l'homme sont très menacés par non seulement par les groupes armés mais aussi par les personnes qui, pourtant sont appelées à leur assurer la sécurité. Ils sont torturés, arrêtés arbitrairement, harcelés ou même tués pour la simple raison qu'ils ont défendu la protection et promotion des droits de l'homme.

L'ACEDH veut au travers, cette note donne sa position sur le contenu de la proposition de loi relative à la protection et la responsabilité des défenseurs des droits de l'homme en RDC. Elle présente la situation des défenseurs ruraux qui sont aussi des défenseurs des droits de l'homme. Ce projet de loi de par même la définition même du concept « défenseur de droits de l'homme » qui exclut beaucoup des défenseurs des droits de l'homme et qui pourraient d'ailleurs les exposées à des poursuites pénales intempestives.

Les défenseurs environnementaux et fonciers qui peuvent pour la plupart, sont des paysans et vivent dans les zones reculées qui n'ont accès à aucune

[42] Cabinet du Président de la République : Loi organique*n°13/011-B* du 11 avril 2013 portant organisation, fonctionnement et compétences des juridictions de l'ordre judiciaire, in bulletin officiel de la RDC, 2013

infrastructure et exposés à des menaces les plus graves allant jusqu'à leur mort.

Outre des retouches et correctifs importants et urgents sur certaines dispositions de la loi ont été faits mais aussi certains points importants à intégrer ont été évoqués dans la présente note de position. En tenant compte de ces points, les défenseurs environnementaux et fonciers qui sont pour la plupart des paysans et ruraux.

Nous estimons que cette note pourra contribuer à l'amélioration de la situation des défenseurs environnementaux et fonciers, qui est d'ailleurs déjà catastrophique selon différents rapports des monitoring produits et publiés par les Organisations intervenant dans le secteur.

ACEDH

ALERTE CONGOLAISE POUR L'ENVIRONNEMENT ET LES DROITS DE L'HOMME

https://acedhrdc.org
acedh.alerte@gmail.com
N° F92.28.705 N° JUST/SG/20/259/2017
Acte de fonctionnement n°76/COORPRO/ECN-DD/NK2017
Acte notarié n°227/2006/30/DEC
(+243) 82 24 16 100 - (+243) 999 036 894

Goma, le 20 Juillet 2023 *N/Réf : 0…./*

Transmis Copies pour information à :

- *Son Excellence Monsieur le Premier Ministre, Chef du Gouvernement à Kinshasa ; (Avec l'Assurance de notre très haute considération)*
- *Son Excellence Monsieur le Ministre des Affaires Foncières à Kinshasa ;*
- *Monsieur le Président du Conseil Supérieur de la Magistrature à Kinshasa ;*
- *Monsieur l'Auditeur Général Militaire près la Haut Cour Militaire à Kinshasa ;*
- *Monsieur le Président de la Haute Cour Militaire à Kinshasa ;*
- *Monsieur le Premier Président de la Cour Militaire du Nord-Kivu à Goma ;*
- *Son Excellence Monsieur le Gouverneur du Nord-Kivu à Goma ;*
- *Monsieur l'Auditeur Supérieur Militaire du Nord-Kivu à Goma ;*
- *Monsieur le Premier Président de la Cour d'Appel du Nord-Kivu à Goma*
- *Monsieur le Procureur Général près la Cour d'Appel du Nord-Kivu à Goma ;*
- *Monsieur l'Auditeur Militaire de Garnison de Goma à Goma ;*
- *Monsieur le Président du Tribunal Militaire de Garnison de Goma à Goma ;*
- *Monsieur le Procureur de la République près le Tribunal de Grande Instance de Goma à Goma ;*
- *Au Chef de Bureau de la Monusco Nord-Kivu à Goma ;*
- *Au Responsable du Bureau des Nations aux droits de l'homme de la MONUSCO Nord Kivu à Goma ;*
- *Le Responsable de l'Unité de Stabilisation de la MONUSCO Nord-Kivu à Goma*
- *Au Responsable de l'Unité d'Appui aux poursuites MOUNUSCO Nord-Kivu à Goma*
- *A la Coordination Provinciale de la Société Civile Nord-Kivu à Goma*
- *Au Liquidateur de la Succession MWENENGE AFAMASA à Kinshasa*

Concerne: *Persistance des menaces, abus, harcèlements judiciaires et extra-judiciaires contre les défenseurs fonciers paysans représentants et membres du Comité des anciens ouvriers de la Concession SICIA Axe Kitshanga Masisi-Rutshuru : L'urgence d'une enquête indépendante sur l'assassinat d'OBEDI KARAFURU et autres violations des droits des paysans anciens ouvriers de la Société SICIA.*

A Son Excellence
Madame le Ministre
d'Etat, Ministre de la

Excellence ;

L'Alerte Congolaise pour l'Environnement et le Droits de l'homme, ACEDH en sigle est une Organisation de la société civile du secteur environnemental et des droits de l'homme, avec comme vocation de protéger l'environnement en défendant les défenseurs des droits ruraux et des droits fonciers des plus démunis pour une justice équitable, responsable , transparente digne pour un Etat de droit ; elle se veut par cette lettre solliciter ce dont est bien renseigné en saillie.

En effet plusieurs fois, nous vous avions alerté sur la situation tragique et moment douloureux que traversent les défenseurs fonciers membres de Comité et représentants des anciens ouvriers de la Concession SICIA LUBOGA axe KITSHANGA-MASISI-RUTSHURU du fait des exactions et violations des droits de l'homme dont ils sont victimes. Ces violations des droits de l'homme seraient de près ou de loin commanditées par certains nouveaux concessionnaires sous la guidance de l'ancien Chef de Département Foncier et ténor l'ancienne Rébellion du RCD /Goma en la personne de l'Honorable KAMANZI RUNIGI. Toutes formes des violations des droits de l'homme y ont été enregistrées notamment les assassinats, les arrestations arbitraires, les tortures,… et tout ceci en parfaite complicité passive ou active avec certaines autorités publiques judiciaires et militaires.

Nous rappelons que non seulement nous avions adressé nombreuses lettres de dénonciations et demande d'une mise en place d'une commission d'enquête au regard de l'empirement de la situation de ces défenseurs des droits de l'homme dont la dernière note est du 28juin 2022 mais aussi ces paysans ont mené des actions pacifiques en adressant aussi de multiples correspondances aux différentes autorités dont le Ministre de justice afin de solliciter leur protection et même des plaintes déposées à la justice contre leurs bourreaux n'ont jamais été examinées, ce qui s'apparente à un déni de justice avec des conséquences graves sur leur sécurité.

A titre illustratif, en date du 20 novembre 2021, ils ont adressé une lettre avec pour objet « *plainte en charge de Monsieur KAMANZI RUNIGI* », le 09 septembre 2013, ils ont adressé une lettre au Ministre Provincial des affaires foncières, intitulée « *malalamiko na mahitaji SICIA* », le 20 septembre 2020 une autre lettre intitulée « *tracasseries militaires et pillages de récoltes* » avait été adressée, et plusieurs autres notes ont été faites dans le but de solliciter l'implication des autorités politique et judiciaires afin de mettre fin au calvaire que ces populations traversaient dans la zone.

Malgré toutes ces actions pacifiques, les bourreaux de ces paysans ont persisté dans les violations des droits de l'homme contre ces paysans et leurs représentants regroupé dans une Structure appelée « Comité des Anciens Ouvriers ». Et d'ailleurs cinq de membres de ce Comité à savoir NDESHO KAGWENE, GATO MIJORANO, NTUYENABO HABIMANA John, BIHOYIKI GAHAGWA, SIBOMANA KANYANZIRA ont été condamnés par une décision inique à des peines lourdes de 20 ans des prisons par le Tribunal Militaire de Garnison de Goma depuis le 25 novembre 2022 sous RP 03912.

Plus pire encore dans la nuit du 18 juillet 2023, le Président de ce Comité en la personne de Monsieur OBEDI KARAFURU a été assassiné au Village de KAZUBA, Groupement BUKOMBO, en Territoire de Rutshuru par des inconnus armés et cet assassinat est sans doute lié à son travail de défenseur de droits fonciers.

Signalons que cet assassinat ignoble a aggravé davantage les mauvaises conditions des défenseurs fonciers et nombreux seraient en cavale craignant pour leur propre sécurité et celle de leurs familles.

Sans pour autant revenir sur les narrations des exactions judiciaires et extra-judiciaires dont sont des victimes perpétuelles les représentants des paysans et membres de Comité des anciens ouvriers de la SICIA, l'Alerte Congolaise pour l'Environnement et les Droits de l'Homme , soucieuse des respects des droits humains, de la protection de des défenseurs fonciers , l'Etat de Droit et la stabilisation de la zone sollicite ce qui suit à votre personne :

- ✓ Mettre en place en toute urgence une Commission d'enquête mixte qui va s'enquérir des violations des droits de l'homme contre ces paysans défenseurs des droits fonciers anciens ouvriers de la SICIA ;
- ✓ Exiger aux autorités judiciaires une ouverture urgente des enquêtes en vue d'identifier les auteurs de l'assassinat de leader paysan et Président de Comité des anciens ouvriers de la SICIA Monsieur OBEDI KARAFURU ;
- ✓ Mettre en place un mécanisme extra-judiciaire pouvant aboutir à la libération des cinq défenseurs fonciers condamnés injustement par le Tribunal Militaire de Garnison de Goma ;

- ✓ Identifier les autorités judiciaires et militaires impliquées dans les harcèlements contre ces défenseurs foncier et les sanctionner conformément à la loi ;

Veuillez agréer, Excellence Madame le Ministre d'Etat, l'expression de notre parfaite considération.

Fait à Goma

Pour l'Alerte Congolaise pour l'Environnement et les Droits de l'Homme

Le Secrétaire Exécutif

ACEDH
ALERTE CONGOLAISE POUR L'ENVIRONNEMENT
ET LES DROITS DE L'HOMME
https://acedhrdc.org
acedh.alerte@gmail.com
(+243) 82 24 16 100 - (+243) 999 036 894

Goma, le 02 Juillet 2022

N/Réf : 03/ ACEDH/SG. 202 2

Transmis Copies pour information à :

- Son Excellence Monsieur le Premier Ministre, Chef du Gouvernement à Kinshasa ; (Avec l'Assurance de notre très haute considération)
- Son Excellence Monsieur le Ministre des Affaires Foncières à Kinshasa ;
- Son Excellence Monsieur le Ministre des Droits humains à Kinshasa ;
- Monsieur le Président du Conseil Supérieur de la Magistrature à Kinshasa ;
- Monsieur l'Auditeur Général Militaire près la Haut Cour Militaire à Kinshasa ;
- Monsieur le Président de la Haute Cour Militaire à Kinshasa ;
- Monsieur le Premier Président de la Cour Militaire du Nord-Kivu à Goma ;
- Son Excellence Monsieur le Gouverneur du Nord-Kivu à Goma ;
- Monsieur l'Auditeur Supérieur Militaire du Nord-Kivu à Goma ;
- Monsieur le Premier Président de la Cour d'Appel du Nord-Kivu à Goma
- Monsieur le Procureur Général près la Cour d'Appel du Nord-Kivu à Goma ;
- Monsieur l'Auditeur Militaire de Garnison de Goma à Goma ;
- Monsieur le Président du Tribunal Militaire de Garnison de Goma à Goma ;
- Monsieur le Procureur de la République près le Tribunal de Grande Instance de Goma à Goma ; Au Chef de Bureau de la Monusco Nord-Kivu à Goma ;

- Au Responsable du Bureau des Nations aux droits de l'homme de la MONUSCO Nord Kivu à Goma ;
- Le Responsable de l'Unité de Stabilisation de la MO-NUSCO Nord Kivu à Goma
- Au Responsable de l'Unité d'Appui aux poursuites MOUNUSCO Nord Kivu à Goma
- A la Coordination Provinciale de la Société Civile Nord Kivu à Goma
- Au Liquidateur de la Succession MWENENGE AFA-MASA à Kinshasa

Concerne: *Sollicitation d'une Commission d'enquête sur les harcèlements et abus Judiciaires contre les Paysans représentants et membres du comité des anciens ouvriers de la concession SICIA LUBOGA axe KITSHANGA Masisi-Rutshuru : L'Etat Congolais est responsable à travers sa justice au Nord Kivu*
- A Son Excellence Madame le Ministre d'Etat, Ministre de la Justice et Garde des Sceaux à Kinshasa.

Excellence ;

L'Alerte Congolaise pour l'Environnement et le Droits de l'homme, ACEDH en sigle est une Organisation de la société civile du secteur environnemental et des droits de l'homme, avec comme vocation de protéger l'environnement en défendant les défenseurs des droits ruraux et des droits fonciers des plus démunis pour une justice équitable, responsable , transparente digne pour un Etat de droit ; elle se veut par cette lettre solliciter ce dont est bien renseigné en concerne.

En effet depuis plusieurs décennies , les anciens

ouvriers de la SICIA Luboga Axe Kitshanga Masisi-Rutshuru, une population estimée à plus de 36000 personnes(trente-six milles) ont toujours fait l'objet d'exactions et des violations des droits de l'homme par le fait de l'un de Grands Concessionnaires et ancien dignitaire, et Chef de Département des Affaires Foncières de l'ex-Rébellion du RCD , Honorable , acteur politique puissant, se faisant passer comme le représentant de tous les autres grands concessionnaires (groupes des personnes ayant acquis des grands espaces de terre à Masisi sans tenir compte des anciens occupants ayant des droits connexes acquis sur ces terres) et agissant à leurs noms pour matraquer les défenseurs des droits fonciers réunis au sein du Comité dit des anciens ouvriers de la SICIA , Structure dont les membres sont connus par l'Etat Congolais , les grands concessionnaires, les Nations-Unies , les autorités locales et tous les autres acteurs locaux, ceci depuis des années dans cette zone et exerçant des activités pacifiques à travers des réunions, rédaction des correspondances et participation aux réunions du Gouvernement et ses partenaires sur la question d'accès à la terre, gestion pacifique des conflits et stabilisation de la Zone de Kitshanga.

En 2013, le Gouvernement Provincial du Nord

Kivu et les Nations Unies au travers l'UNHABITAT avaient initié des pourparlers en format des médiations pour tenter de trouver une solution aux mésententes et désaccords entre les Grands Concessionnaires d'une part et les anciens ouvriers d'autre part. A l'issue de ces pourparlers toutes les parties avaient signé un compromis, qui donna une lueur d'espoir pour faciliter l'accès à la terre aux paysans et sécuriser les droits des grands concessionnaires pour une pacification et stabilisation de cette zone en proie des tensions.

Quelques mois après, les anciens Ouvriers et les

grands concessionnaires s'étaient encore réunis, et là encore un autre compromis avait été signé par toutes les parties s'accordant sur plusieurs points, que les concessionnaires n'ont jamais voulu mettre en application et dont par fois ce comité d'anciens ouvriers rappelle pacifiquement à titre de suivi auprès des autorités Congolaise et aux grands concessionnaires au nom et compte de ces 36milles personnes devenues vulnérables et déplacés fonciers.

Outre les militaires qui, au début étaient utilisés

par l'un de Grands Concessionnaires Honorable Sieur KAMANZI RUNIGI, pour ne pas citer son nom, plusieurs arrestations et interpellations suivies des tortures et des matraques contre les membres du Comité des anciens ouvriers de la SICIA qui les accusait faussement des plusieurs infractions graves comme « *Associations de malfaiteurs, Participation aux mouvements insurrectionnels, détentions d'armes,...* », qui sont à considérer comme des dénonciations calomnieuses car sans aucun soubassement factuel prouvé encore que même les autorités judiciaires, administratives et sécuritaires locales n'avaient jamais fait constat de ces faits dans les chefs de ces pauvres défenseurs des droits des anciens ouvriers . Pareille considération étant soutenue par le fait que la plupart de ces arrestations se sont soldées par des mesures de relaxation ordonnées par des Magistrats au sein des différents parquets et Auditorats Militaires de Goma.

Après qu'il ait constaté que les militaires étaient

de moins à moins acquis pour sa cause, le susnommé a changé des stratégies en utilisant malheureusement la justice pour matraquer ces paysans, qui vivent jusqu'à ces jours dans le Camps de déplacés non parce qu'il y a guerre dans leurs villages mais parce qu'ils y avaient été chassés par force et certains de leurs auraient payé de leur vie en l'époque des rébellions du RCD en 1998 et CNDP...

Pour une narration des exactions judiciaires et

poursuites iniques dont les membres du Comité des anciens ouvriers sont victimes, et dont une mission d'enquête s'avère urgente pour établir des responsabilités et donner chance au droit d'accès à un procès juste et équitable en faveur des plus pauvres ; les faits suivants peuvent être retenus. Sans pour autant citer les précédentes arrestations et relaxations de ces paysans d'avant 2020, signalons qu'en cette année, ils avaient été arrêtés par les militaires de FARDC en exécution d'un Mandat d'Amener émis par le Magistrat ILUNGA MUKENDI Fabrice du Parquet de Grande Instance de Goma sous RMP 5770/PR/IM qui, après plusieurs tractations et absence du plaignant KAMANZI RUNIGI, une liberté provisoire leur avait été accordée et le dossier fixé au Tribunal de paix de Goma et plaidé sous RP 1868 Bis et jusqu'à ces jours ils sont en attente de la décision.

Qu'en août 2021, un Mandat d'Amener collectif

tif leur avait décerné par l'Auditorat Supérieur du Nord-Kivu pour des infractions graves à savoir association des malfaiteurs, participation aux mouvements insurrectionnels,... toujours sur plainte de l'Honorable KAMANZI RUNIGI qui, ne voulant pas que ces paysans réclament l'application des compromis signés entre parties sous la médiation du Gouvernement Provincial et de l'UNHABITAT, ne jure que par leur souffrance et musèlement en usant la justice en sa faveur pour des arrestations et détentions . Dans l'affaire ci-haut citée, montée de toute pièce, après audition de prévenus amenés manu-militari à l'Auditorat Supérieur, ces paysans avaient été relaxés, le plaignant ayant fait défaut à la confrontation et le Magistrat instructeur n'ayant retenu aucun fait infractionnel à leur charge.

Le dernier acte de manipulation de la justice par

cet ancien ténor grand concessionnaire date du 11 avril 2022, lorsque sous RMP 0081/PR/IM, le même Magistrat du Parquet de Grande Instance de Goma, avait été utilisé pour faire arrêter NDESHO

KAGWENE, GATO MIJORANO, NTUYENABO HABIMANA John, BIHOYIKI GAHAGWA,
SIBOMANA KANYANZIRA, tous membres du Comité des anciens ouvriers de la SICIA. Alors qu'il avait été saisi pour occupation illégale de terre, le Magistrat a profité de transférer les prévenus à l'Auditorat Militaire de Garnison, au motif qu'il avait découvert beaucoup d'autres infractions qui étaient de la compétence de la seule juridiction militaire en cette période de l'état de siège. Ici aussi un dossier a été ouvert contre les susnommés sous RMP 05617/UBK/2022 et géré à mains de fer par l'Auditeur Militaire de Garnison. Après plusieurs suivis faits par leurs Avocats qui avaient demandé l'audition de leurs clients et leur confrontation au plaignant KAMANZI RUNIGI, *une réponse sèche leur avait été réservée par l'Auditeur Militaire de Garnison, Magistrat instructeur par interposition, qu'ils ne devraient plus être auditionnés au motif qu'il avait été suffisamment éclairé*. Pareille attitude nous pousse à penser que l'Auditorat de Garnison de Goma devenait aussi une caisse de résonnance de Sieur Honorable KAMANZI. C'est après une dénonciation faite par les Avocats à l'Auditorat Militaire Supérieur et certaines Organisations des Droits de l'Homme de ce comportement indigne, que l'Auditeur Militaire de Garnison avait extrait ces pauvres innocents et les avait auditionnés par un Magistrat Stagiaire Sous-Traitant de l'Auditeur Militaire de Garnison qui n'a jamais procédé à aucune quelconque confrontation des parties, les faits ayant été niés

complétement par les prévenus. Signalons que la seule et unique réponse qu'on donne aux Avocats de ces paisibles et pauvres citoyens défenseurs des droits fonciers de ces 36 milles personnes : est que le dossier sera envoyé en fixation, après que ceux-ci aient à deux reprises introduit la requête de la mise en liberté provisoire de ces paysans mais restées sans suite pour des motifs non justifies.

Malgré le doute sérieux sur son impartialité

dans cette affaire, l'Auditeur Militaire de Garnison avait quand même persisté à instruire ladite affaire par un Magistrat Stagiaire sous son initial « UBK » en retenant ces paysans qui sont mourants et continuent de traverser une vie pénible et tragique en prison Centrale de Goma où ils sont soumis à des exactions inhumaines malgré leur présomption d'innocence. D'ailleurs deux d'entre eux dont un handicapé physique sans bras sont en état sanitaire critique, au risque de mourir à tout moment, ce qui engagerait la responsabilité de l'Etat du reste, trop mal représenté dans la gestion de cette affaire par la justice dont votre ministère est le représentant légal.

En ces causes, il est claire que l'Auditeur Mili-

taire de Garnison de Goma qui se serait décidé d'envoyer précipitamment le dossier en fixation sans avoir procédé à la confrontation des parties , n'aurait qu'un seul objectif, celui de faire garder ces paysans en détention, les punir physiquement et moralement , les empêcher d'être libre au risque de participer aux discussions amorcées par le Ministre national des affaires foncières dans le règlement de ce litige au quel impérativement les anciens ouvriers sont concernés indirectement ; surtout sachant que même s'il les envoyait au tribunal ça pourrait faire autant de temps que possible, surtout au regard de lenteur de fixation de dossier, ce qui satisfait le besoin de la partie adverse en ce moment précis du contentieux.

Il va de soi de confirmer cette hypothèse, car

l'Auditeur Militaire de Garnison a promis de donner une fin de non-recevoir à toutes les demandes de mise en liberté provisoire introduite par les Avocats de ces défenseurs des droits fonciers malgré toutes les garanties de se soumettre à toutes les conditions auxquelles ils pourraient être soumis et le fait que c'est un droit constitutionnel pour toute personne mise sous examen judiciaire.

Ce refus sans raison, d'accorder une liberté

provisoire à ces paysans est une violation non seulement de la Constitution mais aussi des instruments juridiques internationaux ratifiés par la RDC en matière de liberté et des droits de la défense. Qui ne pourra-t-on penser que la justice est utilisée par un individu qui lui ferait aussi peur ou qui aurait un poids pour conduire et dictée des procédures alors que la justice devrait être un instrument de l'équilibre entre les nantis et les pauvres ? Comment la justice pourrait avoir peur d'un individu, honorable ou notable soit-il pour le simple fait qu'il a toute les manœuvres de trafic d'influence ?, comment des gens qui sont tout le temps invités par les autorités et se présentent peuvent toujours faire l'objet de mandat d'amener ? Pour quoi leur affaires ne sont jamais traitées par les instances judiciaires même quand des faits dont sont victimes sont graves, pour quoi ce sont les autorités de Goma qui ne sont que actives pour les traquer judiciairement et non la justice de Rutshuru ni de Masisi où ils sont établis .....? C'est autant des questions que se posent ces paysans qui sont injustement détenus en ces jours en la Prison Centrale de Goma et c'est sans aucune confrontation avec le plaignant.

Autre fait réel, c'est que, après les arrestations

et tortures dont ils ont toujours fait l'objet, ils avaient tenté de faire recours à des voies judiciaires mais leurs plaintes n'avaient pas été prises en compte et lui comme présumé auteur et plaignant habituel n'a jamais été invité même pas une seule fois devant la justice. N'est-ce pas une justice à double vitesse dont feraient l'apologie certains animateurs de la justice à Goma et dont la délégation pourra constater et tirer les conséquences.

Il faudra aussi rappeler que les dernières interpellations seraient intervenues sur fond d'un mandat d'Amener blanc sur lequel on pouvait ajouter le nom de toute personne par le stylo et elles sont intervenues au moment où les grands Concessionnaires occupant le terrain de la SICIA étaient invités à Kinshasa par le Ministère National des Affaires foncières pour tenter de trouver une solution sur le litige foncier entre ces concessionnaires et la Succession MWENENGE AFAMASA, d'ailleurs d'autres membres du comité y figurent clairement mais n'avaient pas été appréhendés et sont en fuite de cette terreur judiciaire . On ne peut pas laisser persister une telle situation dans une zone aussi fragile où sont disséminés plusieurs groupes armés et exposée à toute sorte des conflits et injustices.

De tout ce qui précède et au regard de

> l'urgence, l'Alerte Congolaise pour l'Environnement et les Droits de l'Homme, soucieuse des respects des droits humains, de la protection des défenseurs de droits fonciers, l'Etat de droit , indépendance du pouvoir judiciaire sans actions iniques , dignité des tous et égalité devant la loi et de la stabilisation de la zone, sollicite votre excellence pour arrêter ces harcèlements et abus judiciaires ciblés contre ces paysans défenseurs des droits fonciers collectifs reconnus par la République, en mettant en place et appuyé une Commission d'enquête mixte qui pourrait venir au Nord Kivu s'enquérir des harcèlements judiciaires dont sont victime les anciens ouvriers de la SICIA et la façon dont la justice est utilisée au profit d'un seul individu qui s'est argué le droit de représentation de tous les concessionnaires sans mandat express. Enfin des sanctions exemplaires devraient être réservées aux Acteurs Judiciaires qui auraient trempé dans les antivaleurs et qui se font pour un individu qui, d'ailleurs a toujours évité toute confrontation avec les victimes quotidiennes dont l'histoire de leur combat pacifique est tragique, provocatrice d'énormes regrets et pitiés.

Veuillez agréer, Excellence Madame le Ministre d'Etat, l'expression de notre parfaite considération.

Fait à Goma, le 28 juin 2022

Pour l'ACEDH

Le Secrétariat Exécutif de
l'Organisation

ACEDH

ALERTE CONGOLAISE POUR L'ENVIRONNEMENT ET LES DROITS DE L'HOMME

https://acedhrdc.org
acedh.alerte@gmail.com
N° F92.26 795 N° JUST/SG/20/259/2017
Acte de fonctionnement n°76/COORPRO/ECN-OD/NK2017
Acte notarié n°227/2008/30/DEC
(+243) 82 24 16 100 - (+243) 999 036 894

Goma, le 20 Juillet 2023 *N/Réf : 0…./ ACEDH/SG. 2023*

Transmis Copies pour information à :

- *Son Excellence Monsieur le Premier Ministre, Chef du Gouvernement à Kinshasa ; (Avec l'Assurance de notre très haute considération)*
- *Son Excellence Monsieur le Ministre des Affaires Foncières à Kinshasa ;*
- *Monsieur le Président du Conseil Supérieur de la Magistrature à Kinshasa ;*
- *Monsieur l'Auditeur Général Militaire près la Haut Cour Militaire à Kinshasa ;*
- *Monsieur le Président de la Haute Cour Militaire à Kinshasa ;*
- *Monsieur le Premier Président de la Cour Militaire du Nord-Kivu à Goma ;*
- *Son Excellence Monsieur le Gouverneur du Nord-Kivu à Goma ;*
- *Monsieur l'Auditeur Supérieur Militaire du Nord-Kivu à Goma ;*
- *Monsieur le Premier Président de la Cour d'Appel du Nord-Kivu à Goma*
- *Monsieur le Procureur Général près la Cour d'Appel du Nord-Kivu à Goma ;*
- *Monsieur l'Auditeur Militaire de Garnison de Goma à Goma ;*
- *Monsieur le Président du Tribunal Militaire de Garnison de Goma à Goma ;*
- *Monsieur le Procureur de la République près le Tribunal de Grande Instance de Goma à Goma ;*
- *Au Chef de Bureau de la Monusco Nord-Kivu à Goma ;*
- *Au Responsable du Bureau des Nations aux droits de l'homme de la MONUSCO Nord Kivu à Goma ;*
- *Le Responsable de l'Unité de Stabilisation de la MONUSCO Nord-Kivu à Goma*
- *Au Responsable de l'Unité d'Appui aux poursuites MOUNUSCO Nord-Kivu à Goma*
- *A la Coordination Provinciale de la Société Civile Nord-Kivu à Goma*
- *Au Liquidateur de la Succession MWENENGE AFAMASA à Kinshasa*

Concerne: *Persistance des menaces, abus, harcèlements judiciaires et extra-judiciaires contre les défenseurs fonciers paysans représentants et membres du Comité des anciens ouvriers de la Concession SICIA Axe Kitshanga Masisi-Rutshuru : L'urgence d'une enquête indépendante sur l'assassinat d'OBEDI KARAFURU et autres violations des droits des paysans anciens ouvriers de la Société SICIA*

A Son Excellence
Madame le
Ministre d'Etat,

Excellence ;

L'Alerte Congolaise pour l'Environnement et le Droits de l'homme, ACEDH en sigle est une Organisation de la société civile du secteur environnemental et des droits de l'homme, avec comme vocation de protéger l'environnement en défendant les défenseurs des droits ruraux et des droits fonciers des plus démunis pour une justice équitable, responsable , transparente digne pour un Etat de droit ; elle se veut par cette lettre solliciter ce dont est bien renseigné en saillie.

En effet plusieurs fois, nous vous avions alerté sur la situation tragique et moment douloureux que traversent les défenseurs fonciers membres de Comité et représentants des anciens ouvriers de la Concession SICIA LUBOGA axe KITSHANGA-MASISI-RUTSHURU du fait des exactions et violations des droits de l'homme dont ils sont victimes. Ces violations des droits de l'homme seraient de près ou de loin commanditées par certains nouveaux concessionnaires sous la guidance de l'ancien Chef de Département Foncier et ténor l'ancienne Rébellion du RCD /Goma en la personne de l'Honorable KAMANZI RUNIGI. Toutes formes des violations des droits de l'homme y ont été enregistrées notamment les assassinats, les arrestations arbitraires, les tortures,… et tout ceci en parfaite complicité passive ou active avec certaines autorités publiques judiciaires et militaires.

Nous rappelons que non seulement nous avions adressé nombreuses lettres de dénonciations et demande d'une mise en place d'une commission d'enquête au regard de l'empirement de la situation de ces défenseurs des droits de l'homme dont la dernière note est du 28juin 2022 mais aussi ces paysans ont mené des actions pacifiques en adressant aussi de multiples correspondances aux différentes autorités dont le Ministre de justice afin de solliciter leur protection et même des plaintes déposées à la justice contre leurs bourreaux n'ont jamais été examinées, ce qui s'apparente à un déni de justice avec des conséquences graves sur leur sécurité.

A titre illustratif, en date du 20 novembre 2021, ils ont adressé une lettre avec pour objet « *plainte en charge de Monsieur KAMANZI RUNIGI* », le 09 septembre 2013, ils ont adressé une lettre au Ministre Provincial des affaires foncières, intitulée « *malalamiko na mahitaji SICIA* », le 20 septembre 2020 une autre lettre intitulée « *tracasseries militaires et pillages de récoltes* » avait été adressée, et plusieurs autres notes ont été faites dans le but de solliciter l'implication des autorités

politique et judiciaires afin de mettre fin au calvaire que ces populations traversaient dans la zone.
Malgré toutes ces actions pacifiques, les bourreaux de ces paysans ont persisté dans les violations des droits de l'homme contre ces paysans et leurs représentants regroupé dans une Structure appelée « Comité des Anciens Ouvriers ». Et d'ailleurs cinq de membres de ce Comité à savoir NDESHO KAGWENE, GATO MIJORANO, NTUYENABO HABIMANA John, BIHOYIKI GAHAGWA, SIBOMANA KANYANZIRA ont été condamnés par une décision inique à des peines lourdes de 20 ans des prisons par le Tribunal Militaire de Garnison de Goma depuis le 25 novembre 2022 sous RP 03912.
Plus pire encore dans la nuit du 18 juillet 2023, le Président de ce Comité en la personne de Monsieur OBEDI KARAFURU a été assassiné au Village de KAZUBA, Groupement BUKOMBO, en Territoire de Rutshuru par des inconnus armés et cet assassinat est sans doute lié à son travail de défenseur de droits fonciers.
Signalons que cet assassinat ignoble a aggravé davantage les mauvaises conditions des défenseurs fonciers et nombreux seraient en cavale craignant pour leur propre sécurité et celle de leurs familles.
Sans pour autant revenir sur les narrations des exactions judiciaires et extra-judiciaires dont sont des victimes perpétuelles les représentants des paysans et membres de Comité des anciens ouvriers de la SICIA, l'Alerte Congolaise pour l'Environnement et les Droits de l'Homme , soucieuse des respects des droits humains, de la protection de des défenseurs fonciers , l'Etat de Droit et la stabilisation de la zone sollicite ce qui suit à votre personne :

- ✓ Mettre en place en toute urgence une Commission d'enquête mixte qui va s'enquérir des violations des droits de l'homme contre ces paysans défenseurs des droits fonciers anciens ouvriers de la SICIA ;
- ✓ Exiger aux autorités judiciaires une ouverture urgente des enquêtes en vue d'identifier les auteurs de l'assassinat de leader paysan et Président de Comité des anciens ouvriers de la SICIA Monsieur OBEDI KARAFURU ;
- ✓ Mettre en place un mécanisme extra-judiciaire pouvant aboutir à la libération des cinq défenseurs fonciers condamnés injustement par le Tribunal Militaire de Garnison de Goma ;
- ✓ Identifier les autorités judiciaires et militaires impliquées dans les harcèlements contre ces défenseurs foncier et les sanctionner conformément à la loi ;

Veuillez agréer,
Excellence Madame le Ministre d'Etat, l'expression de notre parfaite considération.

Fait à Goma

Pour l'Alerte Congolaise pour l'Environnement et les Droits de l'Homme

Le Secrétaire Exécutif

ACEDH

ALERTE CONGOLAISE POUR L'ENVIRONNEMENT ET LES DROITS DE L'HOMME

(+243) 82 24 18 100 - (+243) 999 056 594

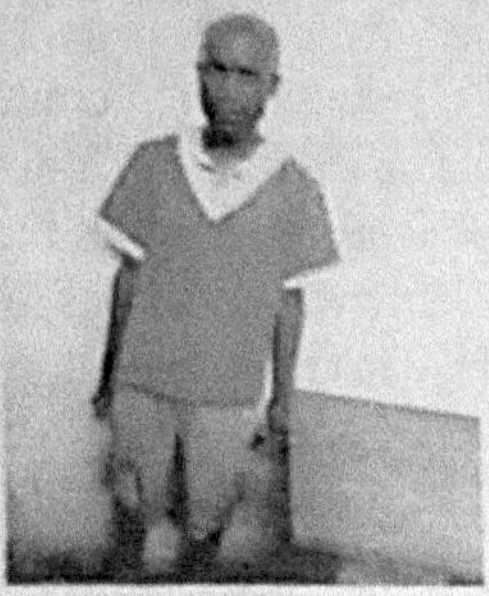

DECLARATION SUITE A L'ASSASSINAT DE MONSIEUR OBED KARAFURU, DEFENSEUR DES DROITS FONCIERS DE KITSHANGA ET PRESIDENT DU COMITE DES ANCIENS OUVRIERS DE LA SICIA/ LUBOGA : UN CRIME ODIEUX PORTEUR D'UN COUP DUR SUR LES DROITS ET LIBERTES DES DEFENSEURS ENVIRONNEMENTAUX RURAUX AU NORD-KIVU

L'Alerte Congolaise pour l'Environnement et les Droits de l'Homme en sigle ACEDH, a appris de sources sûres sur terrain, l'assassinat ignoble de Monsieur OBED KARAFURU, 45 ans , père de 9 enfants, défenseurs des droits fonciers et Président du Comité fédéral pour la défense des intérêts de plus de 36000 personnes, paysans descendants des anciens ouvriers de l'ancienne Société SICIA dans la Zone de Kitshanga , en Territoire de Rutshuru.

De son vivant Sieur OBED KARAFURU a été une personne clé dans les discussions, échanges, négociations et signatures des actes entre cette communauté et les grands concessionnaires sous la facilitation de l'Etat Congolais et les Nations Unies (ONU HABITAT). Plusieurs fois arrêté, détenu, torturé, sa situation sécuritaire et harcèlement judiciaire ont été d'une ampleur inquiétante. Il a courageusement saisi avec les autres membres du Comité, les autorités à différents niveaux pour dénoncer et porter plainte devant la justice militaire. Assassiné par fusillade dans la nuit du 18 au 19 juillet 2023, sa mort serait en relation directe avec son travail de défenseur foncier au regard de la succession logique des évènements enregistrés dans le dossier ci-haut cité.

Signalons qu'au mois de mai dernier, une autre attaque avait ciblé les autres défenseurs fonciers dans le Camps des déplacés de KIZIMBA dans la même zone, où plus d'une dizaine des morts et des blessés avaient été enregistrés.

Les membres de ce Comité pacifique ont à plusieurs reprises dénoncé les abus dont ils ont été victimes en adressant plusieurs correspondances aux autorités tant nationales qu'internationales sollicitant une protection particulière et leurs demandes étaient toujours restées sans suite.

Face à cet acte criminel, l'ACEDH demande :

- ✓ Aux autorités compétentes, de s'impliquer activement pour que les auteurs de cet acte soient appréhendés et traduits en justice pour qu'ils répondent de leurs crimes ;
- ✓ De manifester une solidarité en veillant à ce que les libertés et vies des autres membres de ce comité, et autres défenseurs des droits liés aux ODD soient libérés et qu'ils soient sécurisés car ils ne font qu'exercer leur droit constitutionnel et leur travail est très important pour l'avenir de la planète et la sauvegarde sociale ;
- ✓ Aux Organisations nationales et internationales des droits de l'homme, d'user de toute leur influence sur le plan national et international pour s'assurer que les auteurs de ces actes soient punis et que des enquêtes soient ouvertes ;
- ✓ A l'EAC dont les contingents sont déployés dans la région où sont situés les camps des rescapés des descendants des anciens ouvriers de la SICIA de mettre tout en place pour leur protection face aux menaces dont ils subissent de la part des criminels de la zone dont le M23 ;
- ✓ Aux mécanismes de protection des DDHE, de mettre leur attention sur les défenseurs environnementaux et fonciers ruraux en cette période des conflits violents au Nord-Kivu ;
- ✓ Aux mécanismes de protection des DDHE de réfléchir sur la possibilité de mettre à l'abri les membres de sa famille et ses compagnons de lutte considérés comme témoins gênants et pouvant à tout moment subir le même sort afin que les traces sur cette mort soient effacées.

Fait à Goma, le 20 juillet 2023

PO

Le Secrétariat Exécutif

ACEDH

ALERTE CONGOLAISE POUR L'ENVIRONNEMENT ET LES DROITS DE L'HOMME

https://acedhrdc.org
acedh.alerte@gmail.com
N° F92.28.706 N° JUST/SG/20/269/2017
Acte de fonctionnement n°76/COORPRO/ECN-DD/NK2017
Acte notarié n°227/2008/30/DEC
(+243) 82 24 16 100 - (+243) 999 036 894

- ✓ Lettre Ouverte adressée à Monsieur Paul Nsapu Mukulu et Madame Gisèle Kapinga Tumba à Kinshasa.
- ✓ Et à toute l'équipe de la Commission Nationale des Droits de l'Homme en RDC à Kinshasa;

CC : A Son Excellence Monsieur le Ministre des Droits Humains de la RDC ;

Mesdames et Messieurs,

Nous comme Organisation de défense des droits de l'homme du secteur environnemental en République Démocratique du Congo, vous saisissons par la présente lettre ouverte pour faire appel à votre conscience et responsabilité au-delà des postes pour lesquels vous vous battez depuis un temps.

En effet, la présente correspondance vous est adressée conformément aux articles 28 et 29 de la loi organique n° 13/011 du 21 mars 2013 portant institution, organisation et fonctionnement de la Commission Nationale des Droits de l'Homme, la CNDH en sigle qui reconnaissent à toute personne (physique ou morale voir une communauté) le droit de saisir Votre institution sans qu'elle soit objet d'inquiétudes.

Le principal mobile de notre présente action tient au constat fait sur la crise de pouvoir qui s'est prolongée au sein de la CNDH, opposant les deux personnalités ci haut citées. Les conséquences liées à cette crise ne sont plus à démontrer et les usagers de cette institution émargée au budget de l'Etat sont les plus grandes victimes et particulièrement les ONG de défense des droits Humains ayant des procédures à mener devant elle.

Parmi ces conséquences, citons notamment :

1. Le dysfonctionnement des organes de la CNDH dans leur quasi-totalité y compris les sous-commissions qui ne peuvent bien fonctionner que si leurs organes hiérarchiques fonctionnent normalement;

2. Un silence coupable face à l'adoption de la Loi n°23/027 du 15 juin 2023 relative à la protection et à la responsabilité du défenseur des droits de l'homme en République Démocratique du Congo dont le contenu vise plutôt à insécuriser les Défenseurs des droits humains au lieu de les protéger ;

3. L'inaction face aux multiples cas des violations des droits humains occasionnées par les conflits armés dans les provinces de l'Est de la RDC ainsi qu'au changement climatique qui d'ores et déjà se manifeste dans certains coins du pays ;

1 *ACTES OFFICIELS d'enregistrement d'ONG N°988/DPP/NK/2022 Ministère du Plan. Certificat d'enregistrement établi par la Division : F92.28.705 N°JUST/SG/20/259/2017 ministère National de la justice et garde des sceaux, Certificat provinciale de la Justice N°JUST 568/GS/CAD/DP –NK/2009, Acte de Fonctionnement n°76/COORPRO/ECN-DD/NK2017 Ministère de l'Environnement et Conservation de la nature, N° D'impôt A1717371B, DGI, acte notarié n°227/2008 du 30 décembre 2008, établi à Goma, et site web:* www.acedhrdc.org, *Adresses emails : direction.acedhrdc@gmail.com* , info@acedhrdc.org ,meolivier.acedhrdc@gmail.com ,

4. Le mutisme observé sur la question électorale particulièrement pendant cette période de campagne électorale où plusieurs morts ont été enregistrées sans qu'il y ait réaction de la part de votre institution ;

5. Une confusion persistante sur la personne à contacter en cas de suivi d'une plainte ou d'une correspondance adressée à votre institution, déjà le secrétariat semble ne pas être réceptif lorsque la lettre est adressée à l'une de deux personnalités qui se disputent le présidium de la CNDH.

Mesdames et Messieurs depuis la mise en place de cette institution, votre responsabilité comme animateurs devrait être située par rapport aux efforts et capacités d'apporter des réponses, analyses, avis, orientations sur les actions, politiques , programmes et autres nécessaires pour les l'évolution positif dans la lutte pour le respect des droits de l'homme et pas vouloir à tout prix s'éterniser au pouvoir de fois pour ne rien faire d'important en faveur des bénéficiaires et usagers de votre institution.

Chers Collègues, l'institution de la République que vous animez et qui fonctionne avec l'argent du contribuable devrait être l'exemple pour la gouvernance démocratique et l'efficacité pour écouter et rendre compte aux bénéficiaires, c'est vraiment avec regret que nous constatons que la place des droits de l'homme, des libertés, droits des défenseurs des droits de l'homme soient par vous, considérés comme des aspects connexes mais le positionnement au poste du président est aujourd'hui la principale préoccupation qui vous anime en ce moment si crucial.

Pour ce faire, nous avons choisi à travers cette lettre ouverte, vous interpeller face à l'histoire, la conscience et la responsabilité censées vous animer, de prendre la bonne voie en ôtant vos mains sur cette institution en lui laissant travailler pour nous, pour le Congo et les terres Congolaises, ceci vous évitera d'être jetés dans la poubelle de l'histoire.

Aussi nous sollicitons au Ministre des Droits Humains qui nous lit en copie, de prendre une mesure d'ordre qui soit à la hauteur de l'urgence qui s'impose et des attentes de la population, en désignant par intérim une personnalité neutre pour gérer les affaires courantes de l'Institution et permettre à celle de bien fonctionner en attendant les mesures définitives.

Fait à Goma, le 06 décembre 2023

Pour l'ACEDH
Me Olivier Ndoole B.

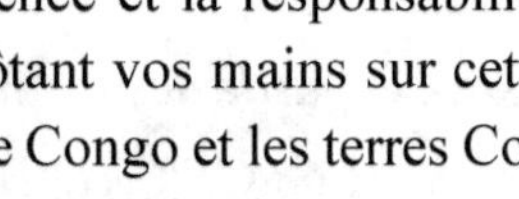

Secrétaire Exécutif

2 *ACTES OFFICIELS d'enregistrement d'ONG N°988/DPP/NK/2022 Ministère du Plan. Certificat d'enregistrement établi par la*

Division : F92.28.705

N°JUST/SG/20/259/2017 ministère National de la justice et garde des sceaux, Certificat provinciale de la Justice N°JUST 568/GS/CAD/DP –NK/2009, Acte de Fonctionnement n°76/COORPRO/ECN-DD/NK2017 Ministère de l'Environnement et Conservation de la nature, N° D'impôt A1717371B, DGI, acte notarié n°227/2008 du 30 décembre 2008, établi à Goma, et site web: www.acedhrdc.org, *Adresses emails : direction.acedhrdc@gmail.com* , info@acedhrdc.org ,meolivier.acedhrdc@gmail.com ,

N°/Réf : 010/COALITION/2023

Transmis copies pour information à :

- Son Excellence, le Premier Ministre, Chef de Gouvernement de la RDC,
- Son Excellence, Monsieur le vice premier ministre en charge de l'intérieur, sécurité et affaires coutumières ;
- Son Excellence, Madame la Ministre d'Etat, Ministre de la justice et garde des sceaux ;
- Son Excellence, Monsieur le ministre des affaires foncières ;
- Monsieur le Premier Président de la Cour Constitutionnelle ;
- Monsieur le Président de la Commission Nationale des Droits de l'Homme, CNDH ;
- Monsieur le Procureur Général près la Cour de Cassation ;
- Monsieur le Premier président de la Haute Cour Militaire ;
- Monsieur l'Auditeur Militaire des forces armés de la République Démocratique du Congo ;
- Son Excellence Monsieur le

Gouverneur du Nord Kivu ;

- Monsieur le Premier Président de la Cour d'Appel du Nord Kivu ;
- Monsieur le Procureur Général près la Cour d'Appel du Nord Kivu ;
- Monsieur le Premier Président de la Cour Militaire du Nord Kivu ;
- Bureau de la MONUSCO/ Nord Kivu ;
- Commandant de la force de l'EAC en RDC.
- Monsieur le Président de la Société Civile du Nord-Kivu à Goma ;
- A tous les acteurs de la société civile de la RDC ;
- Les acteurs environnementaux internationaux ;
- Aux médias locaux et internationaux.

A Monsieur l'Auditeur Militaire Supérieur près la Cour Militaire du Nord Kivu à Goma.

Concerne : Dénonciation et demande d'ouverture d'une enquête sur l'assassinat de Monsieur OBEDI KARAFURU, Défenseur des droits fonciers et environnementaux et Représentant de la communauté des anciens ouvriers de l'ex SICIA (Société Internationale Commerciale et Industrielle) LUBUGA.

Monsieur l'Auditeur Supérieur,

Les Organisations de la société civile environnementale et foncier du Nord Kivu en particulier et du Congo en général ont été très touchées par la triste nouvelle relative à l'assassinat d'un de leur collègue activiste des droits fonciers et de justice environnementale, Monsieur OBEDI KARAFURU, comme indiqué en concerne.

Monsieur l'Auditeur Militaire Supérieur, rien n'est important de rappeler que, le défunt a saisi les instances publiques nationales et internationales y compris votre institution dans le but de voir la justice être la seule voie pour défendre les droits, les libertés et biens des plus faibles. Très actif, grand défenseur des intérêts des communautés locales et de la justice environnementale dans la région de Kitshanga, père de 10 enfants ; sa mort est intervenue en ce moment où la sauvegarde sociale et justice environnementale en faveur de plus de 36.000 personnes qu'il représentait dans toutes les discussions, échanges, dialogues, négociations, contentieux sous la facilitation du Gouvernement Congolais (ministère des affaires foncières) les nations unies (ONU HABITAT) et c'est depuis des années … pour son engagement il a payé des sacrifices énormes de fois contre sa liberté, les libertés de ses amis et collègues partageant le même combat , l'équilibre familiale et sa vie; sa mort est un choc.

En effet, dans la nuit du 18 au 19 du mois de juillet 2023, à KAZUBA, Groupement Bukombo, chefferie BISHUSHA, Territoire de MASISI, province du Nord KIVU, les hommes armés ont tiré sur Monsieur OBEDI KARAFURU et mis fin à sa vie sans aucune raison. La victime de cet acte criminel était jusqu'à sa mort, président du comité des anciens ouvriers de la Société Internationale Commerciale Industrielle et Agricole de Luboga (SICIA), représentant plus de 36000 familles des descendants des anciens ouvriers de ladite société qui vivaient dans lesdites concessions en y travaillant, avant qu'ils y soient délogés violemment par un groupe de grands concessionnaires qui les traque depuis une décennie et dont certains seraient membres du M23 qui est très actif dans cette zone. Il faut signaler que la victime est signataire au compte et droits de ces familles des différents compromis liants toutes les parties dans cette contestation sur les expulsions et violations des droits connexes liés aux régimes fonciers de la zone. Cet assassinat survient après que plusieurs dénonciations, plaintes contre l'injustice dont sont victimes les leaders et membres de cette communauté d'anciens ouvriers font l'objet aient été déposées devant les autorités mais sans que des actions ni mesures soient prises pour un avenir judiciaire à ces victimes. Pour ce fait nous demandons à la justice de s'investir dans la cause des familles des anciens ouvriers enfin de le protéger contre les tueries barbares auxquelles elles sont victimes.

Le litige opposant ces grands concessionnaires au défunt et cinq autres membres du comité des anciens ouvriers (tous défenseurs des droits fonciers et environnementaux) est d'ailleurs pendant devant la Cour Militaire du Nord Kivu en appel et devant la Cour de Cassation pour prise à partie contre le juge président du Tribunal Militaire de Garnison de Goma, après que ce dernier les ait lourdement condamné à 20 ans pour association de malfaiteurs et occupation illégale, une décision critique et jugée prise sur base d'autres motivations que la loi et la justice.

Etant donné que cet acte constitue un crime qualifié d'assassinat, et que d'autres actes similaires ne se reproduisent contre la famille de l'illustre disparu ou contre un des membres dudit comité, nous vous prions Monsieur l'Auditeur Supérieur de vous saisir de ces faits et diligenter une enquête afin que les auteurs soient appréhendés et traduits devant le juge pour répondre de leur crime.

Espérant que la présente requiert votre attention, nous vous prions Monsieur l'Auditeur Supérieur de bien vouloir agréer nos sentiments de haute considération.

Vous trouverez en annexe la liste et signatures des représentants des organisations de la société civile initiateurs du présent document.

Fait à Goma, le 09 Août 2023

Pour les Organisations signataires

Liste en Annexe

N°	NOM DE L'ORGANISASATION	LOGOS	CONTACT/ADRESSE
01	Centre de Recherche pour la l'Environnement, Démocratie et le Droit de l'Homme, CREDDHO		creddhocoordin@gmail.com
02	Foyer de Développement pour l'Autopromotion des Pygmées et Indigènes Défavorisés, FDAPID-Hope for Indigenous people		fdapidrdc@gmail.com +243810127090
03	Synergie de Jeunes pour le Développement et la Défense de Droits Humains, SJDDH		synergie2jeunes@gmail.com +243995878168
04	Innovation pour le Développement et la Protection de l'Environnement. «IDPE»		idpe_kc@yahoo.fr; bantulukambo@gmail.com + 243997704042
05	Conseil pour la Terre des Ancêtres, CTA		ctardc@yahoo.fr ctardc@gmail.com
06	Union de Familles pour la Recherche de la Paix, « *UFAREP* »		ufarep_asbl@yahoo.fr +2439 98734140
07	Solidarité pour la Réflexion et Appui au Développement Communautaires "SORADEC"		soradec@yahoo.fr +2439 97842594
08	Synergie des Vanniers et Amis de la Nature, SVAN		svanature@gmail.com

09	Ensemble pour la Justice climatique et la Protection des Défenseurs de l'Environnement, EJPDE		Environmentdefender2@gmail.com +243859010926
10	Innovation et Formation pour le Développement et la Paix, IFDP		julienmutiki@gmail.com,
11	Synergie des Ecologistes pour la Paix et le Développement, SEPD		sepdrdc@gmail.com +243995180570
12	Forum des Engagés pour le Développement Durable, FORED		foredbunia@gmail.com jhntoly@gmail.com +243 824632835, 979434949
13	Programme d'Intégration et Développement des Peuples Pygmée, PIDP		pidpnordkivu@rocketmail.com +243994305172
14	Alerte Congolais pour l'Environnement et le Droit de l'Homme. "ACEDH"		meolivieracedhrdc@gmail.com, acedh.alerte@gmail.com +243822416100 +243999036894
15	Coopérative des Apiculteurs et Vendeurs du Miel au Kivu, CAVMK		Coopérative-apicole@gmail.com + 243993303834
16	MAIDENI		maideniasbl@gmail.com (+243)997289597 (243)810896605710
17	Bureau d'Ecologistes Impacts Environnementaux, BEIE		beienature003@gmail.com +243999097676 +243815201097
18	Fédération des Comités des Pêcheurs du Lac Edouard, FECOPEILE		fecopeilelake@yahoo.fr copeile_lake@yahoo.fr +243994175988

A/R

ACEDH

ALERTE CONGOLAISE POUR L'ENVIRONNEMENT ET LES DROITS DE L'HOMME

(+243) 82 24 18 100 – (+243) 899 030 894

N/Réf 06.. /ACEDH 2024

Goma, le 02 février 2024

Copies pour information à :

- *Son Excellence Monsieur le Premier Ministre, Chef du Gouvernement ;*
- *Son Excellence le Vice-Premier Ministre, Ministre de la défense et anciens combattants ;*
- *Son Excellence, Madame le Ministre d'Etat et ministre de l'Environnement et développement durable ;*
- *Son Excellence, Ministre d'Etat et Ministre en charge de justice et garde des sceaux ;*
- *L'Honorable, Monsieur le Président de l'Assemblée Nationale ;*
- *Son Excellence Monsieur le Ministre des Droits Humains ;*
- *Monsieur le Président de la Cour Constitutionnelle ;*
- *Monsieur le Procureur Général près la Cour de Cassation ;*
- *Monsieur l'Auditeur Général des Forces Armées de la RDC ;*
- *Monsieur le Directeur Général de l'Institut Congolais pour la Conservation de la Nature ;*
- *Monsieur le Général-Major et Commandant CorPPN*

Tous à Kinshasa

- *Monsieur le Procureur Général près la Cour d'Appel du Nord-Kivu ;*
- *Monsieur l'Auditeur Militaire Supérieur près la Cour Militaire du Nord-Kivu ;*
- *Monsieur le Président de la Société Civile Forces vives du Nord-Kivu ;*
- *Responsable de du BCNUDH à Goma*

Tous à Goma

- *Monsieur le Directeur Provincial* de l'ICCN Nord-Kivu à ***Rumangabo***
- *Radio Okapi-Radio des Nations Unies /Goma*

A Son Excellence Monsieur le Gouverneur de la Province du Nord-Kivu à Goma

ACCESS LAVA SITE
MONUSCO / GOMA
Le 05/02/2024

Concerne : Transmission de la Déclaration d'Appel à l'Autorité provinciale du Nord-Kivu à assurer la sécurité des défenseurs de l'environnement-Affaire spoliation du PNVi dans la zone dite « Nzulo »

Excellence ;

N°JUST/SG/20/259/2017 enregistré sous le Certificat d'enregistrement établi par la Division provinciale de la Justice N°JUST 568/GS/CAD/DP –NK/2009, accusant réception de la demande de la personnalité juridique du Ministère National de la justice, droits humains et garde des sceaux, ACTES OFFICIELS : F92.28.705 n°76/COOR/PRO/ECN-DD/NK2017 Ministère de l'Environnement et Conservation de la nature, acte notarié n°227/2008 du 30 décembre 2008, établi à Goma, ADRESSE : RDC, Nord Kivu, C.GOMA, Himbi, Avenue du 30juin N°11, Kitshanga, Masisi, rond Point Nyamulisi, Route Kitombo, en face de Nayanusumba Lodge Acte de Fonctionnement
Adresses emails: acedh.alerte@gmail.com, info@acedhrdc.org , www.acedhrdc.org

ACEDH
ALERTE CONGOLAISE POUR L'ENVIRONNEMENT ET LES DROITS DE L'HOMME
(+243) 82 24 16 100 - (+243) 999 036 894

Les Organisations de la Société Civile Environnementale, nous charge de vous transmettre en annexe le document intitulé « **Spoliation du Parc National des Virunga Kasengesi-Nzulo : Menaces des morts contre les défenseurs environnementaux du fait de leur travail, un comportement inacceptable et condamnable** ».

Nous vous en souhaitons bonne exploitation afin de prendre des mesures urgentes pour sécuriser les défenseurs de l'environnement.

Veuillez agréer, Excellence Monsieur le Gouverneur, l'expression de notre parfaite considération.

Pour l'ACEDH

Me Olivier NDOOLE
Secrétaire Exécutif.
Lauréat Afrique du Prix HRD/Frontline2023.

IDPE/as

INNOVATION POUR LE DEVELOPPEMENT ET LA PROTECTION DE L'ENVIRONNEMENT

« Association de Défense des droits de l'Environnement

N°/Réf : 010/COALITION/2023

Goma, le 10/08/2023

Transmis copies pour information à :

- Son Excellence, le Premier Ministre, Chef de Gouvernement de la RDC,
- Son Excellence, Monsieur le vice premier ministre en charge de l'intérieur, sécurité et affaires coutumières ;
- Son Excellence, Madame la Ministre d'Etat, Ministre de la justice et garde des sceaux ;
- Son Excellence, Monsieur le ministre des affaires foncières ;
- Monsieur le Premier Président de la Cour Constitutionnelle ;
- Monsieur le Président de la Commission Nationale des Droits de l'Homme, CNDH ;

- Monsieur le Procureur Général près la Cour de Cassation ;
- Monsieur le Premier président de la Haute Cour Militaire ;
- Monsieur l'Auditeur Militaire des forces armés de la République Démocratique du Congo ;
- Son Excellence Monsieur le Gouverneur du Nord Kivu ;
- Monsieur le Premier Président de la Cour d'Appel du Nord Kivu ;
- Monsieur le Procureur Général près la Cour d'Appel du Nord Kivu ;
- Monsieur le Premier Président de la Cour Militaire du Nord Kivu ;
- Bureau de la MONUSCO/ Nord Kivu ;
- Commandant de la force de l'EAC en RDC ;
- Monsieur le chef de la section des Droits de l'homme de la MONUSCO à Goma ;
- Monsieur le Président de la Société Civile du Nord-Kivu à Goma ;

- A tous les acteurs de la société civile de la RDC ;
- Les acteurs environnementaux internationaux ;
- Aux médias Locaux et internationaux.

Concerne : Dénonciation et demande d'ouverture d'une enquête sur l'assassinat de Monsieur OBEDI KARAFURU, Défenseur des droits fonciers et environnementaux et Représentant de la communauté des anciens ouvriers de l'ex SICIA (Société Internationale Commerciale et Industrielle) LUBUGA.

A Monsieur l'Auditeur Militaire Supérieur près la Cour Militaire du Nord Kivu à Goma.

Monsieur l'Auditeur Supérieur,

Nous avons l'honneur de vous transmettre en dur et pièce jointe, la correspondance des Organisations de la société civile environnementale et foncier du Nord Kivu en particulier et du Congo en général avec objet " *Dénonciation et demande d'ouverture d'une enquête sur l'assassinat de Monsieur OBEDI KARAFURU, Défenseur des droits fonciers et environnementaux et Représentant de la communauté des anciens ouvriers de l'ex SICIA (Société Internationale Commerciale et Industrielle) LUBUGA*"; que nous représentons en qualité de dirigeant d'une organisation signataire de l'action et partie prenante de la coalition.

Veuillez agréer, Monsieur l'Auditeur Supérieur de l'auditorat Militaire du Nord-Kivu, l'assurance de nos sentiments distingués.

Poour

COPIE

République Démocratique du Congo

Cour Constitutionnelle
Greffe Constitutionnel R.Const. 2116......

RECEPISSE

PARTIE EN CAUSE : Maître Olivier BAHEMUKE NDOOLE

CONTRE : /

OBJET DE LA DEMANDE Inconstitutionnalité des articles 7 al 3, 11 al 1er, 26, 27 et 28 de la loi n° 23/027 du 15 juin 2023 relative à la protection et à la responsabilité du défenseur des droits de l'homme en Rép. dém. du Congo

RECU : de Maître Olivier BAHEMUKE NDOOLE

LE DOSSIERS CONTENANT : /
PIECES CONFORMEMENT A L'INVENTAIRE DEPOSE

CONSIGNATION : /

Fait à Kinshasa, le 30 / 11 /2023

Le greffier principal,

NGALULA TSHINGOMA Viviane
Directeur

ACEDH
ALERTE CONGOLAISE POUR L'ENVIRONNEMENT
ET LES DROITS DE L'HOMME
https://acedhrdc.org
acedh.alerte@gmail.com
N° F92.28.705 N° JUST/SG/20/259/2017
Acte de fonctionnement n°76/COORPRO/ECN-DD/NK2017
Acte notarié n°227/2008/30/DEC
(+243) 82 24 16 100 - (+243) 999 036 894

EFFORT LEGISLATIF POUR LA SAUVEGARDE DES DROITS DES DEFENSEURS DES DROITS HUMAINS EN RDC :

Demande particulière des défenseurs environnementaux, fonciers et ceux travaillant sur les Objectifs de Développement durable (droits sociaux économiques et culturel, droits environnementaux ou droit de la nature) en RDC

NOTE DE DE POSITIONNEMENT , D'ANALYSE ET DE PLAIDOYER SUR LA NECESSITE ET L'URGENCE DE PRENDRE EN COMPTE LA SITUATION PARTICULIERE DES DEFENSEURS FONCIERS ET ENVIRONNEMENTAUX DANS LA LOI RELATIVE A LA PROTECTION ET A LA RESPONSABILITE DU DDH EN RDC :Pour une prise en

Publié en Juin 2023, RDC

I. CONTEXTE, FONDEMENT ET JUSTIFICATION DU POSITIONNEMENT DE L'ACEDH

L'Alerte Congolaise pour l'Environnement et les Droits Humains (ACEDH En sigle) structure légalement reconnue et travaillant dans le secteur de la Protection de l'Environnement, salue le processus législatif encours devant aboutir à l'adoption et la mise en place d'une Loi relative à la protection et responsabilité du Défenseur de Droits de l'Homme en République Démocratique du Congo.

Tout d'abord recevez nos encouragements pour l'initiative et la volonté de l'Etat Congolais à voir la situation des défenseurs des droits humains évoluer sur le plan juridique, ce qui est rassurant pour ces derniers et nous offre une opportunité à vous partager nos réflexions quant à ce, dans l'unique souci d'améliorer les conditions de protection des défenseurs des droits Environnementaux et fonciers visiblement ignorés dans le texte sous examen au Sénat.

L'activité des défenseurs des droits de l'homme en général et en particulier celle des défenseurs ruraux des droits fonciers et des droits de l'environnement en RDC, se passe dans un contexte très critique et des sacrifices sans justes mesures.

Cette loi constituera un cadre juridique important au niveau national dans la préservation et protection des droits et libertés des défenseurs de droits de l'homme et ce, d'une façon générale. Et son application après promulgation devra constituer une urgence, dans l'Etat comme la RDC qui a traversé des périodes cruelles liées aux différentes guerres qui ont eu et continuent à occasionner des conséquences néfastes sur la promotion et la protection des droits de l'homme.
L'évolution législative en termes de mise en place des cadres juridiques et institutionnels des droits et libertés des défenseurs des droits de l'homme en RDC, les réformes juridiques en droits et droit centrés sur les ODD en RDC, les questions émergentes en termes d'urgence climatique et les soucis de sauvegarde sociale et climatiques ont provoqué des nouvelles revendications. Ces dernières sont des plus en plus orientées sur des droits socio - économiques et culturels et d'autres droits civils à incidence sur l'espace civique impactant les questions des ressources naturelles en RDC .
Ces nouveaux questionnements, la responsabilité des acteurs, le besoin de rompre avec les erreurs du passé et rétablir l'équilibre rompus entre l'homme, nature et les normes ; des mouvements légitimes et organisations de la société civile environnementale, foncières sont vite développer. Des bases légales et constitutionnelles, des conventions, déclarations, directives volontaires, accords importants justifient la naissance de ce courant d'acteur mais aussi l'urgence climatique.

D'une part ces mécanismes juridiques reconnaissent les droits environnementaux, droits fonciers, droits à l'énergie , droits au développement et autres droits connexes comme des droits inter connectés aux autres droits humains mais aussi garantissent les droits et libertés d'actions aux acteurs environnementaux et l'accès à un espace civique pacifié, sûr et protégé. La question de l'espace civique en matière des droits liés aux ODD, la protection et défense des militantes pro-sauvegardes sociales et justice climatique devient une question d'urgence, importante bien que de fois négligée.

Des intérêts et acteurs fortement déterminés, les uns plus forts visant à exploiter et détruire l'environnement et les ressources naturelles dans une injustice climatique et les défenseurs environnementaux défendent au nom de l'intérêt général la sauvegarde des droits fonciers locaux, l'environnement, une transition juste, justice climatique et autres aspects connexes. Entre devoir constitutionnel de sauvegarder l'environnement, les terres et intérêt des forts les Défenseurs fonciers et environnementaux paient de leurs vies, libertés et patrimoines pour protéger la nature.

Hormis plus de 200 gardiens de la Biodiversité parc des Virunga dans les 10 années passées , des cas d'exécution extra judiciaires , meurtres , assistanats , arrestations, détention, et autres graves violations contre des paysans défenseurs des droits fonciers et environnementaux se sont effectués sans que justice soit rendue.

Le rapport de monitoring sur la situation des défenseurs environnementaux et fonciers publiés entre janvier et Mai 2023 produit par l'ACEDH a fait état de 21 cas d'atteintes graves aux droits et libertés des défenseurs environnementaux au Nord Kivu situation confirmée par nombreux rapports nationaux et internationaux , articles de presse sur 21 cas des violations des libertés des DDH , presque 17 concerne les défenseurs des droits sur les ressources naturelles.

Il faut souligner aussi que la question foncière et les enjeux environnementaux à l'Est deviennent de plus en plus des sujets sensibles car mettant en avant des aspects de souveraineté nationale et protection de l'intégrité du territoire depuis l'avènement de la guerre d'agression et l'inflation des forces et groupes armés. Cette réalité fait à ce que plusieurs défenseurs fonciers ont été tués, assassinés, exécutés sommairement, torturés, enlevés, arrêtés, condamnés c'est comme par exemple plus de 200 éco gardes ont été tués et bien d'autres paysans massacrés au niveau rural. Ces faits démontrent que le travail de défense et protection de l'environnement et foncier est un métier à haut risque et nécessite des politiques et approches de protection globale.

Cependant tout en saluant l'existence de la mouture de ce Projet de loi et la poursuite de son examen au niveau parlementaire, l'ACEDH voudrait au travers cette note, donner son positionnement en se basant sur la situation et conditions des défenseurs environnementaux et fonciers qui sont caractérisés par des éléments spécifiques. Loin de faire des critiques sur certaines dispositions légales déjà adoptées par l'Assemblée Nationale, L'ACEDH est dans l'optique de solliciter une considération expresse des conditions et situations des défenseurs des droits de l'homme ruraux et en particuliers les défenseurs fonciers et environnementaux en proposant des reformulations et les ajouts sur certains points.

II. POINTS A REFORMULER POUR LA PROTECTION DES DDEF[43] LOCAUX RURAUX

La reformulation des points suivants peuvent renforcer la protection des défenseurs fonciers et environnementaux ruraux :

1. Clarification et nécessité d'étendre la définition du Concept Défenseur des Droits de l'Homme aux défenseurs des secteurs de l'Environnement, du Foncier rural y compris les secteurs des ODD pour la rendre globale.

L'ACEDH estime que la définition du Concept *« Défenseurs des droits de l'Homme »* la plus intégratrice et exemptée de toute condition est celle reprise dans la Déclaration des Nations Unies sur le droit et la responsabilité des individus, groupes et organes de la Société de promouvoir et protéger les droits de l'homme et les libertés fondamentales universellement reconnus au travers la RESOLUTION 53/144 de l'Assemblée Générale des Nations Unies. Cette déclaration à laquelle la loi à venir fait référence dans son exposé de motif ne pose d'ailleurs *aucune condition d'identification* pour qu'on devienne défenseur des droits de l'homme.

Et dans la pratique, l'ACEDH pense qu'un défenseur est toute personne morale ou physique agissant pacifiquement, collectivement ou individuellement selon les nomes légalement établies aux fins de contribuer à la sauvegarde des droits et libertés en faveur de l'humanité y compris la nature par des actions diverses ou des réformes juridiques et institutionnelles. Le seul critère objectif c'est le travail, le caractère pacifique, agir pour l'intérêt général ou pour autrui en solo ou en groupe et dans le respect des lois en viguer.

La définition contenue dans le texte adopté par l'Assemblée Nationale et transmis au Sénat, est de nature à exclure plusieurs défenseurs fonciers et environnementaux ruraux qui, au regard des réalités infrastructurelles, intellectuelles,... ils n'auront pas la possibilité de pourvoir à cette condition d'identification.

La définition faite dans le texte adopté à l'Assemblée Nationale et actuellement soumis à la lecture du Sénat (cfr l'Article 2 litera 1 a, b) mérite d'être révisé. Cette révision permettra la prise en compte de toutes les catégories des défenseurs dont ceux œuvrant dans les secteurs du foncier et de l'environnement dont les actions sont accomplies dans des zones beaucoup plus reculées

A titre d'exemple, les défenseurs des droits fonciers situés dans les zones reculées comme Kitshanga, leur soumettre à la condition d'identification, bien que gratuite, c'est rendre beaucoup plus difficile leur travail alors qu'il est déjà au regard de la gravité des menaces auxquelles ils font face dans leur

[43] Défenseurs Des droits Environnementaux et Fonciers

travail. Pareille identification ne ferait qu'exposer ces défenseurs vis-à-vis de ceux qui les menacent. Les lois ne doivent pas être l'obstacle d'exercice de travail ou la limitation d'action pour un défenseur des droits humains par contre, la législation devrait ouvrir la porte le champ pour que les citoyens congolais tous soient acteurs défenseurs des droits humains et cela consoliderait l'Etat de droit et la Démocratie.

2. Vulnérabilité des défenseurs fonciers ruraux :
Les conditions de travail des défenseurs locaux ruraux font d'eux des vulnérables en ce sens que non seulement, ils ont plus des difficultés d'accéder aux mécanismes de protection par rapport aux défenseurs des droits de l'homme classique mais aussi c'est la seule catégorie des défenseurs pour laquelle on répertorie plusieurs morts chaque année. Au regard de l'émergence des questions liées aux conséquences d'accès aux ressources naturelles dont les principales font partie du foncier et dont les demandes d'accès sont de plus en plus nombreuses. Le degré de la vulnérabilité des défenseurs fonciers et environnementaux ne pourrait plus être à démontrer, si l'on se réfère aux rapports des monitorings sur les violations de leurs droits et libertés.

Outre les femmes on devra considérer les défenseurs fonciers ruraux comme vulnérable et leur réserver aussi une protection spéciale.

3. Elaguer la condition d'enregistrement (telle que reprise à l'Article 7, al 3), une nécessité de justice en faveur des défenseurs locaux ruraux : légiférer en prenant en compte les normes et standards internationaux en la matière. L'obligation d'enregistrement pour tous les défenseurs des droits de l'homme exerçant en dehors d'une association constitue une entorse et un défi qui pourra décourager les défenseurs des droits de l'homme.

Même si cette condition semble être relativisée, en rendant cet enregistrement gratuit, elle ne tiendrait pas compte des cas ou situations des défenseurs locaux ruraux qui se retrouvent dans des zones reculées qui ne sont pas accessibles. Aussi elle est discriminatoire étant donné qu'elle cherche à décourager les personnes qui peuvent agir personnellement pour la protection des droits de l'homme sans qu'elle soit nécessairement en association. Cette condition semble ne pas être conforme à d'autres textes internationaux existants auxquels pourtant le Projet de loi a fait référence dans sa partie, exposé de motif.

Imposer la condition d'enregistrement aux défenseurs ruraux est une autre façon de dire ou de faire croire que face à une menace de violation de son droit de l'homme, la victime doit d'abord respecter des formalités puis se défendre après, tandis que la violation des droits humains procède toujours d'un caractère imprévisible dans la plupart des cas. En maintenant pareille condition, serait- on en train d'affirmer qu'une dénonciation des cas de violation des droits humains faite par un individu non enregistrée serait déclarée nulle ? Bien que fondée sur des faits vérifiables. Alors là c'est garantir plus de sécurité aux bourreaux, si non leur ajouter les moyens de défense pour échapper à la justice et perpétrer leurs actes en toute impunité, étant donné que pareille disposition laisse l'action pénale au dépourvu tout en fournissant des fins de non-recevoir aux bourreaux qui n'hésitera pas de l'exploiter abusivement face à des défenseurs n'ayant pas étudié suffisamment.

4. L'exigence d'une production du rapport d'activités par le DDH à la CNDH (Article 11)

Cette obligation découragerait plusieurs défenseurs ruraux dont la plupart n'ont pas accès à la nouvelle technologie mais aussi n'ont pas étudié.

On serait en train de limiter le travail des défenseurs des droits de l'homme aux seuls intellectuels et citadins. Et pourtant tout comme la jouissance et l'exercice des droits humains, la protection et la défense de ces derniers devrait se faire sur une base d'égalité comme cela est reconnu à l'article 1er de la Déclaration Universelle des Droits de l'Homme. Toute forme de préalable imposée à une personne pour défendre son droit serait de nature à limiter ses droits mais aussi et surtout laisser libre court à ses bourreaux qui, en prenant l'initiative de violer ses droits n'ont pas eu besoins de s'enregistrer ou à déposer un rapport devant qui que ce soit.

Le rapport des défenseurs des droits humains, bien qu'important n'a pas besoin d'être déposé auprès de la CNDH, d'autant plus que cela impliquerait des frais d'expédition et d'impression à la charge du défenseur qui, dorénavant manque de niveau d'étude suffisant pour la plupart. La rédaction du rapport à classer pouvait juste être une recommandation faite aux défenseurs instruits sans que cela ne soit prise pour une condition à l'exercice du travail de DDH ;

III. DES POINTS SPECIFIQUES A INTEGRER DANS LA LOI POUR LA PROTECTION EFFICACE DES DEFNSEURS FONCIERS ET ENVIRONNEMENTAUX PAR LA LOI DONT l'EXAMEN EST ENCOURS.

Dans une certaine mesure le Gouvernement Congolais a une grande responsabilité dans la situation des défenseurs paysans des droits fonciers. Les autorités semblent ne pas être sensibles face à la situation des défenseurs paysans de l'environnement et des droits fonciers. L'Etat, de par son inaction dans la prise des mesures de sécurité et protection, est tenu responsable de ces arrestations arbitraires et détentions illégales commises sur les DDH par ses préposés. Bien plus, le fait pour lequel certaines personnes profitent de leur position politique et économique pour utiliser la justice contre les paysans, est une atteinte grave au droit à l'accès à la justice.

Le principe de l'égalité des armes voudraient que même les plus faibles soient aussi sécurisés par le pouvoir judiciaire. Pour les Eco-Gardes tués et les défenseurs des droits de pêche, la justice marche à pas de tortues alors que la population et les proches des victimes ont besoin de la vérité sur les morts et manifestent le besoin de voir les auteurs des tueries être traduits en justice et qu'ils répondent de leur actes.

1. La mise en place d'un fond de prise en charge d'urgence pour les DDH vulnérables :

Ayant l'obligation primaire de protéger les DDH, l'Etat doit prendre *conscience de l'urgence de la mise en place d'un fond réservé pour la prise en charge des défenseurs des droits de l'homme surtout ceux œuvrant dans des zones reculées.*

Aussi la loi devra prévoir et décider sur la mise en place des partenariats publics et privés pour le fonctionnement et gestion de cette caisse des urgences. Il est important que cette loi puisse instituer la création de ces fonds d'appuis aux défenseurs menacés. En dehors des obligations de l'Etat dans la protection des défenseurs des droits de l'homme, il devra réserver dans son budget annuel la partie relative à leur sécurisation. Les fonds spéciaux pour la délocalisation et hibernation des défenseurs locaux devront être fournis par l'Etat.

2. Stricte application du principe constitutionnel de la liberté comme règle et la détention exception, nécessité d'y insister dans la loi en faveur des DDH

   Il a été constaté que leurs bourreaux ont tendance à blanchir leurs actions illégales dont les harcèlements judiciaires vis-à-vis des défenseurs en recourant à la justice qui, aussi est comme nous le savons, confrontée à plusieurs défis liés à la corruption et autres sortes d'antivaleurs. Ils sont accusés de plusieurs faits infractionnels imaginaires souvent graves et sont trainés innocemment devant des Parquets Civils et Militaires. Sans que l'on viole les dispositions relatives en la mise en détention provisoire prévues par le Droit Judiciaire congolais, la loi relative à la protection et responsabilité des défenseurs des droits de l'homme aurait dû tenir compte de cette situation.

En cas des poursuites judiciaires contre les défenseurs des droits fonciers et environnementaux, le principe de la primauté de la liberté doit être d'application par le Magistrat instructeur après des garanties faites par au moins deux Organisations reconnues intervenant dans la thématique. Les défenseurs des droits de l'homme, de par ses qualités et sa lutte pacifique, ils ne pourront pas violer les conditions auxquelles il serait soumis pour l'obtention d'une liberté provisoire car il doit être modèle.

Cela va permettre à minimiser les harcèlements judiciaires contre les défenseurs qui font qu'ils soient maintenus pour longtemps en prison pour des faits relatifs à leur travail, dans l'unique but de les intimider et les museler.

3. Rendre obligatoire des enquêtes judiciaires sur des cas graves d'atteintes à l'intégrité physique des DDH
Nombreux sont généralement des défenseurs des droits de l'homme et particulièrement les défenseurs environnementaux et fonciers qui ont été assassinés sans qu'il y ait des enquêtes pouvant permettre d'identifier leurs bourreaux. L'Etat congolais semble cautionner cette situation car les organes judiciaires sont passifs vis-à-vis des cas d'assassinats qui sont enregistrés.

Si la loi pouvait rendre obligatoire l'organisation des enquêtes judiciaires pour tous les cas graves d'atteintes aux droits des défenseurs, cela pourrait permettre en ce qu'il y ait procès et réparation des préjudices.

Cette exigence est issue d'un constat selon lequel, on a enregistré plusieurs assassinats des défenseurs environnementaux (Eco-gardes) sans que l'on fournisse un effort de vouloir identifier les auteurs.

4. Création des fonds d'indemnisation pour les DDH

Les menaces contre les DDH causent des préjudices graves non seulement pour eux mais aussi pour leurs familles.

Le projet de loi qui est dans le processus d'adoption doit tenir compte des préjudices émanant des attaques contre les défenseurs lorsqu'ils ont comme cause les menaces et attaques en lien avec leur travail. Nombreux sont torturés, tués au dépend de leurs familles qui ne sont aucunement prises en charges. Un fond d'indemnisation des victimes des attaques contre les DDH.

5. Renforcer le cadre légal par un article spécifique complétant les mécanismes d'accès gratuit à la justice et possibilité d'être attendu par un officiel judiciaire en ligne en faveur des défenseurs environnementaux et fonciers spécifiquement

Le droit judiciaire et numérique ont évolué, le numérique devrait servir de cadre d'appui à l'accès à la justice et protection des défenseurs travaillant sur des questions très sensibles comme les questions de la terre, l'environnement, transition énergétique , lutte contre l'exploitation et trafic de la faune et flore sauvages , la lutte contre les politiques économiques très dévastatrices de la nature ….. : Des audiences et chambres qu'enquête en virtuelle facilitant les défenseurs ruraux et les paysans à amener ses dépositions devant un acteur judiciaire.

Au regard de l'intérêt général qu'ils défendent, après avoir été interrogés sur les faits lui reproché, si les conclusions administratives préliminaires de la justice, le service administratif technique compétent ou le CNDH confirment que la cause porte sur un litige d'intérêt général, la loi devrait adjoindre au juge ou Ministère Public de designer d'office un Avocat qui sera payé par l'Etat. Les audiences peuvent se passer en ligne ou en physique et cela au compte de la République.

6. Renforcer la loi par des mesures d'adaptation, capacitation et d'inclusion des services administratifs et judiciaires ; Plusieurs catégories des défenseurs environnementaux et fonciers, personnes vivant avec handicap ont des défis d'accès aux services, à l'information et formation et au prétoire. Les installations ne sont pas de nature à garantir une sécurité ou protection des handicapés physiques par exemples. C'est le cas des palais de justice, nombreux sont construit de manière qu'ils ne sont pas physiquement faciles à y accéder pour des personnes handicapées physiques.

Il en est de même pour les cas des normes et langages utilisés dans les palais, ces derniers sont des obstacles d'accès à la justice et au service pour les handicapés sourds muets, aucun service dédié aux sourds muets n'est disponible dans les administrations, hôpitaux, écoles, universités moins encore dans les services judiciaires. Pourtant parmi les Défenseurs environnementaux et fonciers, il y en a nombreux.

C'est aussi les cas des personnes frappés d'un handicap mental, en réalité des écoles spécifiques et adaptés à cette catégorie des personnes devraient être promues par l'Etat et les services de promotion des DDH. Des questions, langues spécifiques adaptées à cette catégorie des DDH victimes des injustices environnementales qui sont tellement engagées doivent être mis en protocole pour assurer l'inclusion. Une obligation des infrastructures respectueuses des paramètres d'inclusion et genre doivent être imposée par la loi.

7. Eriger en crime contre l'humanité, infraction non amnistiable, crime imprescriptible le fait d'attaquer de manière délibéré et systématique un ou des défenseurs paysans défendant la cause environnementale ou les droits fonciers de la collectivité. L'importance de la question d'agir en faveur de la justice climatique et justice foncière pour la masse, est l'une des causes qui font exposer les DDH à la mort, assassinats et exécutions extra-judiciaire, arrestations, tortures et autres mauvaises pratiques. Ces pratiques sont commises par des chefs de guerre ou commanditées par des autorités hautement placées.

Ces crimes sont restés impunis, les auteurs connus, amnistiés et les victimes n'ont jamais eu accès à la justice. Une qualification dissuasive et des peines importantes devraient être prévues par la loi en vue de participer à la prévention des crimes mais aussi pour lutter contre l'impunité. La compétence

universelle vis-à-vis aux faits infractionnels dit à la qualité de la victime faciliterai cette dernière d'accéder à la justice et rendre justice à l'humanité à son tour.
C'est une garantie légale de sécurité et de protection pénale. Le DDH pour des raisons de sécurité et secret professionnels peut refuser de comparaitre ou des témoigner après un avis motivé par écrit ou par appel téléphonique sans qu'il ne soit poursuivi du fait de son refus *de comparaître*.

Si l'on ne peut que se limiter à ces cas spécifiques qui sont encore frais, il faut rappeler que dans les années passées, plusieurs autres cas d'attaques contre les défenseurs des droits de l'homme avaient été rapportés. Si ces cas infractionnels sont soumis aux principes généraux de la procédure pénale générale comme celui de la prescription des poursuites, ils risqueront de demeurer impunis.
L'ACEDH estime que tous ces actes ne devront pas restés impunis quel que soit le temps qui s'écoulera.

8. Instituer un cadre de concertation et de dialogue entre acteurs avec des secteurs thématiques aux fins de faciliter les échanges, dialogues, capacitation ,analyse et rapportage sur la situation des défenseurs et les protocoles de sécurités communautaires ou institutionnelles mis en place par rapport aux défis actualisés.

Des chartes locales de sauvegarde des droits et libertés des DDH devront être élaborées et complétées par des édits provinciaux en vue de rendre décentralisé l'approche de protection et sécurité des DDH. Les mécanismes privés de protection et les mécanismes publics devront être mis en contribution et légalisés en cette loi.

IV. QUELQUES CAS ILLUSTRATIFS ET JUSTIFICATIFS

Tels sont les cas des protecteurs des Aires Protégées notamment les Eco-gardes , qui sont les cibles des groupes armés. A titre d'exemple :

1. Attaque meurtrière contre la patrouille des Eco-gardes dans le Secteur Centre du PNVi dans la Zone de CHONDO avec un bilan de 2 morts et 3 blessés, le vendredi, 23 décembre 2022

2. Attaque contre la patrouille des Eco-gardes à Kabasha en plein Parc National des Virunga en date du 06 février 2023. Un bilan d'un éco-garde tué et de deux autres blessés avait été enregistré ;
3. Trois Eco-gardes et un Agent de la Société Virunga-Energie périssent dans une embuscades des inconnus armés sur l'axe Ivingu-Lubero, Territoire de Lubero en date du 18 mai 2023. On avait enregistré la mort de 4 personnes, toutes des défenseurs environnementaux.

4. Attaque contre une patrouille des Eco-gardes à Nyamusengera en plein PNVi, en date du 28 mai 2023. Au cours de cette attaque deux éco-gardes avaient péri et trois autres blessés.

Outre les attaques contre les Eco-gardes, celles dirigées contre d'autres défenseurs des droits de l'homme. Plusieurs cas d'assassinats ont été enregistrés et l'on attend que la justice puisse être rendue pour les victimes défenseurs des droits de l'homme. On peut citer les cas notamment :

5. Attaque meurtrière contre le camps des déplacés de Kizimba , en Groupement Bishusha, Territoire de Rutshuru. C'est en date du 04 mai 2023 que cette attaque de masse avait été perpétrée contre les familles des défenseurs fonciers vivant dans le Camp des déplacés fonciers de Kizimba dans la Zone de Kitshanga en date du 04 mai 2023.

6. Assassinat d'un acteur de la Société Civile au Village de Rugarama, Groupement Busanza, Territoire de Rutshuru .C'est en date du 14 mai 2023, que cet Acteur de la Société Civile répondant au nom de KIRINGA, avait été abattu en plein journée par les inconnus armés qui seraient des éléments du M23.

V. INSTRUMENTS JURIDIQUES DE REFERENCE DU POSITIONNEMENT

A. AU NIVEAU INTERNATIONAL

1. La Déclaration universelle des droits de l'homme et le Protocole international relatif aux les droits civiques et politiques, reconnaissant aux défenseurs le droit et liberté de s'exprimer, de penser, se réunir, publier, de créer une association, et revendiquer sur les questions foncières…..
2. Le Pacte International relatif aux droits économiques , sociaux et culturels ;
3. La Convention sur l'élimination des discriminations à l'égard des femmes ;
4. La Convention 169 de l'organisation internationale du Travail (OIT) concernant les peuples indigènes et tribaux ;
5. Les directives volontaires sur la gouvernance responsable et transparente des régimes fonciers, forêts et pêches de la FAO ;
6. Protocole de Ouagadougou créant la Cour africaine des droits de l'homme et des peuples (1998) ;
7. Charte des droits et du bien-être de l'enfant ;
8. La charte africaine des droits de l'homme et des peuples ;
9. Le Protocole à la Charte de Banjul sur les droits des femmes en Afrique, prévoient des droits relatifs à l'accès et à la possession des ressources naturelles telles que la terre :

10. Le Cadre et lignes directrices de l'Union africaine (UA) sur les politiques foncières en Afrique ;
11. La Convention de Kampala sur les droits des personnes déplacées (2010).
12. La Déclaration sur les problèmes et enjeux fonciers en Afrique,
13. les Principes directeurs relatifs aux investissements fonciers à grande échelle en Afrique
14. La Déclaration de Malabo sur la croissance et la transformation accélérées de l'agriculture en Afrique reconnaissent la complexité des questions foncières sur le continent et fournissent des orientations pour des politiques et une gouvernance foncières adaptées et efficaces.
15. Rés.60/147 du 16 décembre 2005 sur les principes fondamentaux et directives concernant le droit à un recours et à la réparation des victimes de violations flagrantes des droits de l'homme et des violations graves du droit international humanitaire,
16. Déclaration et programme d'action issus de la Conférence mondiale de Vienne sur les droits de l'homme tels qu'adoptés par la Rés.48/141 du 20 décembre 1993,
17. Principes directeurs sur les entreprises et les droits de l'homme (2011);
18. Rés.41/128 du 4 décembre 1986 sur le droit au développement;
19. Rés.61/295 du 13 septembre 2007 portant Déclaration des Nations unies sur les droits des peuples autochtones; ctc ......
20. La Résolution 2997 (XXVII) (1972) de l'Assemblée générale des Nations Unies. Il a pour mission de diriger et stimuler les partenariats destinés à protéger l'environnement en incitant les nations et les peuples à améliorer leur qualité de vie sans compromettre celle des générations futures, en les informant et en leur donnant des moyens d'agir ;
21. La résolution sur les droits de l'homme et l'environnement du Conseil des droits de l'homme des Nations Unies, dont la plus récente, la Résolution 34/20, demande au PNUE de renforcer sa coopération avec d'autres organisations dans le but d'échanger des informations et de créer des synergies en matière de protection de l'environnement et des droits de l'homme
22. Décision 27/9 PNUE du Conseil d'administration sur la promotion de la justice, de la gouvernance et du droit en faveur de la durabilité environnementale ;
23. Déclaration de Rio stipule que « La meilleure façon de traiter les questions d'environnement est d'assurer la participation de tous les citoyens concernés, au niveau qui convient ..... Chaque individu .... doit avoir la possibilité de participer aux processus de prise de décision en son principe 10 ;
24. La Charte mondiale de la nature de 1982 déclare dans son article 23 que « Toute personne aura la possibilité, en conformité avec la législation de son pays, de participer, individuellement ou avec d'autres personnes, à l'élaboration des décisions qui intéressent directement son environnement

et au cas où celui-ci subirait des dommages ou des dégradations, elle aura accès à des moyens de recours pour en obtenir réparation

25. La Convention sur la diversité biologique ;
26. La Convention des Nations Unies sur la lutte contre la désertification ;
27. la Convention-cadre des Nations Unies sur les changements climatiques,
28. La Convention de la CEE/NU de 1998 sur l'accès à l'information, la participation du public au processus décisionnel et l'accès à la justice en matière d'environnement ;
29. Déclaration de 1972 de la Conférence des Nations Unies sur l'environnement humain (Déclaration de Stockholm) : « L'homme a un droit fondamental à la liberté, à l'égalité et à des conditions de vie satisfaisantes, dans un environnement dont la qualité lui permette de vivre dans la dignité et le bien-être. Il a le devoir solennel de protéger et d'améliorer l'environnement pour les générations présentes et futures
30. 53/144. Déclaration sur le droit et la responsabilité des individus, groupes et organes de la société de promouvoir et protéger les droits de l'homme et les libertés fondamentales universellement reconnus
31. Résolution 40/11 du Conseil des droits de l'homme sur la « reconnaissance de la contribution des défenseurs des droits de l'homme liés à l'environnement à la jouissance des droits de l'homme, à la protection de l'environnement et au développement durable44 ;

B. AU NIVEAU NATIONAL

1. Constitution de la RDC , tel que modifiée et complété par la loi n'11/002 du Janvier 2011 portant révsion de certaies dispositions de la Constitution de la RDC du 18 février 2006 ;
2. LOI N° 004/2001 DU 20 JUILLET 2001 portant dispositions générales applicables aux associations sans buts lucratifs et aux Etablissement d'Utilité Publique ;
3. La loi organique n° 13/011 du 21 mars 2013 portant institution, organisation et fonctionnement de la Commission Nationale des Droits de l'Homme ;
4. .*LOI* 73-021 portants régimes généraux des biens, régime *foncier* et immobilier et régime des sûretés. PREMIÈRE PARTIE DU RÉGIME GÉNÉRAL DES BIENS du 20 juillet 1973.
5. La Politique nationale foncière adopté 15 avril2022 par le Gouvernement de la République Démocratique du Congo ;
6. La loi sur le peuple autochtone pygmées en RDC

[44] HCDH : Le HCDH et les changements climatiquesDéfenseuses des droits humains et défenseurs des droits des femmesPrincipes directeurs relatifs aux entreprises et aux droits de l'hommeLe HCDH et les peuples autochtones in https://www.ohchr.org/fr/stories/2022/03/environmental-human-rights-defenders-must-be-heard-and-protected

7. Loi n° 16/008 du 15 juillet 2016 modifiant et complétant le Loi n°87-010 du 1er août 1987 portant Code de la Famille
8. - Loi n° 16/010 du 15 juillet 2016 modifiant et complétant la Loi n° 015-2002 portant Code du travail
9. Décret n° 14/018 du 02 août 2014 fixant les modalités d'attribution des concessions forestières aux communautés locales ;
10. La loi n° 11/008 du 09 juillet 2011 portant criminalisation de la torture en RDC
11. Décret n° 14/019 du 02 août 2014 fixant les règles de fonctionnement des mécanismes procéduraux de la protection de l'environnement
12. Loi n° 11/022 du 24 décembre 2011 portant principes fondamentaux relatifs à l'agriculture[45].
13. Loi n°15/015 du 25 août 2015 fixant le statut des chefs coutumiers, Kinshasa 31 août 2015[46]
14. Loi n°22/30 du 15 juillet 2022 portant protection et promotion des droits des peuples autochtones pygmées.[47]
15. Loi organique *n°13/011-B* du 11 avril 2013 portant organisation, fonctionnement et compétences des juridictions de l'ordre judiciaire [48]......
16. *Edit* N°04/2019 du 30Novembre 2019 *portant. protection des* défenseurs *des droits* humains en. province du *Nord-Kivu*. Cet édit est plus capital dans la mesure où elle constitue l'assiette principale sur le plan juridique en province, la volonté de protéger et sécuriser les défenseurs de droits de l'homme
    Conclusion :

La protection législative des défenseurs des droits de l'homme en RDC est d'une importance capitale. Malgré l'existence des instruments juridiques internationaux protégeant les défenseurs des droits de l'homme sont nombreuses mais peinent à être évoqués et utilisés par les DDH dans leur défense.

---

[45] FAO Organisation des Nations unies pour l'alimentation et l'agriculture : Base de données FAOLEX : in https://www.fao.org/faolex/results/details/fr/c/LEX-FAOC109785/

[46] RDC, Présidence de la République, cabinet du Président : Loi n°15/015 du 25 août 2015 fixant le statut des chefs coutumiers, JOURNAL OFFICIEL de la République Démocratique du Congo, in https://www.leganet.cd/Legislation/Droit%20Public/Administration.ter/Loi%2015.015.2015.html

[47] FAO : Organisation des Nations Unies pour l'alimentation et l'agriculture ; République démocratique du Congo (Niveau national) : Loi n°22/30 du 15 juillet 2022 portant protection et promotion des droits des peuples autochtones pygmées., inhttps://www.fao.org/faolex/results/details/fr/c/LEX-FAOC213451/

[48] Cabinet du Président de la République : Loi organique *n°13/011-B* du 11 avril 2013 portant organisation, fonctionnement et compétences des juridictions de l'ordre judiciaire, in bulletin officiel de la RDC, 2013

Ce pendant la mise en place d'un cadre ne doit pas être en soit la finalité mais l'important serait de savoir si la qualité de cette norme là et son contenu favorisent la promotion et progression des droits et libertés des défenseurs de tous les défenseurs des droits humains sans discrimination aucune. Il faut des lois qui font avancer et sui sécurisent les défenseurs et son travail.

Les libertés et les droits de défenseurs droits de l'homme sont très menacés par non seulement par les groupes armés mais aussi par les personnes qui, pourtant sont appelées à leur assurer la sécurité. Ils sont torturés, arrêtés arbitrairement, harcelés ou même tués pour la simple raison qu'ils ont défendu la protection et promotion des droits de l'homme.

L'ACEDH veut au travers, cette note donne sa position sur le contenu de la proposition de loi relative à la protection et la responsabilité des défenseurs des droits de l'homme en RDC. Elle présente la situation des défenseurs ruraux qui sont aussi des défenseurs des droits de l'homme. Ce projet de loi de par même la définition même du concept « défenseur de droits de l'homme » qui exclut beaucoup des défenseurs des droits de l'homme et qui pourraient d'ailleurs les exposées à des poursuites pénales intempestives.

Les défenseurs environnementaux et fonciers qui peuvent pour la plupart, sont des paysans et vivent dans les zones reculées qui n'ont accès à aucune infrastructure et exposés à des menaces les plus graves allant jusqu'à leur mort.

Outre des retouches et correctifs importants et urgents sur certaines dispositions de la loi ont été faits mais aussi certains points importants à intégrer ont été évoqués dans la présente note de position. En tenant compte de ces points, les défenseurs environnementaux et fonciers qui sont pour la plupart des paysans et ruraux.

Nous estimons que cette note pourra contribuer à l'amélioration de la situation des défenseurs environnementaux et fonciers, qui est d'ailleurs déjà catastrophique selon différents rapports des monitoring produits et publiés par les Organisations intervenant dans le secteur.

LES ORGANISATIONS DE LA SOCIETE CIVILE ENVIRONNEMENTALE BENEFICIAIRE DE LA LOI n°23-27 du 15 juin 2023 relative à la protection et à la responsabilité du Défenseur des droits de l'Homme en RDC

Lettre Ouverte adressée à Madame le Président de la Commission Nationale des Droits de l'Homme (CNDH à Kinshasa)

Objet : Le caractère inquiétant face au contenu de la loi N°23-27 du 15 juin 2023 : Assumez- vous comme porte-voix des défenseurs pour l'avenir de la sauvegarde des droits et libertés des DDH en RDC ;

A Madame le Président de la Commission Nationale des Droits de l'Homme ;

Madame le Président ;

Le combat en faveur de la sauvegarde des droits et libertés des défenseurs des droits de l'homme en RDC, a poussé les acteurs de la Société Civile, l'Etat Congolais, la Communauté Internationale et votre Institution, à demander un cadre légal de promotion et protection des droits des défenseurs. C'est dans un contexte d'un Etat démocratique que cette demande a été formulée et nous tous comme acteurs, avons salué l'initiative.

Madame le Président ;

Bien que saluée, cette initiative vient de produire un résultat jamais souhaité par nous les bénéficiaires de cette loi car notre besoin n'était pas de voir seulement une loi être adoptée, promulguée mais que celle-ci promeuve les droits, libertés et la protection des défenseurs des droits humains de manière inclusive. Cette loi telle que promulguée par le Président de la République contient certaines dispositions dangereuses qui suscitent des inquiétudes dans les chefs des Défenseurs des droits de l'homme au point de croire qu'après cette loi risque d'être pire qu'avant sa promulgation, l'exposant ainsi à être attaquée sur les aspects ci-après :

- ✓ Les articles 2 (al 4), [49]7[50] et 11[51] de la Loi n°23-27 du 15 juin 2023 fondent la base légale définissant qui est « *défenseur des droits de l'homme* » en RDC, les devoirs mis en place à peine des poursuites et condamnations pénales ;
- ✓ Au niveau de la forme, le Projet de loi avait été adopté en deux versions divergentes, l'un par l'Assemblée Nationale et l'autre au Sénat, l'on se demande si la version promulguée et publiée serait la quelle de deux car sauf erreur de notre part aucune commission paritaire n'avait été mise en place pour harmoniser les vues comme le prévoit la Constitution de la RDC,

---

[49] Article 2 point 4. Est Défenseur des droits de l'homme :
a. Toute personne, individuellement ou en association avec d'autres, travaille pour la protection et la promotion. de droits de l'homme ;
b. Toute personne identifiée ou groupe de personnes qui agit en fonction de ses attributions, de sa profession ou de son état physique, travaille à la reaHsat1on des droits de l'homme et des libertés fondamentales ;
c. Toute institution ou tout organisme légalement constitué qui travaille à la promotion, à la protection et à la réalisation des droits * de l'homme et des libertés fondamentales tels que garantis par la Constitution, les lois de la République, les instruments nationaux, reg1onaux et internationaux en fonction de ses attributions;

[50] Article 7
Le défenseur des droits de l'homme a le devoir de respecter la Constitution, les conventions régionales et internationales ainsi que les lois et règlements en vigueur.
Il exerce ses droits et libertés en toute responsabilité, neutralité et impartialité, dans le respect de la loi, de l'ordre public, de bonnes mœurs et de l'intérêt général.
Pour raison de fiabilité, le défenseur des droits de l'homme qui exerce en dehors lune association légalement constituée, s'enregistre sans frais, auprès de la Commission Nationale des Droits de l'Homme en vue d'obtenir un numéro national d'identification.
La Commission Nationale des Droits de l'Homme dresse un répertoire des défenseurs des droits.de l'homme.
Toutefois, le défenseur des droits de l'homme reste indépendant vis-à-vis de la Commission Nationale des Droits de l'Homme dans l'exercice de ses activités.

[51] Article 11
Le défenseur des droits de l'homme visé à l'article 2 point 4 litera a, de cette Loi, présente chaque année, un rapport de ses activités à la Commission Nationale des Droits de l'Homme, avec copie pour information au Ministre de la Justice et au Ministre ayant les Droits de l'Homme dans ses attributions ainsi qu'au Secrétariat général rattaché à ce dernier.
Toutefois l'envoi du rapport et l'identification ne mettent pas le défenseur des Droits de l'Homme
Sous tutelle de la Commission Nationale de Droits de l'Homme.

- ✓ Les articles 26[52], 27[53] et 28 de la même loi, prévoient des lourdes peines contre les défenseurs des droits de l'homme et les organisations. La pénalisation du non-respect des devoirs auxquels est soumis le défenseur de droits de l'homme (Article 27) est une exagération. Ceci dit, il suffira que l'on constate qu'un individu continue de dénoncer les violations des droits de l'homme sans avoir été préalablement enregistré à la CNDH (Article 7 alinéa 3) pour qu'il soit condamné à une peine allant de 6 mois à un an. Comme si cela ne suffisait pas ces dispositions prévoient aussi des peines pénales contre les Organisations et reprennent des infractions prévues et punies par le Code pénal Congolais mais aussi renvoient les défenseurs devant les instances judiciaires de droit commun ;

Des arguments du positionnement des acteurs environnementaux

Les défenseurs environnementaux , fonciers et indigènes, agriculteurs estiment de leur part que le besoin d'un cadre juridique doit aller dans une droite ligne d'une volonté de renforcer et démocratiser la mission des défenseurs des droits humains et pas servir comme cadre juridique pour règlementer un secteur de travail ou une corporation dite des défenseurs des droits humains avec une intention politique de restreindre leurs droits et libertés en RDC.

Les critères comme l'identification, obtention d'une carte d'identification nationale, la production d'un rapport chaque année …, bien que des devoirs ne devraient pas être subordonnés à des sanctions pénales. L'ACEDH, comme structure de sauvegarde environnementale et sociale, ***de promotion et protection des droits et libertés des défenseurs environnementaux , indigènes , droits fonciers , droits agricoles et défenseurs des droits liés aux***

---

[52] Article 26
Sera puni d'une servitude pénale principale de deux à cinq ans et d'une amende dont le montant Varie entre 1.000.000 à 5.000.000 de Francs congolais, tout défenseur de droits de l'homme ou tout membre de l'association légalement constituée qui se livre, pendant l'exercice ou à l'occasion de l'exercice de ses activités, aux actes de représailles, de vandalisme consistant en la destruction des biens publics ou privés ou de tout autre acte contraire à la loi.

[53] Article 27
Est puni d'une servitude pénale de six mois à un an, tout défenseur des droits de l'homme qui viole intentionnellement dans l'exercice de ses activités les devoirs qui lui sont prescrits par les dispositions pertinentes de la présente Loi.
Les associations légalement constituées qui se rendent coupables des mêmes faits sont punies d'une Amende de 5.000.000 à 10.000.000 de Francs congolais. Et si les faits reprochés sont d'une extrême gravité, le juge peut prononcer la suspension des activités pour une durée allant de 1 à 3 ans.

objectifs de développement durable,…défenseurs dont en grande partie n'ont pas étudié, ne sachant ni lire ni écrire ; sans possibilités de se doter d'une carte ni se faire enregistrer, trouve en cette loi une entorse très sérieuse. Et pourtant cette catégorie de défenseurs des droits de l'homme rend un service exceptionnel à l'humanité toute entière au prix de vie, liberté et stabilité sociale, certains sont des handicapés , avec des articles pareils dans une loi dite de promotion et protection , il s'agit de légiférer et légaliser en faveur des poursuites contre les défenseurs , les associations et exclure les catégories des défenseurs vulnérables. Cette loi est liberticide et discriminatoire à ce niveau-là et vide même tout le sens d'une loi de promotion et protection.

Madame le Président ;

La question fondamentale serait la suivante: Est-ce que c'est cette identification ou la carte nationale qui confère la qualité ou ceci vient certifier la qualité ou vise à avoir une main mise sur les défenseurs, avoir une base légale pour freiner ceux qu'on pense être gênants ? Vise-t-on à créer une corporation comme celle des journalistes ? Comme devoir, cela voudra déjà dire que quiconque exercera comme défenseur sans les avoir accompli sera poursuivi et condamné aux peines prévues aux articles 26,27,28 de ce texte .

Il en est de même de l'obligation de soumettre les rapports et les autres devoirs généralement quelconque prévu dans la loi sur les ASBL. Pour les Associations, certaines se verront être interdites sur base d'une décision judiciaire ou scellées ou encore condamnées à des amendes exorbitantes sur base de ces dispositions qui placent des conditions à une mission aussi plus pastorale qui ne nécessite pas des critères académiques. La grande majorité des indigènes, défenseurs des droits fonciers et défenseurs environnementaux seront poursuivis, condamnés et exclus de leur mission sur base de ces dispositions complétées par les termes des articles 26, 27 et ou 28 qui seront interprétés selon les intérêts et moments en présence.

Quand et qui est ce que pourra apprécier la diffamation ? La dénonciation calomnieuse, l'imputation dommageable, les caractères injurieux des propos ? Et pour quoi ces infractions dans une loi de promotion des droits alors qu'elles sont déjà prévues dans le Code pénal Congolais ?

Madame le Président,

Tout en soutenant l'idée selon laquelle les défenseurs doivent respecter les loi de la RDC, ce qui est d'ailleurs un devoir naturel pour eux ,les articles 2, 7,

11 confrontés aux articles 26, 27 et 28[54] sont des facteurs d'insécurité juridique légalisée contre les défenseurs de l'environnement, les indigènes et défenseurs fonciers qui n'ont pas un niveau d'instruction et qui vivent en brousse pour sauver la planète mais qui font un grand travail exceptionnel pour les droits des autres et de la nature. C'est aussi une bonne base pour légaliser les harcèlements judiciaires et des poursuites iniques contre les défenseurs et les associations en RDC. C'est donc une loi régressive et non une loi progressive comme nous bénéficiaires l'aurions souhaité

Face à cette situation d'extrême gravité sur l'avenir de la promotion et protection des droits des défenseurs des droits de l'homme, nous estimons que la situation d'avant loi constituait un environnement de travail plus juste, sûr et inclusif alors que cette loi vient renforcer l'insécurité juridique du travail des défenseurs.

Madame le Président, votre institution et les Organisations qui ont soutenu le processus, doivent se féliciter d'avoir accompagné le processus mais aussi doivent – elles constater que les résultats planifiés qui n'étaient pas seulement de voir être adoptée une loi mais une loi qui assure une sécurité et protection aux DDH n'a pas été donnée par le législateur. Et c'est pour quoi, elles doivent faire constater les ratés et y travailler dès maintenant pour encore une fois nous aider à améliorer les choses dans ce processus.

C'est pourquoi, en votre qualité du premier proche collaborateur des Institutions publiques et des défenseurs des droits de l'homme, vous avez un devoir moral de vous assumer en rédigeant un rapport d'évaluation des impacts des articles ci haut cités, tout en sachant que la RDC vient rejoindre d'autres pays qui avaient déjà voté ce genre des lois, et peuvent s'y renseigner sans chercher à les imiter mais s'en inspirer et éventuellement saisir les mécanismes qui pourront rectifier cette loi le plus rapidement possible. Pour l'intérêt de sauvegarde, les défenseurs environnementaux, fonciers et indigènes pourront, conformément aux articles 162 de la Constitution et l'article 50 de la Loi Organique de la Cour Constitutionnelle saisir cette dernière pour fin utile. Il vaut mieux un vide juridique qu'une loi liberticide

[54] Article 28
Sans préjudice des dispositions du Code pénal congolais, est puni d'une servitude pénale de six mois à deux ans ou d'une amende de 500.000 à 2.000.000 de Francs congolais, ou de l'une de ces peines seulement, le défenseur des droits de l'homme qui divulgue des informations diffamatoires, injurieuses ou calomnieuses.

car la constitution et autres lois comme celle portant sur les Asbl et autres instruments juridiques internationaux nous donnent plus garanties que cette nouvelle loi.

Veuillez agréer, Madame le Président, l'expression de nos sentiments de franche collaboration.

Pour les Organisations signataires

Fait en RDC le 27/10/2023

Liste en Annexe

N°	NOM DE L'ORGANISATION	LOGOS	CONTACT/ADRESSE
01	Alerte Congolais pour l'Environnement et le Droit de l'Homme. ''ACEDH''	ACEDH asbl Alerte Congolaise pour l'Environnement et les Droits de l'Homme	meolivieracedhrdc@gmail.com, acedh.alerte@gmail.com +243822416100 +243999036894
02	Synergie de Jeunes pour le Développement et la Défense de Droits Humains, SJDDH	S.J.D.D.H	synergie2jeunes@gmail.com +243995878168
03	Innovation pour le Développement et la Protection de l'Environnement. «IDPE»		idpe_kc@yahoo.fr; bantulukambo@gmail.com + 243997704042
04	Conseil pour la Terre des Ancêtres, CTA	Conseil pour la Terre des Ancêtres	ctardc@yahoo.fr ctardc@gmail.com
05	Union de Familles pour la Recherche de la Paix, « *UFAREP* »	UFAREP	ufarep_asbl@yahoo.fr +2439 98734140
06	Solidarité pour la Réflexion et Appui au Développement Communautaires ''SORADEC''	SORADEC	soradec@yahoo.fr +2439 97842594
07	Synergie des Vanniers et Amis		svanature@gmail.com

	de la Nature, SVAN		
08	Ensemble pour la Justice climatique et la Protection des Défenseurs de l'Environnement, EJPDE		Environmentdefender2@gmail.com +243859010926
09	Innovation et Formation pour le Développement et la Paix, IFDP		julienmutiki@gmail.com,
10	Synergie des Ecologistes pour la Paix et le Développement, SEPD		sepdrdc@gmail.com +243995180570
11	Forum des Engagés pour le Développement Durable, FORED		foredbunia@gmail.com jhntoly@gmail.com +243 824632835, 979434949
12	Centre de Recherche pour la l'Environnement, Démocratie et le Droit de l'Homme, CREDDHO		creddhocoordin@gmail.com
13	Coopérative des Apiculteurs et Vendeurs du Miel au Kivu, CAVMK		Coopérative-apicole@gmail.com + 243993303834
14	MAIDENI		maideniasbl@gmail.com (+243)997289597 (243)810896605710

15	Bureau d'Ecologistes Impacts Environnementaux, BEIE		beienature003@gmail.com +243999097676 +243815201097
16	Fédération des Comités des Pêcheurs du Lac Edouard, FECOPEILE		fecopeilelake@yahoo.fr copeile_lake@yahoo.fr +243994175988
17	PROGRAMME FEMME ET ENVIRONNEMENT		+243994382617
18	Consortium des Braves Femmes du Congo « CBFC asbl »		+243 998 667 630 consbfemmec2015@gmail.com
19	Société civile Environnementale et Agro-rurale du Congo « SOCEARUCO »		+243 994 013 754 socearucosudkivu@gmail.com
20	Collectif SIMAMA Congo « COSIC »		+243 993 445 077 nenebintu10@gmail.com c.congo76@yahoo.com
21	Congo Basin Conservation Society (CBCS-Network)		+243 993714975 *cbcsnetworkrdc@gmail.com*

Postface

Les droits de l'homme n'ont de valeur que s'ils sont effectivement et efficacement protégés. Ce travail de protection n'est pas l'apanage unique de l'Etat, mais d'une cohorte d'acteurs nationaux et internationaux, étatiques et non étatiques, animés par les considérations élémentaires d'humanité. Dans cette constellation d'acteurs protecteurs des droits humains, les défenseurs des droits de l'homme occupent une place de choix en tant que personnes qui, selon la législation congolaise, agissent individuellement ou en association avec d'autres pour contribuer à la promotion, à la protection et à la réalisation des droits de l'homme. Il s'agit donc des acteurs dont le métier consiste essentiellement à protéger les droits d'autres personnes et même les intérêts communs de l'humanité et du monde dans les domaines les plus variés de la vie en société.

Le présent ouvrage se penche, cependant, sur le seul domaine foncier et de l'environnement dans lequel évolue une catégorie spécifique des défenseurs des droits de l'homme qu'on appelle défenseurs des droits environnementaux et fonciers, dans le contexte de la province du Nord-Kivu, à l'Est de la République démocratique du Congo (RDC). Cette partie du pays est connue pour être une région instable, infectée par une kyrielle de groupes armés et en proie aux conflits de divers ordres –fonciers, communautaires, locaux, régionaux et armés –dont celui qui oppose actuellement les forces armées de la RDC à la coalition des rebelles du Mouvement du 23 mars (M23) et des Forces de défense du Rwanda (M23/RDF). L'originalité de cet ouvrage se trouve dans l'aperçu qu'il offre du paysage des défenseurs des droits environnementaux et fonciers dans un tel contexte difficile, la mise en exergue des contraintes et des défis quotidiens auxquels ils font régulièrement face dans l'exercice de leur travail et la recommandation des voies et moyens innovants par lesquels on peut mieux assurer leur protection particulière.

Il va sans dire que l'étude en vaut la chandelle pour la simple raison que le régime juridique de protection des défenseurs des droits de l'homme en général et des droits environnementaux et fonciers en particulier n'est pas encore suffisamment étoffé en RDC à l'inverse du droit international. On sait certes qu'en tant que personnes humaines, ils bénéficient de la protection générale reconnue à tout être humain en matière de droit des droits de l'homme. Mais puisque dans l'exercice de leur travail, les défenseurs des droits humains se heurtent souvent aux intérêts des hommes forts, militairement, économiquement et politiquement, au péril de leurs vies, leur assurer une protection particulière –bien que n'étant des autorités publiques – n'est pas une exagération. Cette protection se justifie amplement par le risque permanent que comporte de leur métier et les finalités humanistes de leurs actions et activités. A ce titre, les défenseurs des droits de l'homme constituent un rouage essentiel de l'harmonie dans la société, des alliés de l'Etat capables de le suppléer ou de l'appuyer dans sa mission protectrice des droits et libertés des citoyens, surtout dans les contrées où la culture juridique et l'état de droit ne sont pas bien ancrés.

C'est un peu tout cela qui explique les évolutions récentes de la législation congolaise. D'abord, la législation provinciale, étant donné que la nécessité d'assurer la protection particulière des défenseurs des droits de l'homme a trouvé les premiers échos favorables au niveau des provinces, dont certaines ont pris soin d'adopter leurs cadres juridiques spécifiques. C'est le cas précisément de l'édit n°001/2019 du 30 novembre 2019 portant protection des défenseurs des droits humains en province du Nord-Kivu. Ensuite, au niveau national, il y a lieu de noter l'adoption de la loi n°23/027 du 15 juin 2023 relative à la protection et à la responsabilité du défenseur des droits de l'homme en RDC.

Toutefois, la différence terminologique dans les intitulés même de ces deux instruments montre la délicatesse de la question si bien que l'on peut se poser la question de savoir si la réglementation de la responsabilité juridique et surtout pénale des défenseurs des droits humains, dont la liberté d'expression est limitée par la prévision des infractions d'injures, de calomnie et de diffamation, ne présente pas, au niveau national, le risque de ruiner le régime de protection particulière qui leur est textuellement garanti. Une autre préoccupation et pas la moindre, c'est celle relative à l'absence de prise en compte des particularités, conditions et besoins spécifiques des catégories défavorisées ou plus vulnérables des défenseurs des droits de l'homme, à l'instar de défenseurs locaux des droits environnementaux et fonciers dans les milieux ruraux. Leur alignement non distinctif sur le même régime juridique que celui qui s'applique à tout défenseur des droits de l'homme démontre que la nouvelle réglementation reste lacunaire du fait de sa large focalisation aux généralités. Elle ne permet pas d'assurer l'égalité de tous devant la loi et d'extirper de ce domaine toutes les niches de l'arbitraire et de la discrimination.

Le présent ouvrage suscitera, à coup sûr, d'autres réflexions dans le même sens. Il offre également des pistes de solutions aux décideurs, aux groupes de pression et à l'opinion publique. C'est pourquoi je le recommande vivement à tous les lecteurs intéressés, au gouvernement national, à toutes les autorités publiques, à la communauté des défenseurs des droits de l'homme, aux partenaires nationaux et internationaux de la RDC. Tout en félicitant les auteurs d'avoir enrichi la littérature congolaise par cette publication fondée sur leurs expériences de terrain, je formule le vœu que l'étude soit étendue, lors de sa prochaine édition, à tout le pays afin de donner à l'œuvre toute son envergure nationale en y intégrant les pratiques vécues et connues à Kinshasa ainsi que dans les autres 24 provinces de la RDC.

Balingene Kahombo

Professeur de droit public et de relations internationales africaines
Université de Goma/République démocratique
Juge de grande instance et Conseiller juridique à la Cour constitutionnelle
Chercheur au Centre d'études et de recherches sur l'Etat de droit en Afrique (CREEDA)

Table des matières

Structures éditoriales du groupe L'Harmattan

L'Harmattan Italie
Via degli Artisti, 15
10124 Torino
harmattan.italia@gmail.com

L'Harmattan Hongrie
Kossuth l. u. 14-16.
1053 Budapest
harmattan@harmattan.hu

L'Harmattan Sénégal
10 VDN en face Mermoz
BP 45034 Dakar-Fann
senharmattan@gmail.com

L'Harmattan Cameroun
TSINGA/FECAFOOT
BP 11486 Yaoundé
inkoukam@gmail.com

L'Harmattan Burkina Faso
Achille Somé – tengnule@hotmail.fr

L'Harmattan Guinée
Almamya, rue KA 028 OKB Agency
BP 3470 Conakry
harmattanguinee@yahoo.fr

L'Harmattan RDC
185, avenue Nyangwe
Commune de Lingwala – Kinshasa
matangilamusadila@yahoo.fr

L'Harmattan Congo
219, avenue Nelson Mandela
BP 2874 Brazzaville
harmattan.congo@yahoo.fr

L'Harmattan Mali
ACI 2000 - Immeuble Mgr Jean Marie Cisse
Bureau 10
BP 145 Bamako-Mali
mali@harmattan.fr

L'Harmattan Togo
Djidjole – Lomé
Maison Amela
face EPP BATOME
ddamela@aol.com

L'Harmattan Côte d'Ivoire
Résidence Karl – Cité des Arts
Abidjan-Cocody
03 BP 1588 Abidjan
espace_harmattan.ci@hotmail.fr

Nos librairies en France

Librairie internationale
16, rue des Écoles
75005 Paris
librairie.internationale@harmattan.fr
01 40 46 79 11
www.librairieharmattan.com

Librairie des savoirs
21, rue des Écoles
75005 Paris
librairie.sh@harmattan.fr
01 46 34 13 71
www.librairieharmattansh.com

Librairie Le Lucernaire
53, rue Notre-Dame-des-Champs
75006 Paris
librairie@lucernaire.fr
01 42 22 67 13

www.ingramcontent.com/pod-product-compliance
Lightning Source LLC
LaVergne TN
LVHW011309061026
849535LV00005B/1480
* 9 7 8 2 3 3 6 4 6 5 4 9 4 *